簡介

《官場現形記》

是李寶嘉代表作，為晚清四大譴責小說之一。本書表現當時中國時代特色，著重揭露官僚的"齷齪卑鄙"，在內容上少了細緻的修飾，人物缺乏典型化，描寫過於渲染誇張、筆無藏鋒，內容顯得不夠耐人尋味。其劇情大同小異，寫之又寫，難免雜遝重複；又因隨寫隨刊，結構仿《儒林外史》，因而顯得雜亂散漫。魯迅稱"凡所敘述、皆迎合、鑽營、矇混、羅掘、傾軋等故事，兼及士人之熱心於作吏，及官吏閨中之隱情。頭緒既繁，腳色複夥，其記事遂率與一人俱起，亦即與其人俱訖，若斷若續，與《儒林外史》略同"。

李寶嘉

《目錄》
〜世紀前百大文學系列作品〜

第三十二回　寫保折筵前親起草　謀釐局枕畔代求差

卻說羊統領雖然喝退了龍占元，只因他憑空多事，得罪了洋教習，深怕洋教習前來理論，因此心上很不自在，又加以田小辮子同烏額拉布兩個人吃醋打架，弄得合席大眾，興致索然。於是無精打采，草草吃完，各自回去。

第二天羊統領特地把田小辮子請來，先埋怨他不該到制臺面前上條陳，弄得制台不高興，又怪他不該同烏某人翻臉：「過天我替你倆和和事；不然，天天同在一個官廳子上，彼此見面不說話，算個甚麼呢！」田小辮子畢竟是做過他的夥計，吃過他的飯的，聽了他的話，心上雖然不服，嘴裏不便說甚麼，只好答應著。

又過了兩天，羊統領見洋教習不來找他說甚麼，於是才把心上一塊石頭放下。後來龍占元是本營營官又上來回過羊統領，求統領免其看管，並且不要撤他差使。當時又被羊統領著實說了他許多不好，看他本營營官面上，暫免撤差，只記大過三次，以儆將來。龍占元又親自上來叩謝。羊統領吩咐他道：「現在

的英文學堂滿街都是，你既然有志學洋話，為甚麼不去拜一個先生，好好的學上兩年？一月只消化上一兩塊洋錢的束脩，等到洋話學好了，你也好去充當翻譯，再不然，到上海洋行裏做個『康白度』，一年賺上幾千銀子，可比在我這裏當哨官強得多哩。要照現在的樣子，只學得一言半語，不零不落，反招人家的笑話，這是何苦來呢！」龍占元道：「回軍門的話，標下從前總共讀有三個月的洋書。通學堂裏只有標下天分高強，一本『潑辣買』〔註：英語，文法。〕，只剩得八頁沒有讀。後來有了生意就不讀了。過了兩年，如今只有『亦司』這一句話沒有忘記，滿打算借此應酬應酬外國人，不提防倒捱了一頓打。這一下子可把標下打苦了！到如今頭上還沒有好，以後標下再不敢說洋話了。倘若再學會兩句，標下有幾個腦袋，又是馬棒，又是拳頭，這不是性命相關嗎？」羊統領聽了，點點頭道：「不會也罷了。完完全全做個中國人，總比那些做漢奸的好。」龍占元於是又答應了幾聲「是」，然後退了出來。

這裏羊統領便想仍到釣魚巷相好家擺一台酒，以便好替烏、田兩個人和事。兩天頭裏寫了知單，叫差官分頭去請。所請的無非仍舊是前天打牌吃酒的幾個，其中卻添了兩位：一位是趙大人，號堯莊，乃廣西人氏，說是制台衙門的幕府。還有人說：制台凡遇到做摺子奏皇上，都得同他商量，制台自己不起稿，都是他代筆。全省的官員，文自藩司以下，武自提、鎮以下，

7

都願意同他拉攏。然而他面子上極其不肯同人家來往，坐在那裏總不肯同人說話。不曉得是架子大呢，亦不曉得是關防嚴密的緣故，望上去很像有脾氣似的。他的官雖是知府，只有道台以上的官請他吃飯，他或者還肯賞光。就是道台，亦得要當紅差使的；倘或是黑道台以及他同寅以下的官，都不在他心上。人家同他說話，他只是仰著頭，臉朝天，眼睛望著別處。別人問三句，回答一句，有時候還冷笑笑，一聲兒也不言語，因此大眾都稱他為「趙大架子」。這回羊統領請他，他曉得羊統領上頭的聲光極好，而且廣有錢財，愛交朋友，所以請帖送去，答應肯來。又一個姓胡，號筱峰，行二，也是捐的道台班子。有人說他父親曾經當過「長毛」，後來投降的，官亦做到鎮台。胡筱峰一直在老人家手裏當少爺。脾氣亦並非不好，不過他的為人，一天到晚，坐亦不是，站亦不是。人家要靜，他偏要動。說起話來，沒頭沒腦。到人家頂住問他，他又說到別處去了。知道他底細的人，都叫他「小長毛」。後來人家同他相處久了，摸著他的脾氣，又送他一個表號，叫他為「胡二搗亂」。

　　且說胡二搗亂這天因為羊統領請他在釣魚巷吃花酒，直把他樂的了不得。頭天晚上就叫管家開箱子把衣服拿好。其時是四月天氣，因為氣節早，已經很熱，拿出來的衣服是春紗長衫，單紗馬褂。當天晚上忽下了兩點雨，清晨起來，微微覺得有點涼颼颼的，他又叫管家替他拿夾紗袍子，夾紗馬褂。紮扮停當，

專等羊統領來催請。羊統領請的是晚飯，他忘記看帖子，以為請的是早飯，所以一早就把衣服穿好了。等了一回，不見來催，又把他急的了不得，動問管家：「羊統領請客可是今天不是？不要你們記錯了！」官家回：「不錯，是今天。」隔夜雖然下了幾點雨，第二天仍舊很好的太陽。胡二搗亂在公館裏前院後院，前廳後廳跑了十幾趟，一來心上煩燥，二來天氣畢竟熱，跑得他頭上出汗，夾紗袍子，夾紗馬褂穿不住了，於是又穿了件熟羅長衫，單紗馬褂，裏面又穿了件夾紗背心。此時已有晌午，還不見羊統領來催。又問管家：「到底是甚麼時候？」當中有一個記得的，回了聲：「請的是晚飯。」胡二搗亂罵了聲：「王八蛋！為什麼不早說！」於是仍在自己家裏吃中飯。

好容易捱到三點半鐘，到這時候，熟羅長衫也有些不合景了，只得仍舊換了春紗長衫，單紗馬褂。剛要出門，忽然又想起一件事來，於是仍舊回轉上房，在抽屜裏翻了半天，翻出一個鼻煙壺來，說道：「街上驢馬糞把人熏的實在難受，有了這個就不怕了。」等到坐上轎子，誰知鼻煙壺是空的，又叫管家回去拿煙。管家拿不到，好容易自己下轎方才找到。走到半路上，又想起未曾帶扇子，不及回家去取，幸虧街上有個扇子鋪，就下轎買了一把。一回又想到早晚天氣是涼的，晚上回去要添衣服，於是又吩咐管家回家去把小夾襖拿了為，預備晚上好穿。如此者往返耽擱，及至到釣魚巷已經有五點多鐘了。幸虧止到

得一個主人，其餘之客一個未到。胡二搗亂到處搗亂，人家同他沒有甚麼談頭的。同羊統領見面之後，略為寒暄了兩句，便也無話可說。羊統領自去躺下吃煙。胡二搗亂便趁空找著姑娘搗亂，也不顧羊統領吃醋，只是搗亂他的。搗亂了半天，恨的那些姑娘們都罵他為「斷命胡二」。胡二搗亂只得嘻著嘴笑。後來端上點心來，請他吃點心，方才住手。

又歇了一回，請的客人絡絡續續的來了。羊統領見田小辮子、烏額拉布二人到了，便拉了他倆的手，說了許多的話，又給他二人一家作了兩個揖，說：「你二位千萬不要鬧了。大家都是好朋友，獨有你二位見面不說話，好像有心病似的，叫人家瞧著算什麼呢！」其時田小辮子頗有願和之意，無奈烏額拉布因為臉上挖的傷還沒有好，一定不肯講和。禁不起羊統領再三朝著他打拱作揖，後來又請了一個安，旁觀那些客人亦幫著著實說，烏額拉布方才氣平。大家都派田小辮子不是。羊統領叫他替烏大人送了一碗茶，兩個人又彼此作了一個揖，各道歉意，方才了事。

其時已有七點半鐘了，羊統領數了數所請的人卻已到齊，只有制台幕府趙堯莊趙大架子沒有到。後來想叫差官去請，又怕他正陪著制台說話，恐有不便，只好靜等。誰知一直等到九點鐘才見他來。他是制台衙門裏的闊幕，人人都要巴結他的。

大概的人，他不過略為把手拱了一拱，便一手拉了余藎臣到煙鋪上說話，連主人都不在眼睛裏。後來擺好席面，主人就來讓坐，他方同主人謙了一謙。主人手執酒壺，又等了好半天，一直等他把話講完，方才起身入座。主人連忙敬他第一位。他又讓了一句道：「還有別位沒有？」余藎臣道：「這裏並沒有第二個人僭你堯翁的。」趙大架子也不答言，昂然據首座而坐，其餘的人亦就依次入座。

通臺面上只有余藎臣當的差使頂闊，而且錢亦很多。新近制台又委了他學堂總辦，常常提起某人很能辦事。余藎臣便趁這個機會託人關說，求大帥賞他一個明保，送部引見。制台雖然應允，但是摺子尚未上去。余藎臣又打聽得制台凡有折奏，都是這趙大架子拿權，因此余藎臣就極意的拉攏他。趙大架子的架子雖大，等到見了錢，架子亦就會小的。當初也不曉得余藎臣私底下饋送他若干，弄得這趙大架子竟同余藎臣非常知己。這時候到了臺面上，趙大架子還只是同余藎臣扳談，下來再同主人對答兩句，餘下的人，他既不睬理人，人家亦不敢仰攀他同他說話。在釣魚巷吃酒是要叫局的，趙大架子恐怕有礙關防，一定不肯破例，主人只得隨他。其他賓主每人只叫得一個，亦為著趙大架子在座，怕他說話的緣故。因此這一席酒人雖不少，頗覺冷清得很。

　　趙大架子吃了兩樣菜，仍舊離座躺在炕上吃煙。余蓋臣是同他有密切關係的，便亦離座相陪。後來主人讓他歸位吃菜，他始終未再入席，搖搖頭，對余蓋臣說：「這般人兄弟同他們談不來的。」余蓋臣得了這個風聲，便偷偷的關照過主人，叫他們只管吃，不要等了。趙大架子吃煙，自己不會裝。余蓋臣雖然不吃煙，打煙倒是在行的，當下幸虧他替趙大架子連打了十幾口，吃得滿屋之中煙霧騰騰。霎時菜已上齊，主人又過來請吃稀飯。趙大架子又搖頭，說：「心上怪膩的慌，不能吃了。」余蓋臣也陪著不吃。主人深抱不安。席散之後，又走過來道歉，又說：「雖外替趙大人、余大人留了飯。」趙大架子回稱：「謝謝。」說完這句，立起身來想要穿了馬褂就走。余蓋臣曉得他不願久留，便讓他同到自己相好王小五子那裏去坐，趙大架子點頭應允。兩人一同出門。其時主人早已穿好了馬褂，候著送了。一時別過主人，同到王小五子屋裏。王小五子接著，自然另有一副場面。余蓋臣立刻脫去馬褂，橫了下來，又趕著替趙大架子打煙。王小五子趕過來替他代打，余蓋臣還不要。一連等趙大架子又抽過七八口，漸漸的有了精神，兩手抱著水煙袋，坐在炕沿上想要吃煙。余蓋臣忙叫王小五子過來替他裝煙。此時余蓋臣一見房內無人，便把身子湊前一步，想要同趙大架子說話。趙大架子忽然先問道：「蓋翁，託你安置的兩個人，怎麼樣了？」余蓋臣道：「兄弟早同藩台說過，一有調動，就委他兩人前去。」趙大架子道：「還要等幾個月？」余蓋臣

道：「現在正在這裏替他倆對付著看。有兩處就在這幾天裏頭期滿，不過幾天就要委他們的，那裏用著幾個月。你老先生委的事，豈有盡著耽擱的道理！」余蓋臣這時候本來想請趙大架子過來商量自己事情的，不料趙大架子同他說安置人的話，自己的事倒弄得一時不好開口，只得權時隱忍著，仍舊竭力的敷衍。又叫王小五子備了稀飯，留趙大架子吃。趙大架子推頭有公事，還要到衙門裏去，余蓋臣不好挽留，自己的事始終未曾能夠向他開口。臨到出來上橋，便邀他明天晚上到這裏吃晚飯。趙大架子道：「看罷咧；如果沒有公事，準來。」

趙大架子去後，余蓋臣當夜便住在王小五子家。王小五子見余蓋臣很巴結趙大架子，就問趙大架子的履歷。余蓋臣便告訴他說：「趙大人是制台衙門的師爺，見了制台是並起並坐的，通南京城裏沒有再闊過他的。」王小五子便問：「余大人，你當的甚麼差使？一年有多砂錢進款？」余蓋臣便說自己「當的是通省牙釐局總辦。所有那些外府州、縣，大小鎮、市上的釐局，都是歸我管的。這些局裏的委員老爺，我要用就用，我不要用就換掉，他們不敢不依我的。」王小五子道：「他們那些官都歸你管，你的官有多們大？」余蓋臣道：「我的官是道台，所以才能夠當這牙釐局總辦。」王小五子鼻子裏嗤的一笑，道：「道台是什麼東西，就這們闊！」說到這裏，又自言自語道：「天，原來如此！」忽然又問道：「余大人，我問你：我聽說

現在的官拿錢都好買得來的，你這個官從前化過幾個錢？」余
藎臣起初聽他罵道台「什麼東西」，心上老大不高興；後來又
見他問自己的官從前化過幾個錢，便正言厲色道：「我是正途
兩榜出身，是用不著化錢的。化錢的另是一起人，名字叫『捐
班』。我們是瞧他不起的。」王小五子道：「余大人，官好捐，
你們的差事想亦是捐來的了？」余藎臣道：「呀呀呼！差事那
裏好捐！私下化了錢買差使的固然亦有，然而我得這個差使是
本事換來的，一個錢沒有化。就是人家在我手裏當差使，我也
是一文不要的，那是再要公正沒有。」王小五子道：「照此說
來，你余大人是一個錢不要的了？」余藎臣道：「這個自然。」

王小五子道：「我倒想起一件事來了：前個月裏，有天春
大人請你吃酒，我看見他當面送給你一張銀票，說是六千兩銀
子。春大人還再三的替你請安，求你把個什麼釐局給他。不是
你接了他的銀票，滿口答應他的嗎？不到十天，果然有人說起
春大人升了釐局總辦，上任去了。」余藎臣見王小五子揭出他
的短處，只得支吾其詞道：「他的差使本來要委的了。銀子是
他該我的，如今他還我，並不是化了錢買差使的。這種話你以
後少說。」王小五子道：「照這樣說起來，沒有銀子的人也可
以得差使了？」余藎臣道：「怎麼不得。老實對你說，只要上
頭有照應，或者有人囑託，看朋友面上，亦總要委他差使的。」
王小五子道：「原來派差使也要看交情的。余大人，咱倆的交

情怎麼樣？我要薦個人給你，你得好好的派他一樁事情。」余藎臣當他說笑話，並不在意，只答應了一聲道：「這個自然。你薦給我的人，我總拿頭一分的好差使給他。」王小五子嘿嘿無語的歇了半晌，起身收拾安寢。

一宵易過，又是天明。到了次日，余藎臣惦記著自己的事情，上院下來，隨又寫信給趙大架子，約他今天晚上同到王小五子家吃酒。趙大架子回說：「公事忙，不得脫身；等到事完出衙門，八點鐘在自己相好貴寶那裏吃晚飯，可以面談一切。」余藎臣只得遵命。才打七點鐘，便餓著肚皮先趕到貴寶房間裏伺候。一等等到九點鐘，趙大架子才從衙門裏出來，余藎臣接著，賽如捧鳳凰似的把他迎了進來。一進門先抽煙。堂子裏曉得他的脾氣的，早已替他預備下打好的煙二十來口，一齊都打在煙拖子上，賽如排槍一樣，一排排的都放在煙盤裏，只等趙大架子一到，便有三四根槍，兩三個人替他輪流上煙對火門。此時，趙大架子來不及同余藎臣說話，只見他躺在炕上，呼呼的拚性命的只管抽個不了。有時貴寶來不及，余藎臣還幫著替他對火，足足抽了一點鐘。其時已有十點鐘了，趙大架子要吃飯。飯菜是早已預備下的。當下只有他同余藎臣兩個人對面吃。貴寶打橫，伺候上菜添飯。趙大架子叫她同吃，她不肯吃。趙大架子還生氣，說道：「陪我吃頓飯有什麼要緊的，就這樣的不好意思起來？你們當窰姐的人，只怕不好的意思的事情盡多

著哩！」說罷，便把面孔板起，做出一副生氣的樣子。余蓋臣搭訕著替他們解和。

等到把飯吃完，趙大架子一面漱口，余蓋臣又順手點了一根紙吹給他。慢慢的談了幾句公事，然後趁勢問他：「這兩天大帥背後於兄弟有甚麼話說？」趙大架子道：「不是蓋翁提起，兄弟早在這裏打算主意了。無奈兄弟公事實在忙，一天到晚，竟其沒有動筆的時候。」余蓋臣忙問：「甚麼事一定要堯翁親自動筆？」趙大架子道：「就是蓋翁得明保的那句話了。」余蓋臣一聽「明保」二字，正是他心上最為關切之事，不禁眉飛色舞，仔細一想，又怕趙大架子拿他看輕，立刻又做出一副謹慎小心的樣子，柔聲下氣的說道：「這都是大帥的恩典，堯翁的栽培！」趙大架子道：「豈敢！不過制軍既有這個意思，我們做朋友的人，那裏不替朋友幫句忙。說也好笑，前幾天是兄弟催制軍，這兩天反了過來，倒是他催兄弟。」余蓋臣道：「催甚麼？」趙大架子道：「起先是制軍雖然有了保舉蓋翁的意思，一直沒有定規，是兄弟天天追著他問，同他說道：『像餘某人這樣人，真要算是江南第一個出色人員；大帥既有恩典給他，摺子可在早些進去，將來朝廷或者有什麼恩典，也好叫他及早自效。』制軍聽了兄弟的話，果然答應了，就立逼著兄弟替他起稿子。這兩天兄弟一來因為事情忙，沒有工夫動筆，二來，怎麼保舉法子，下個什麼考語，也得商量商量。」

　　余藎臣道：「正為這件事，兄弟要過來求教。承堯翁的吹噓，又順堯翁替兄弟上勁，真正感激得很！但是還望你堯翁成全到底，考語下得體面些，那就是感之不盡！」說罷，特地離位，深深一揖，又說得一句道：「全仗大力！」趙大架子兩手捧著水煙袋，趕忙拱手還禮，卻一面說道：「自家兄弟，說那裏話來！今天既是藎翁提起，我們都是自己人，藎翁愛怎麼說就怎麼說，兄弟無不遵辦。照樣寫了上去，制軍看了，也不好挑剔什麼。」余藎臣道：「這是堯翁的格外成全，兄弟何敢妄參末議。而且又是自己的事，天下斷無自稱自讚的道理，只得仍請堯翁先生主裁。」趙大架子聽了他這一路恭維，心上著實高興。原想立刻就替他起稿，可以賣弄他的權力；無奈吃過了飯沒有過癮，霎時煙癮上來，坐立不安，十分難過，便道：「你我不是外人，你來，我念你寫，寫了出來，彼此商議。」其時余藎臣還不肯寫，後來又被趙大架子再三的相催，說：「你我自家人，有什麼怕人的。不是說句大話，現在南京城裏，除了你我，餘人都不在咱眼裏！我念你寫，這不同我寫的一樣嗎？」

　　其實是余藎臣心上巴不得這個摺子自己竭力的恭維自己，今見趙大架子一再讓他自己寫，遂也不便過於推辭，便向貴寶要了一副筆硯一張紙，讓趙大架子炕上吃煙，他卻自己坐在桌

子邊起稿。嫌掛的保險燈不亮，又叫人特地點了一支洋燭。貴寶曉得他要寫字，忙著來替他磨墨。余藎臣不要，叫他到炕上替趙大架子裝煙。貴寶去後，余藎臣便提筆在手，拿眼瞧著趙大架子，看他說甚麼，好依著他寫。足足等了七八袋大煙的時候，約摸趙大架子煙癮已過得一半，隨見趙大架子一骨碌從炕上爬起，卻先歪著身子，提起茶壺，就著茶壺嘴抽了兩口，方才坐起來說道：「兄弟的意思，摺子上沒有多少話說，還是夾片罷。」余藎臣道：「似乎摺子鄭重些，叫上頭看得起些。」趙大架子道：「這倒不在乎。橫豎保了上去，上頭沒有不准的，總還你一個『著照所請』。依兄弟看來，其實是一樣的。」余藎臣見他如此說，也不敢過於計較，只得跟著他說道：「既然如此，就是夾片亦好。」趙大架子見余藎臣擎筆在手只是不寫，便道：「你寫啊。」余藎臣道：「等堯翁念了好寫。」趙大架子笑道：「藎翁的大才，還有什麼不曉得的。你別同我客氣，你儘管寫罷，寫出來一定合式的。我要過癮，你費點心罷。」說完，仍舊躺下，呼呼抽他的煙去了。

余藎臣至此，面子上只得勉強著自己起稿，心上卻是十二分高興，嘴裏卻不住的說道：「姑且等兄弟擬了出來再呈改。」此時趙大架子只顧抽煙，一聲不響，幸喜余藎臣是正途出身，又在江南歷練了這幾多年，公事文理也還辦得來。於是提筆在手，想了想，一口氣便寫了好幾行。後來填到自己的考語，心

上想「還是空著十六個字的地步等趙某人去填。」既而一想：「又怕趙某人填的字眼不能如意，不如自己寫好了同他去斟酌。他同我這樣交情，諒來不致改我的。」主意打定，又斟酌了半天，結結實實自己下了十六個字的考語；後頭帶著敍他辦釐金、辦學堂如何成效，說得天花亂墜，又足足的寫了幾行。一霎寫完，便自己離位，拿著底子踱到煙炕前請趙大架子過目。趙大架子接在手中，就在煙燈上看了一回，一聲不言語，又心上盤算了一回。

余藎臣忍耐不住，急忙問他道：「堯翁看了，還好用不好用？兄弟於這上頭不在行，總求堯翁的指教！」趙大架子道：「格式倒還不錯，就是考語還得──」余藎臣不等他說完，接嘴問道：「考語怎麼樣？」趙大架子道：「若照堯翁的大才，這幾句考語著實當之無愧。不過寫到摺子上，語氣似乎總還要軟些，叫上頭看著也受用。如果說的過於好了，一來不像上司考核下屬的口氣，二來也不像摺子上的話頭。兄弟妄談，藎翁高見以為何如？」說罷，仍把底稿遞在余藎臣手裏。

余藎臣一聽他話，不禁面孔漲是緋紅，半天說不出話來，楞了一回，仍舊踅到桌子跟前坐下，提起筆來想改。誰知改來改去，不是怕趙大架子說話，就是自己嫌不好，捱了半天，仍舊未曾改定，只得老著臉皮朝趙大架子說道：「這個考語還是

請你堯翁代擬了罷。『不是撐船手，休來弄竹竿』，兄弟實實在在有點來不得了。」趙大架子道：「我們知己之說，這考語雖只有幾個字，輕了也不好，重了也不好。我兄弟擬了出來，還得送制軍閱過。一向制軍卻沒有改過兄弟的筆墨；如今倘若未能弄好，被他改上一兩句，兄弟卻坍台不下。所以要替你薑翁斟酌盡善，就是這個緣故。薑翁自己人，我兄弟不妨直說。」余薑臣聽了愈為感激，當下便親自蘸飽了筆，送到炕床邊，請趙大架子動手。趙大架子道：「這個兄弟也得思量思量看。」於是亦不接他的筆，仍把身體橫了下來，一聲不言語，一口氣又吃了五六口煙。吃完了煙，跋著鞋皮，走下炕來，把原稿略為改換了幾句，卻把十六個字考語統通換掉。余薑臣看了，似乎覺得還不能滿意；但是恐怕趙大架子動氣，只得連稱「好極好極」。趙大架子改好之後，便往衣裳袋中一塞。因為堂子裏的煙吃的不爽快，要回到公館裏過癮。余薑臣只得穿了馬褂，陪著一同出門。臨時上轎，余薑臣又打了一拱，說了許多感激的話。又道：「大帥前深荷一力成全，明天過來叩謝。」說完，兩人分手。

　　余薑臣仍往王小五子家而來。其時已有夜半十二點鐘。余薑臣尚未走進王小五子家的大門，黑影裏望見有個人先從她家裏出來。燈光之下，雖不十分明白，然而神氣還看得出，很像是個熟人似的。後來彼此又擦肩而過。這人沒有看見余薑臣，

余蓋臣卻看清這人，原來是認得的。但是官職比他差了幾級，大人卑職，名分攸關。余蓋臣怕他看出，不好意思，連忙拿頭別了過去。等到這人去遠，方一步步踱進了大門，霎時走到王小五子房中，他倆本是老相好，又兼余蓋臣明保到手，心上便也十分高興，見面之後，說不盡那副肉麻的情形，兩個人鬼混了一陣。

王小五子忽然想起昨夜的話來，連忙說道：「余大人，我託你一椿事情，你可得答應我！」余蓋臣道：「好答應的我自然答應。」王小五子道：「你別同我調脾。好答應也要你答應，不好答應也要你答應，你先答應了我才說。」余蓋臣道：「到底甚麼事要我答應？」王小五子道：「不是你昨兒說的，在你手下當差的人統通不能錢買，只要上頭有面子，或者是朋友相好的交情薦來的都可以派得。這個話可有沒有？」余蓋臣道：「自然派差使一個錢不要，但是面子也得看什麼面子，就是相好也要看什麼相好，不能執一而論的。」王小五子道：「我不同你說這些。你但看咱倆的交情怎麼樣？」余蓋臣道：「用不著提到咱倆的交情。難道你有什麼人薦給我不成？咱倆交情雖厚，你要薦人我卻不收。」

王小五子見他說不收，登時把臉一沉，拿頭睡在余蓋臣的懷裏，卻拿兩隻粉嫩雪白的手抱住余蓋臣的黑油津津的胖臉，

撒嬌撒癡的說道：「你不答應我，我定見不成功！」此時余蓋
臣穿了一件簇新的外國緞夾袍子，被王小五子拿頭在他懷裏膩
了兩膩，登時縐了一大片。余蓋臣向來是吝嗇慣的，見了肉痛，
為的是相好面上，有些說不出口，只好往肚皮裏嘸。兩個人揪
了半天，畢竟余蓋臣可惜那件衣服，連連說道：「有話起來說，
──不要這個樣子，被別人看了要笑話的。」王小五子又把臉
一板道：「誰不曉得我是余大人的相好？將來我還要嫁你哩！
我嫁了你，我便是釐金局總辦的太太，誰敢不巴結我，誰敢來
笑我！」余蓋臣又只得順著她說道：「不錯，你嫁了我，你不
是我的太太。我有了你這位好太太，從此發後，釣魚巷也不來
了。」王小五子又把眼一眇，道：「這些話誰相信你！誰不曉
得余大人的相好多！這些話快別同我客氣！倒是我託你的事情
怎麼樣？」

　　說話間，余蓋臣接連打了幾個呵欠，伸手摸出夾金錶來一
看，短針已過一點，長針卻指在六點鐘上。余蓋臣道：「啊唷！
不早了！我們快睡了，明天還要早起上院哩。」一面說，一面
自己寬去衣服，躺在床上去了。王小五子道：「你不答應，我
不許你睡覺。」於是也不及卸裝，趕到床上同他纏個不了。余
蓋臣被她鬧急了，便道：「你先把人頭說給我，等我好替你對
付著看。」王小五子見他已有允意，便不同他吵了，和衣歪著，
拿頭靠在枕頭上，低聲說道：「我說的不是別人，你們同在一

處做官，還有什麼不認得的。」余藎臣道：「到底是誰？」王小五子道：「就是候補同知黃大老爺，他託我的。」余藎臣道：「姓黃的天底下多得很沒頭沒腦，叫我去找那一個？」五小五子道：「真個我記性不好，他有個條子在這裏。」說著，便伸手從衣服小襟袋裏把個名條摸了出來，跟手又叫房間裏奶奶點了一支洋燭。余藎臣睡眼朦朧的拿起名條靠近燭光一看，只見上面寫的是「知府用、試用同知黃在新，叩求憲恩賞委釐捐差事」兩行小字。余藎臣不看則已，看了之時，不覺心上畢拍一跳，半天不言語。王小五子忙問：「看清楚了沒有，這人可是認得的？」余藎臣還不響，又停了一大會，方問得一句道：「這人是幾時來嫖你起的？這條子可是方才給你的？」王小五見問，也不由得臉上一紅，楞了半天，回答不出話來。

列位看官；你道此人是誰？原來方才余藎臣在王小五子大門口碰見的那個人就是黃在新。這黃在新雖是江南的官，同余藎臣比起來，一個道台，一個同知，兩人官階不同，不在一個官廳子上，余藎臣如何偏會認識他？只因這黃在新最會鑽營，凡在紅點的道台，他沒有一個不巴結，因此都同他認得。他此時身上雖有幾個差使，無奈薪水不多，無濟於事。因見余藎臣正當釐金局的老總，便想謀個釐局差事，託了幾個人遞了幾張條子，余藎臣尚未給他下落。他心上著急。幸喜他平日也常到釣魚巷走走，與余藎臣有同靴之誼。王小五子見他臉蛋兒長得

標致，便同他十分要好，余藎臣反退後一步。黃在新在王小五子家走動，余藎臣卻一字兒不知；余藎臣在王小五子玩耍，黃在新卻盡知底裏。即此一端，已可見王小五子待他二人的厚薄。

此時余藎臣看了名條，想起剛才齊巧碰見他在這裏出去，不免心上一動。又接著問王小五子的話，王小五子又對答不出，自然格外疑心。疑心過重，便是吃醋的根苗。此時余藎臣看了王小五子的情形，心上早已懂得八九，接連哼哼冷笑兩聲，說道：「他的條子沒有人替他遞了，居然會想著了你，託你替他求差使！他這人真會鑽！倒是你倆是幾時認識起來的，你卻同他如此關切？」王小五子見余藎臣生了疑心，畢竟他自己賊人膽虛，亦不敢撒嬌撒癡，立刻拿兩隻手扳著余藎臣的腦袋，同他臉對臉的笑著說道：「這裏頭有個講究，你不曉得，等我來告訴你：我是江西人，七歲上就賣在檔子班裏學唱戲。等到十五歲上才到的南京。這黃大老爺他也是江西人，同我是嫡親同鄉。他是我自己家裏的人，有什麼不認得的。我替他求差使，也無非照應同鄉的意思，有什麼動疑的。」余藎臣連連搖頭，道：「算了罷！你們江西人我也請教過的了，做官的，讀書的，於這鄉誼上很有限。不信你一個做窰姐的倒比他們做官的、讀書的有義氣！這話不要來騙我！況且你七歲上就賣在檔子班裏，東飄西蕩，這姓黃的果然是你的同鄉，你也不會認得他的。這話越說越不對！倒是你倆有了多少時候的交情？你老實對我說

24

罷。他不同你有交情，你為甚麼要替他求差使呢？我曉得我們化了錢，無非做個大冤桶，替人家墊腰！如今竟其公然替恩客說人情求差使！我又不是三歲小孩子，被你們弄著玩！」

此時余藎臣越說越氣，也不睡覺了，一骨碌從床上坐起，吩咐叫轎夫打轎子，又自己立誓道：「從今以後，再不到這裏來了！倘若以後再到這裏，你們看我左腳邁到這屋裏來，你們拿刀砍我的左腳；右腳邁到這屋裏來，你們拿刀砍我的右腳！」一面說，一面捲捲袖子，直把兩個袖子捲到手彎子上頭，兩隻眼睛睜的像銅鈴似的，又拿兩隻手去盤辮子。辮子盤好，人家總以為他這個樣子一定要打人了，誰知並不打人，卻叉著兩隻臂膊，握緊了兩個拳頭，坐在床沿上生氣。

再說王小五子起先聽見余藎臣拿她數落，不禁臉上一陣陣的紅上來，心頭止不住必必的跳。後來又見他爬起，連忙和著身子去按捺他；無奈氣力太小，當不住余藎臣的蠻力，按了半天按他不下，只得隨他起來。後來見他盤好辮子，並不打人，方才把心放下，連忙和顏悅色的自己分辯道：「同鄉有甚麼好假冒的。天生同鄉是同鄉，我不能拿他當外人看待。至於問我如何認得他，蘇州來的洪大人，清江來的陸大人，每逢吃酒都有他在座，慢慢的我就認得了他。怎麼沒有交情我就不作興認得他的？」余藎臣也不理她，只是坐在床沿上生氣。鬧得大了，

連著房間裏的奶奶都上來勸和。余藎臣只是不言語。一迸進到五更雞叫之後，天色微微的有點亮了，余藎臣也不等轎子了，要了長衣裳，紮扮停當，一直徑去。王小五子抵死留他不住，只得聽其自然。

　　余藎臣走到街上，尚是冷冷清清的一無所有。此時心上又氣又悶，不知不覺忘記了東南西北，又走錯了一大段。後來好容易雇了一部東洋車子，才把他拉到公館。打門進去一路罵轎夫，罵跟班的，罵老媽，罵丫頭，一直罵進了上房。驚動了上下人等，曉得大人在外頭住夜回來，於是重新打洗臉水，拿漱口水、茂生肥皂、引見胰子〔註：肥皂名，因有香味，專供引見人員用的。〕，又叫廚子做點心，真正忙個不了。

　　齊巧這日是轅期，照例上院。點心未曾吃完，轎子已伺候好。等到走到院上，已有靠九點鐘了。余藎臣還是氣吁吁的。頭一個會見了孫大鬍子，便把黃在新託王小五子求差使的話統通告訴他；又說：「黃在新的品行太覺不堪，甚麼人不好託，單單會託到婊子，真正笑話！」孫大鬍子笑道：「這也難怪他，實在是你藎翁同王小五子的交情非他可比。朋友說的話不及貴相知說的靈，所以黃某人才走的這條路。出來做官為的是賺錢，只要有錢賺，也顧不得這些了。」余藎臣聽了孫大鬍子奚落他的話，不由的把臉一紅，拿話分辯道：「我們逛窰子也不進行

去流水罷了，算是什麼交情！」孫大鬍子忙接嘴道：「又行去，又流水，還算不得交情？不曉得要弄到什麼分上才算得交情呢？」余藎臣發急道：「人家同你說正經話，你偏拿人來取笑，真正豈有此理？老實對你講罷：王小五子同黃某人都是江西人，他替他求差使，乃是照應同鄉的意思。」孫大鬍子道：「一個當妓女的，居然肯照應同鄉，賢於士大夫遠矣！藎翁，你應該立刻委他一個上等的釐差：一來顧全貴相好的面子，二來也可以愧勵愧勵那般不顧鄉情的士大夫。你們眾位聽聽，我兄弟說的可是不是？」此時官廳子上的人已經來的不少了，天天在一起的幾個熟人聽了他言，都說：「應得如此。」無奈余藎臣決計不答應，一定還要回制台撤去他的差使，拿他參辦，以為卑鄙無恥，巧於鑽營者戒。當時又被孫大鬍子指駁了一句，余藎臣方始頓口無言。欲知孫大鬍子說的何話，且聽下回分解。

第三十三回　查帳目奉劄謁銀行　借名頭斂錢開書局

　　話說孫大鬍子聽見余藎臣一定要稟揭黃在新託妓謀差的事，一再勸他都不肯聽。孫大鬍子哼哼冷笑道：「他託妓謀差雖然是他的壞處；然而你做監司大員的人，你不到窯子裏去怎麼會曉是他託妓謀差呢？這椿事還怪你不是。」余藎臣被他這一駁，頓時閉口無言。歇了半天，才勉強說道：「我們嫖婊子不過是好玩罷了。他鑽營差使竟走婊子的門路，這品行上總說不過去！我就是不到上頭去說他壞話，這種人要在我手裏得意，叫他一輩子不用想了！」說完，面子上雖把此事丟開，後來又著實到王小五子家發了幾回脾氣。經王小五子千賠不是，萬賠不是，後來又把這話通知了黃在新，嚇的黃在新有許多時不敢公然到釣魚巷王小五子家住夜。余藎臣拿不到破綻，方才罷手。又過了兩月，余藎臣的保折批了回來，所保送部引見，也已奉旨允准。等到奉到劄知，立刻上院叩謝。接著便是同寅前來道喜，下僚紛紛稟賀。余藎臣少不得置辦酒席請這班同寅。同寅當中多半都是好玩的，家裏請酒不算數，一定要在釣魚巷擺酒請他們。余藎臣也樂得借花獻佛，一來趁他們的心願，二來又應酬了相好。回回吃酒都推趙大架子為首座，趙大架子便亦居之不

疑。接連又是你一台，我一台，替他賀喜。如此者輪流吃過，足足有半個多月光景。

　　真正是光陰似箭，日月如梭。余藎臣便想請咨人都引見。制台答應，所有他的差事，一齊都委了別人暫行代管，為他不久就要回來的。一連幾天，白天忙著料理交代，晚上又有一班相好輪流擺酒替他餞行。有天夜裏，正在釣魚巷吃的有點醉醺醺了，他忽然發議論道：「回想兄弟才到省頭一天的光景，再想不到今日是這個樣子。我還記得我到省頭一天，其時正是黃制軍第二次到江南來。我頭一天上院，沒有傳見。其實上司見不見並不是甚麼大不了的事，倒是那時候臉上總覺得攔不下去，從官廳子上走出去上轎，賽如對了跟班、轎夫都像沒有臉見他們似的。此時得差得缺的心還沒有，心上總想：『我連上司都見不著，我還出來做什麼官呢！』到了第二次上院還沒有見。因為別人見不著的很多，並不光我一個，那時心上便坦然了許多，見了轎夫、跟班也不難為情了。以至頂到如今，偏偏碰著這位制軍是不輕易見客的，他見也好，不見也好，便也漠然無動於中了。我還記得從前沒有得事的時候，只指望能夠得一個長差使，便已心滿意足了。實因江南道台太多，得缺本非易事。誰料後來接二連三的竟其弄了好幾個長差使在身上，一天到晚忙個不了。此時不以為樂，反以為苦，屢次三番想辭掉兩個，無奈上頭一定不放。現在憑空的又得了這個明保，索性不叫我

過安安穩穩的日子，拿我送部引見，想是我命裏註定的，今年流年犯了『驛馬星』〔註：驛馬，古時驛站供傳遞公文、來往官員使用的馬，比喻自己出門奔波。〕，所以要叫我出這一趟遠門。」眾人道：「『能者多勞』，像你藎翁的這樣大才，怎麼上頭肯放你呢。至於這回明保乃是放缺的先聲，光當當差使也顯不出藎翁大才，所以制軍一定要有此一舉。從此簡在帝心，陳枲開藩，都是意中之事，放個把實缺，小焉者也，算不得什麼。」余藎臣道：「承諸位老哥厚愛，放個把缺做做，兄弟也無庸多讓。至於將來還有甚麼好處，兄弟卻不敢妄想。」說罷，那副得意揚揚之色早流露於不自知了。霎時席散。

又過了兩天，上院稟辭。剛剛走到院上，齊巧昨日制台接到軍機大臣上的字寄，說是一連有三個都老爺奏參江南吏治，大大小小共有二十幾個官：甚麼孫大鬍子、田小辮子、烏額拉布、余藎臣，還有督幕趙大架子、統領羊紫辰等一干人統通在內。其中所參的劣跡，以余藎臣、趙大架子頂利害。說余藎臣總辦釐金，非但出賣釐差，並且以剔除中飽為名，私向屬員需索陋規。等到屬員和盤託出，他又並不將此款歸入公家，一律飽其私囊。某人饋送若干，某局繳進若干，那位參他的都老爺查的清清楚楚，摺子上都聲敘明白。還說他出賣釐差，並不在南京過付；上海有一爿錢莊，內中有他一個把弟擋手，專門替他經手。人家要送他銀子，只要送到這爿錢莊上，由他把弟出

30

封信給他，或者打個電報，南京這邊馬上就把差使委了出來，真正是再要靈驗沒有。摺子上又說他所有賺來的銀子，足有五十多萬兩，很在上海置買了些地皮產業，剩下的一齊存在一爿銀行裏。至於參趙大架子頂重的頭一款，是說他霸持招搖；甚至某月某日，收某人賄賂若干，亦查的明明白白。又說兩江總督保舉道員余某一折，係趙某及余某在秦淮河妓女貴寶房中擬定折稿。摺子後頭歸結到兩江總督身上，說他年老多病，昏瞶糊塗，日惟以扶鸞求仙為事，置吏治民生於不顧。此外孫大鬍子、田小辮子、烏額拉布、羊紫辰不過都是帶筆。在初入仕途的人見了，難免擔驚受怕，至於歷練慣的人，卻也毫不在意。

閒話休題，言歸正傳。且說這日余藎臣剛把手本遞了上去，制台一見是他，雖說是自己保舉的人，究竟事關欽派查辦之案，便也不敢回護，忙叫巡捕官傳話給他，叫他不必動身，在省候信。巡捕出來說完這句，各自走開，也不說制台請見，也不說制台道乏。余藎臣摸不著頭腦，在官廳子上呆了半天，有些不知底裏的人還過來敷衍他，問他幾時榮行，他也只好含含糊糊的回答。後來坐了一回，看見各位司、道上去，又見各位司、道下來。其時藩台、糧道都已得信，見了制台出來，朝著他都淡淡的，似招呼不招呼的，各自上轎而去。他甚為沒趣，也只好搭訕著出來。這時候，他的差使都已交會別人替代，他已無公事可辦，院上下來，一直徑回公館，一天未曾出門，卻也無

人前來拜他。

　　頭天晚上，趙大架子還面約今日下午在貴寶房中擺酒送行，誰知等到天黑還不見來催請。自己卻又為了早晨之事，好生委決不下，派了師爺、管家出去打聽，獨自無精打采的在家靜等。誰知等到起更，一個管家從院上回來稟報說：「趙大架子趙大人不知為了什麼事情，行李鋪蓋統通從院上搬了出來。後來小的又打聽到孫大鬍子孫大人門口，才曉得京城裏有幾位都老爺說了閒話，連制台都落了不是，總算仍舊派了制台查辦，還算給還他的面子。」余薑臣急忙問道：「這位都老爺是誰？但不知有幾個人參在裏頭？孫大人在內不在內？」管家道：「聽說雖然在內，並不十二分要緊。趙大人參的卻很不輕。」余薑臣又急忙說道：「我呢？」家人不言語。余薑臣連連搖頭，連連跺腳，道：「完了！完了！怪不得趙大人他說今兒請我吃飯的，原來他自己遭了事，所以沒有來催請。但是我自己被參，為的是那一件，連我自己也不明白，怎麼好呢！」一回又想到自己平時所作所為，簡直沒有一件妥當的，一霎時萬虛千愁，坐立不定。

　　正躊躇間，派出去打聽消息的一位元元師爺也從外面回來了，手裏還抄了制台新出的一張諭帖。余薑臣見面就問：「打聽的事怎麼樣了？」那位師爺有心在東家面前討好，不肯直談，

只聽他吞吞吐吐的說道：「聽說京城裏有什麼消息，大約在省城候補的統通在內。這一定是都老爺想好處，我們不要理他！觀察這樣的憲眷，還怕什麼呢。」余藎臣道：「不是怕什麼，為的是到底參的是那幾件事。你手裏拿的什麼？」那位師爺見問，索性把他所抄的那張諭帖往袖筒管裏一藏說：「沒有甚麼。」余藎臣道：「明明白白的看見有張紙寫的字，你瞞我做什麼呢？」師爺到此無奈，方把一張諭帖拿了出來。余藎臣取過看時，只見上面寫的無非勸戒屬員嗣後不准再到秦淮河吃酒住夜，倘若陽奉陰違，定行參辦不貸各等語。這張諭帖是寫了貼在官廳子上的，如今被這位師爺抄了回來。余藎臣看過後，就往旁邊一擱，說道：「這種東西，那一任制台沒有？我也看慣了。他下他的諭帖，我住我的夜，管他媽的事！這也值得遮遮掩掩的！」那師爺被東家搶白了兩句，面孔漲得緋紅，一聲也不言語。余藎臣又問道：「我叫你打聽的事，有什麼瞞我的？你快老實說罷！」那師爺只是咳嗽了兩聲，一句話還是沒有。余藎臣知道他是無能之輩，便跺著腳，說道：「真正是什麼材料！——這從那兒說起！」說完了這句，便背著手一個人在廳上踱來踱去。他不理師爺，師爺亦嚇的不敢出氣。

攔下余藎臣在家裏候信不題。且說制台自接奉廷寄之後，卻也不敢怠慢，立刻就派了藩司、糧道兩個人，按照所參各款，逐一查辦。因為幕友趙大架子被參在內，留住衙門恐怕不便，

就叫自己兄弟二大人通信給他，叫他暫時搬出衙門，好遮人耳目。趙大架子無奈，只得依從。所以頭天雖在相好貴寶家中定了酒席，並未前去請客。到了第二天，貴寶派了男女班子到石壩街趙大人公館裏請安，聽見門上說起，才曉得大人出了岔子，如今在家裏養病，生人一概不見。男女班子無奈，只得悵悵而回。

此時省城裏面一齊曉得制台委了藩台、糧道查辦此案。幸喜都是同寅，彼此大半認識，一個個便想打點人情，希圖開脫。其中糧道為人卻很爽快，有人來囑託他，他便同人家說道：「制台雖然拿這件事委了兄弟，其實也不過敷衍了帳而已。現在的事情，那一樁那一件，不是上瞞下就是下瞞上？幾時見查辦參案，有壞掉一大票的？非但兄弟不肯做這個惡人，就是制台也不肯失他自己的面子。他手下的這些人雖然不好，難道他平時是聾子、瞎子，全無聞見，必要等到都老爺說了話，他才一個個的掀了出來？豈不愈顯得他平時毫無覺察麼？不過其中也總得有一兩個當災的人，好遮掩人家耳目。總算都老爺的話並非全假，等他平平氣，以後也免得再開口了。兄弟說的句句真言，所以諸公儘管放心罷了。」眾人聽了他言，俱各把心放下。不料藩台自從奉到委劄的那一天起，卻是凡有客來，一概擋駕。今天調卷，明天提人，頗覺雷厲風行。大家都不免提心吊膽，然而想起糧道的話，曉得制台將來一定要顧自己的面子，

決不會參掉多少人的；不過彼此難為幾吊銀子，沒有什麼大不了事，便亦聽其自然。

　　藩台見人家不來打點，他便有心公事公辦，先從余蓋臣下手，同制台說：「原參余道出賣釐差，銀子放在上海。別的雖然沒有憑據，然而銀子存在銀行裏是有簿子可查的；只要查明白了簿子上是余蓋臣的花戶，便一定是他的贓款了。現在是什麼時候！庫款如此空虛，他們還要如此作弊，真正沒有良心了！司裏同余道雖是同寅，然而為大局起見，決計不敢回護的。」制台道：「別的還好辦，銀行是外國人的，恐怕他不由你去查哩。」藩台道：「銀行雖是外國人開的，然而做的是中國人生意。既然做我們中國人生意，一年到頭賺我們中國人的錢也不少了，難道這點交情還沒有？我又不向他捐錢，看看帳簿子有什麼不可的。」制台道：「既然老哥說可以，料想沒有什麼不可以的。本省的官雖多，能夠辦事的人究竟很少，還是老哥諸事諳練，這件事情就借重老哥辛苦一趟罷。早些去早些回來，也好早點覆奏進去，免得再生枝節。」藩台一想，「話雖如此說，究竟自己做了這幾年的官，從來未同外國人打過交道。外國人摳眼睛，高鼻子，雖然見過幾個；但是上海地方，聽說一共總有十幾國的人，我是一省的藩台，到了那裏總得一家家的都去拜望拜望。彼此言語不通，這個十幾國的翻譯倒不好找。一個弄得不得法，被翻譯瞞著我做了手腳！」左思右想，總覺

不好，只得回覆制台道：「司裏的公事，承上宣下，一來忙的實在走不脫身；二來司裏亦不會說外國話，不認得外國字，將來到了銀行裏查起外國帳來，一個字不認得，還不是白去。這樁事關係很大，請大人委了別人罷。」制台道：「好在總要帶著翻譯去的，只要帶個明白點的翻譯就是了。就是兄弟亦不會說外國話，不認得外國字，怎麼也在這裏辦交涉呢？」藩台被制台頂的無話可說，只得又稟請了一位洋務局裏的提調，乃是本省候補知府，姓楊，名達仁；因為他從小在水師學堂裏出身，認得鬼子多，而且也會說兩句外國應酬話，同了他去，便借他做個靠山。他本任之事，當由制台劄委鹽道暫行兼理。

藩台無奈，只得回家部署行裝。因係欽派案件，不敢耽誤，次日有下水輪船，遂即攜帶隨員、幕友徑赴上海。一路上，兩手很捏著一把汗，深悔自己多嘴，惹出這件事來。次日輪船到了上海，上海縣接著迎入公館。跟手進城去拜上海道。見面之後，敘及要到銀行查帳之事。上海道道：「但不知余某人的銀子是放在那一爿銀行裏的？」藩台大驚道：「難道銀行還有兩家嗎？」上海道道：「但只英國就有麥加利、匯豐兩爿銀行。此外俄國有道勝銀行，日本有正金銀行，以及何蘭國、法蘭西統通有銀行，共有幾十家呢。」藩台聽說，楞了半天，又說道：「我們在省裏只曉得有匯豐銀行匯豐洋票，幾年頭裏，兄弟在上海的時候也曾使過幾張，卻不曉得有許多的銀行。依兄弟想

來，只有匯豐同我們中國人來往，余某人的這銀子大約是放在匯豐，我們只消到匯豐去查就是了。」上海道道：「外國人銀行開在上海的，原是為著做中國人生意來的，那一爿不好存銀子；並不光匯豐一家是如此。但是匯豐兩個字，人家說起來似乎熟些，或者余某人的銀子就放在他家也未可知。方伯就先到他家去查查也無妨。」藩台聽說稱「是」。於是端茶告辭。

回到公館，過了一夜。第二天一早，就想到匯豐家去查帳。起身梳洗之後，便吩咐套馬車。穿好行裝，帶了翻譯，兩個人同上了馬車，一直往黃浦灘而來。未曾上車的時候，車夫就問：「到那裏去？」藩台說：「匯豐銀行。」馬夫說：「今天禮拜，銀行是不開門的。」那翻譯因是省裏帶來的，在內地久了，也忘記禮拜不禮拜。被馬夫一句話提醒，他亦恍然道：「不錯，禮拜日外國人是不辦公事的，去了也是白去。不如大人到別處拜客，明天一早再去不遲。」藩台道：「管他媽的禮拜不禮拜！我到他門口飛張片子，我總算到過的了。就是他不辦公事，料想客人總好見的。我昨天就到此地，今天還不去拜他，被外國人瞧著也不好。況且我今天見了他，先把大概情形告訴了他，明天再去查帳也就容易些。」翻譯道：「禮拜關門，連客也是不見的，不如明兒一塊去的好。」藩台道：「你們這些人，多走一步路都是怕的！橫豎坐馬車，又不要你跑了去，多走一趟也不難！」翻譯也不敢說別的，只好跟了他走。

一霎時走到匯豐銀行門口，果見兩扇大門緊緊閉著。投帖的人叫喚了半天，亦沒有一個人答應。投帖的無奈，只得走到馬車跟前，據實回覆。藩台道：「既然沒有人，留張片子就是了。」投帖的又跑回去，拿張片子塞了半天亦沒有塞進，只好蘸了點唾沫，拿片子貼在門上走的。藩台自己覺著無趣，又怕翻譯笑他，說他不懂外國規矩，回到公館，坐定之後，便對手下的人說道：「外國人禮拜不辦事、不會客，我有什麼不曉得的。不過上頭委了我這件事，照例文章總得做到。將來有帳查得到，固然是有面子；即使查不到，我們這裏到底來過兩趟，總算是盡心的了。」他如此說，手下的人只好連連答應稱「是」。

到了第二天，便是禮拜一，銀行裏開了門。他老人家仍舊坐了馬車趕去。未曾到銀行門口，投帖的已經老早的拿著名片想由前門闖進去，上了臺階，就挺著嗓子喊「接帖」。幸虧沒有被外國人碰見，撞見一個細崽，連忙揮手叫他出去，又指引他叫他走後門到後頭去。等到投帖的下了臺階，藩台也下了馬車了。投帖的上前稟明原由。藩台心上很不高興，自想：「我是客，我來拜他，怎麼叫我走後門？」原來這匯豐銀行做中國人的賣買，甚麼取洋錢，兌匯票，帳房、櫃檯統通都設在後面，所以那細崽指引他到後邊去。當下藩台無奈，只得跟了投帖的

號房走到後面。大眾見他戴著大紅頂子，都以為詫異：說他倘然是來兌銀子的，用不著穿衣帽；如果是拜買辦的，很可以穿便衣，也用不著如此恭敬。

其時櫃檯上收付洋錢，查對支票，正在忙個不了，也沒有去招呼他。號房拿了名片，叫喚了幾聲「接帖」，沒有人理他；便拉住一個人，問：「外國人在那間屋裏住？」那人道：「我是來支洋錢的，我不曉得。你去問他們櫃上罷。」號房無奈，站在櫃檯邊望了一望，都是忙忙碌碌的，不好插嘴，急的藩台罵：「沒中用的王八蛋！連帖子都不會投，還當什麼號房！」號房急了，隨檢了櫃檯上一個鼻架銅絲眼鏡的小夥子先生，問他：「外國人在那裏？我們大人要拜他。」小夥子先生望了他一眼，並不理他，仍舊低下頭，手摸算盤，跌跌撞撞算他的帳去了。號房沒法，只得又檢了一個嘴上兩撇鼠鬚的老頭子先生，照前問了一句。畢竟老頭子先生古道可風，回問了聲：「你們是那裏來的？要找外國人做甚麼？」號房還沒有回答他來的是藩台大人，那老頭子先生手裏早拿了一管筆，一疊支票，一張張的往簿子上自己去謄清，再問他話也聽不見了。號房急得要死，藩台瞧著生氣。

正在走頭無路的時候，忽見裏面走出一個中國人來，也不曉得是行裏的什麼人。藩台便親自上前向他詢問，自稱是江南

藩司，奉了制台大人的差使，要找外國人說一句話，看一筆帳。那人聽說他是藩台，便把兩隻眼拿他上下估量了一番，回報了一聲：「外國人忙著，在樓上，你要找他，他也沒工夫會你的。」此時翻譯跟在後頭，便說：「不看洋人，先會會你們買辦先生也好。」那人道：「買辦也忙著哩。你有什麼事情？」藩台道：「有個姓余的道台在你們貴行裏存了一筆銀子，我要查查看到底是有沒有。」那人道：「我們這裏沒有甚麼姓余的道台，不曉得。我要到街上有事情去，你問別人罷。」揚長的竟出後門去了。

其時來支洋錢取銀子的人越聚越多，看洋錢的叮吟噹啷，都灌到藩台耳朵裏去。洋錢都用大筐籠盛著，豁琅一摜，不曉得幾千幾萬似的。整包的鈔票，一疊一疊的數給人看，花花綠綠，都耀到藩台眼睛裏去。此時藩台心上著實羨慕，想：「我官居藩司，綜理一省財政，也算得有錢了，然而總不敵人家的多。」正想著，忽聽翻譯說道：「啊唷，已經十二點半鐘了！」藩台道：「十二點半鐘便怎樣？」翻譯道：「一到十二點半，他們就要走了。」藩台道：「很好，我們就在這裏候他。他總得出來的，等他們出來的時候，我們趕上去問他們一聲，不就結了嗎。」正說著，只見許多人一哄而出，紛紛都向後門出去，也不分那個是買辦，那個是帳房，那個是跑街，那個是跑樓。一干人出去之後，卻並不見一個外國人。你道為何？原來外國

人都是從前門走的，所以藩台等了半天還是白等。直等到大眾去淨之後，靜悄悄的雅雀無聲。

翻譯明知就裏，也不敢說別的，只好說：「請大人暫回公館吃飯。過天託人找到他的買辦，問他一聲，或者就託他代查。大人犯不著褻尊，自己一趟趟往這裏來。」蕃台看此情形，也覺無味，只得搭訕著說道：「我同余某人並不是冤家，一定要來查他的帳，不過我不來兩趟，上頭總說我不肯盡心。如今外國人不見我，這事便不與我相干，我回省也有得交代了。至於買辦那裏，你們明天順便去問一聲也好。我們的事情，凡是力量可以做到的，無不樣樣做到。他不理你，那卻無法了。至於當差使，也說不到『褻尊』二字。外國人瞧不起我們中國的官，也不自今日為始了。這件事我碰著了，倒還是心平氣和的。」說罷，拉起衣裳一直出來上馬車趕回公館。

翻譯當天果去託人找著了買辦，提起前情。買辦道：「不要說難查；就是容易查，他有銀子盡著他存，他愛存那裏就那裏，總不能當他是贓款辦。幸而你們大人沒有來見外國人；倘若見了外國人，被外國人說笑上兩句，那卻難為情呢！」翻譯聽了無話，回來回了藩台。於是藩台才打斷了查帳的念頭，只想拿話搪塞制台。不敢說洋人不見，他造了一篇謠言，說問過洋人，簿子上沒有余某人的花戶，所以無從查起。一面先行電

稟，一面預備自行回省。

這日正想夜裏趁招商局輪船動身。早晨還在棧房裏默默自想：「深悔自己多事，憑空的要捉人家的錯處。如今人家錯處捉不著，自己倒弄了一場沒趣。」越想越沒味。正在出神的時候，忽然門上傳進一個手本，又拎著好幾部書，又有一個黃紙簿子，上面題著「萬善同歸」四個大字。藩台見了詫異。忙取手本看時，只見上面寫著「總辦上海善書局候選知縣王慕善。」又看那幾部書：一部是《太上感應篇詳解》，一部是《聖諭廣訓圖釋》，一部是《陰騭文制藝》，一部是《戒淫寶鑒》，一部是《雷祖勸孝真言》。藩台看了，心上尋思道：「原來都是些善書。刻善書固是好事，但他忽然要來找我，卻為何事？」心上正想回覆不見。那個拿手本的二爺說道：「這位王老爺據他自己說起，真正是個好人。自從他開了這個書局之後，所有的淫書已經被他搜尋著七百八十三種，現在一齊存在局中，預備大人調查。有些書外頭都沒有板子，只有他那裏一部。他隨身帶個手折，都開的明明白白，預備當面呈上來的。」藩台一聽這話，心上便想：「姑且叫他進來問問再說。我生平淫書亦算看得多了，那時奉有七百八十幾種？他既然有，姑且調來看看。等到看過，再出示禁止不遲。」主意打定，便吩咐了一聲「請」。

少停王慕善進來，磕頭請安，自不必說。歸坐之後，藩台先問他：「這個局子是幾時開的？一共刻了多少書？」王慕善道：「回大人的話，從卑職曾祖手裡以至傳到如今，一直以行善為念。到卑職父親晚年，就想創個『善書會』；苦於力量不足，沒有辦得起來。卑職仰承先志，現在雖然粗具規模，然而經費總還不夠，所刻的書亦有限得很，剛才呈上來的幾部都是的。卑職此業，一來想求大人提倡提倡；二來還有和篇淫書目錄，等大人寓目之後，求大人賞張告示，嚴行禁止，免得擾亂人心。」一面說，一面又站起來把呈上來的書撿出二部，指著說道：「凡事以尊主為本，所以卑職特地註了這部《聖諭廣訓圖釋》，是專門預備將來進呈用的。這一部《太上感應篇詳解》，是卑職仰體制台大人的意思做的。聽說制台大人極信奉的是道教，這《太上感應篇》便是道教老祖李老子先生親手著的救世真言，卑職足足費了三年零六個月工夫，方才解釋得完。意思想要再求大人賞張告示，禁止收買翻刻，只准卑局一家專利；如此卑局方能持久，以後有什麼善書，便可多刻幾部。就是大人有什麼著作，卑局亦可效勞。」

藩台道：「能夠多刻幾部原是極好的事；不過專利一層，我們做大憲的人，只能禁人為非，那能禁人向善，至於提倡一節，亦是我人應盡之責。什麼《聖諭廣訓圖釋》、《太上感應篇詳解》，你明天可送幾百部來，等我下個公事，派給各府、

州、縣去看。」王慕善道：「卑局裏的書能得大人如此提倡，將來一定可以暢銷。卑職回去就在每部書的面上加上『奉憲鑒定』四個大字。明天每樣先繳進兩百部來。」藩台道：「很好。」王慕善道：「請大人的示：這筆書價，卑職還是具個領字由大人這裏來領呢？還是等到大人回省之後再到大人庫上來領呢？」藩台初意，以為他這些善書雖然賣錢，至於這一二百部一定是捐送給各府、州，縣看的。今見他論到書價，心上便有點不高興。楞了半天，說道：「即然想要勸人為善，最好把這些書捐送與人家，如果要人家拿錢，恐怕來買的就少了。」王慕善不禁一驚道：「回大人的話：三部、五部，卑職還捐送得起；再多，不要說是卑職捐不起，就是卑局裏也難支持得住！」

藩台道：「這開書局的經費是那裏來的？」王慕善道：「都是捐得來的。」說著，又把那本《萬善同歸》的簿子翻了出來，查給藩台瞧。一頭指著，一頭說道：「這是某軍門捐洋銀五十兩，這是某中丞捐洋五千元，這是某方伯捐銀三十兩，這是某太守捐洋四十元。」隨後又特地翻出一條給藩台看，道：「只是家兄王子密部郎，就是現在做小軍機的，他也幫過二十四兩。」藩台道：「原來老兄是子翁的令弟！兄弟同令兄很要好，兄弟去年陛見進京，我們兩個很說得來。但是這些錢都是眾人捐湊的，更不應該拿他賣錢。兄弟既同令兄相好，將來回

省這後，替老兄想個法子，弄一筆永遠經費。外府州、縣有肯為善的，也等他們捐兩個。」王慕善聽了，特地離位請了一個安，又說了聲「謝大人栽培。」藩台道：「這書同簿子你先帶回去。我這裏有什麼捐款隨手就送來給你，不消得寫簿子的。」王慕善於是感激涕零而去。

藩台送客回來，對著同來的幕友相公說道：「現在的時勢，拿著王法嚇唬人叫人做好人還沒人聽你的話；如今忽然拿著善書去勸化人，你送給他瞧他還不要瞧，還要叫人家拿錢，豈非是做夢！說句老實話，這些書我就不要瞧。倒是把他那七百多種淫書調來看看，一定有些新鮮東西在內。」藩台說到這裏，便有個幕友插嘴道：「方伯既灰曉得他這些書沒用，為什麼還勸他捐給人家看呢？」藩台道：「勸人為善，一來名氣好聽；二來他是小軍機王子密的令弟，把他敷衍過去就完了。我那裏有這許多工夫去替他派書，替他斂錢呢。」眾人聽了，方才明白。到得晚上，便即搭了輪船回省銷差。

次日，王慕善還癡心妄想，當他未走，把善書裝了兩板箱，叫人抬著，自己跟著送到行轅裏來。到門一問，才曉得藩台大人昨兒夜裏已經離了上海。王慕善至此，還不覺得藩台昨兒同他說的一番話是敷衍他的，還疑心有了什麼要緊公事，急於回省。仍舊把書箱抬了回來，同人商量，把書箱交輪船寄上去。

自己又另外打了一個稟帖，隨著書箱同寄南京。

　　藩台回省查的參案，預先請過制台的示，無非是「事出有因，查無實據」，大概的洗刷一個乾乾淨淨。再把官小的壞上一兩個，什麼羊紫辰、孫大鬍子、趙大架子一干人統通無事，稟覆上去制台據詳奏了出去。凡是被參的人，又私底下託人到京裏打點，省得都老爺再說別的閒話，一天大事，竟如此瓦解冰銷。這是中國官場辦事一向大頭小尾慣的，並不是做書的人先詳後略，有始無終也。

　　閒話慢表。且說王慕善自經藩憲一番獎勵，他果然於次日刻了一塊戳記，凡他所刻的善書，每部之上都加了「奉憲鑒定」四個大字。又特地上了幾家新聞紙的告白。又把自己書局門口原有的招牌重新寫過，是「奉憲設立善書總局」。招牌之旁添了兩扇虎頭牌，寫的是「書局重地，閒人免入」。一面又掛著一條軍棍。據他自己說：「現在我這爿書局既然改了由官經辦，我應得按照總辦體制，夥計們就是司事。」又吩咐手下的人：「以後都得稱我為總辦。」看了日子，開局懸掛招牌。預先由帳房在九華樓定了幾桌酒，發了一張知單，凡認識的官紳兩途，請了好幾十位，單子上也有寫「知」字的，也有寫「代知」的，還有寫「謝謝」的。有些不曉得他的根底的，還當他的確是小軍機王某人的令弟，同藩台有多大的交情，一齊湊了分子來送

禮。

　　吉期既到，書局門前懸燈結彩；堂屋正中桌圍椅披，鋪設一新；又點了一對大蠟燭，王慕善穿了行裝，掛著一副忠孝帶〔註：官員佩帶於行裝上的一種短而闊的帶子。〕，先在堂中關聖帝君神像面前拈香行禮。磕頭起來，手下的司事又一齊向他叩頭賀喜。然後人來客往，足足鬧了半日。王慕善生怕正經官紳來的不多，掃他的面子，預先託了人走了門路，處處說好。居然到了那日，大老紳衿也到得兩位。王慕善便殷殷勤勤留往吃飯，當下居中一席，賓主六位，王慕善自己奉陪，五個客人統通都是道台：第一位姓宋，號子仁，廣東人氏。官居分省試用道，乃是這裏有名的紳董，常常要同上海道見面的。第二位姓申，號義琢，蘇州人氏，乃是一片善局裏的總董。自從他爺爺手裏創辦善舉，無論那一省有什麼賑捐，都是他家起頭。有名的申大善人，沒有一個不曉的，到這申義甫手裏，也著實有幾文了。申義甫每辦一次賑捐，連捐帶保，不到五六年，居然由知縣也升到道台，指省浙江。因為近年光景甚好，過的日子很舒服，也就不去到省了。第三位新從京裏引見出來，路過上海，尚未到省的一位湖南試用道，姓朱，號禮齋，山西人氏。王慕善因為他也是觀察，借他來裝場面的，偏偏這位朱禮齋最歡喜擺自己的觀察架子，有人問他「貴姓、台甫」他對答之後，一定要贅上一句「兄弟是湖南候補道」。無論湖南人員，別省

人員，也不論候選、候補，只要官比他小的，見了他面，無論在張園裏，或者戲館裏，番菜館裏，尊他一聲「大人」，他馬上就替人家惠茶東，惠戲價，惠酒帳。上海有廾票號，都說有他的本錢在內，手筆亦著實開闊：有人拿了手本到他公館裏請安，同他敘大人、卑職，他一定請見，倘或告幫，少則十塊、八塊，多則三十、二十，亦常常的給人家。王慕善曉得他這個脾氣，便有心交給他，無論那裏碰著，老遠的就是一個安，高高朗朗叫一聲「大人」。請起安來，眼睛望著鼻子，低下了頭，拿兩隻手往屁股後頭一癟。倘或朱觀察問長問短，他滿嘴的「是是是，者者者」。因此朱觀察很賞識他，肯同他來往。第四位是一位江西候補道，姓蔡，號智閣，乃浙江人氏。是聰明刁刻一路的人。曾經代理過三個月鹽道。自以為拿過印把子的人，覺得比眾不同，眼眶子裏只有督、撫、藩、臬，別人都不在他心上了。因與王慕善稍微沾點親戚，王慕善特地央他來陪客。他初意想要不來的，後來聽說宋子仁、申義甫一干人統通在彼，曉得場面還好，所以趕得來的。還有一位姓翁，號信人，山東人氏。身上只捐了一個候選道，在上海做做生意。不知如何被王慕善請得來的，便把他屈坐了第五位。幸虧他為人顢顢頇頇，於這些上頭倒也並不在意。

當下坐定之後，王慕善先開口問宋子仁、申義甫二位道：「宋老伯，申老伯，這兩天的公事一定忙得很？」宋子仁皺著

眉頭，說道：「不要說別的，單是兩江制台、蘇州撫台託查的事件就有七八樁在身上。還有上海道託我出來調處的事情，還有地方官辦不了的事情，亦一齊來找我。真是天天吃了人參，精神亦來不及！剛剛上海道還在兄弟那邊。上海道前腳走，上海縣跟著又來。並不是欺他官小，對不住他，只好擋駕；見面之後，有得同你纏，只怕到此刻還不得來。義翁，你這兩天接到山東的電報沒有？黃河怎麼樣了？」申義甫立刻擺出一副憂國憂民的面孔，道：「利津口子還沒合龍，齊河的大堤又沖開了，山東撫台昨兒一天共總有九個電報給兄弟，託兄弟立刻替他匯十萬銀子去。子翁，現在市面銀根如此之緊，一時那裏提得到許多！後來又來一個電報，說叫二小兒到工上去當差，年終合龍，兩個過班可得道員。因此面情難卻，匯了五萬銀子給他。二小兒亦就這兩天動身前去。子翁可有什麼信帶？」宋子仁道：「恭喜，恭喜！二世兄不日也同義翁一樣，真正是鳳毛濟美！兄弟有什麼信，回來寫好再送過來。」

正談論間，代理過江西鹽道的蔡智庵因與朱禮齋、翁信人扳談，彼此問起「貴姓、台甫」。朱禮齋回答之後，又從靴頁子裏掏出一張「申報」，上面刻著分發人員名單，便指著一行說道：「上月引見分發的這湖南道朱議孫就是兄弟。」蔡智庵自以為曾經拿過印把子的人，自然目空一切。誰知翁信人也只是不理他。只有王慕善替他亂吹說：「這位朱大人，學問經濟，

名重一時。這回晉京引見，上頭聖眷極好，不日就要放缺的。」
蔡智庵不等他說完，急於替自己表揚道：「現在皇上很留心吏
治，所以我們敝省撫憲陸大中丞委派兄弟代理鹽道的摺子上頭
特地帶加了四個字的考語。諸位元要曉得，代理的時候雖短，
有得代理就會署事，有得署事就會補缺。同是一樣候補道，盡
有候補了幾十年，一回印把子拿不到的多著哩。」王慕善聽了，
不勝傾倒。這時候，朱禮齋已經問過翁信人的「貴班」，翁信
人說是「候選道」。蔡智庵道：「信翁要做事情，何不分發到
省？不要說補缺，就是像兄弟代理過一次，到底多了一副官銜
牌，說起來名氣也好聽些。」翁通道：「我不過在這裏做做生
意，本來算不得什麼，不過常常要同你們諸位在一塊兒，所以
不得不捐個道台裝裝場面。我這道台，名字叫做『上場道台』：
見了你們諸位道台在這裏，我也是道台；如果見起生意人來，
我還做我的一品大百姓。」翁信人一面說，一面端起酒杯來一
連喝了五大鍾，也微微的有了點酒意。蔡智庵被他說的頓口無
言，朱禮齋也做聲不得。

申義甫大善士便提起：「刷印善書一節，直是關係人心風
俗的一件事情。明天小兒到北邊，可以叫他帶幾十部去順便送
送人，也算得一椿善舉。」王慕善道：「小侄這爿書局所出的
書，有諸位老伯、諸位憲台提倡，不愁沒有銷路。但是吃本利
害，小侄自己一個錢的薪水不支，以及天天到局裏辦公事，什

麼馬車錢，包車夫，還有吃的香煙、茶葉，都是小侄自己貼的。真正是涓滴歸公，一絲一毫不敢亂用。如此謹慎，每月還要墊得五六百塊。什麼朋友薪水，刻板刷印的工錢，以及紙張等類，沒有一項少得來的。上回南京藩台到這裏，小侄前去叩見，顧他老人家美意，允話各項善書每種要一千部，劄派各府、州、縣代為分銷。將來這筆書價，就在他們養廉銀子裏扣回，卻是再好沒有。不過目下要墊本印書，至少非四五千金不辦，所以小侄要求諸位老伯、諸位憲台替小侄想個法兒，支持過去。將來少則三月，多則五月，各府、州、縣書價領到之後，一定本利同歸。小侄是決不食言的。」

當下各位道台聽了他的話，你望望我，我望望你，一句話也沒有。到底朱禮齋慷慨，首先創議，助銀五百兩。王慕善立刻請安，「謝大人提倡。」跟手宋子仁說了聲：「兄弟只好勉竭棉力，捐一百銀子，附附驥的了。」蔡智庵是向來吝嗇的，不肯自己拿錢，卻替王慕善出主意，說道：「這件事情，我們盡力幫一千，幫八百，在我們已經出了一身大汗；然而缺少還多，於是仍屬無濟。兄弟有個愚見，不知申義翁以為如何？」申大善士忙要請教。蔡智庵道：「所有各省賑捐銀子都在義翁手裏，無非是存在莊上生息。現在兄弟做個中人，求義翁撥借王大哥五千，利錢或照莊拆，就是多點也不妨。將來書價領到，本利雙還。一則成全了善舉，二來義翁又可多收幾個利錢，豈

不公私兩便？」宋子仁也幫著勸說，連稱「智翁所言極是
──」。王慕善聽得心花都開。只見申大善士連連搖頭道：
「使不得！使不得！這筆賑捐銀子，自從先曾祖存到如今，已
有八十多年，是從來沒有人提過。如今五千金雖然為數不多，
王大哥非荒唐之人，兄弟亦沒有什麼不放心。但是此例一開，
人人都好來借。借的多了，都像王大哥這樣謹慎的人是不打緊；
設有差池，這筆款子誰來歸還？所以兄弟這個不能出借的苦衷，
還求諸公原諒！」

　　正說話間，忽見外面來了一個人，急匆匆走到申義甫耳朵
旁邊說了兩句話。登時申大善士面孔失色。大家正要問信，又
見走進兩個堂子裏的娘姨、大姐直至筵前，朝著王慕善說道：
「恭喜耐王大少！倪先生，倪先生也來哉。」一句話，又把個
王慕善弄得置身無地。欲知後事如何，且聽下回分解。

第三十四回　辦義賑善人是富　盜虛聲廉吏難為

　　話說王慕善這日正在局裏請客吃酒，忽然走進來兩個堂子裏的娘姨、大姐，笑嘻嘻的朝著他說：「我們先生就來。」王慕善一看，來的不是別人，正是他相好西薈芳花媛媛的一個大姐，名叫阿金，一個娘姨，名喚阿巧的。便是前個月裏過節，工慕善短欠這花媛媛十二台酒錢，九十六個局錢，節邊正因轉運不靈，沒有送去。花媛媛的母親平時因見這位王大少來往的很有幾個大人老爺，諒非安心漂帳的人，一時掉頭不轉也是有的，因此並未叫娘姨、大姐上門來討，以為過節之後，只要王大少仍舊前來照應，這錢終究要還的。誰料自從節前頂到如今，王大少一趟未曾光降。到局裏問問，總說在家裏，到公館裏問問，又說在局裏，打定主意，總不叫你見面。後來又聽他同走的朋友講起，說王某人節後又做了百花底的周寶寶，兩人十分要好，不到一月，已經吃過三個雙台，碰過八場和。

　　花媛媛的娘心上恨極了，幾次三番的要去候他，總被他預先得信，不是從後門逃走便是賴在周寶寶房間進住不出來。因此，花媛媛的娘一連候了幾日未曾候到，只得天天仍舊到書局裏來跑。後來碰到過一次，花媛媛的娘本來要同他拼命的，禁

不起他花言巧語，下氣柔聲，一味的軟纏，央告花媛媛的娘道：
「姆媽不要動氣，實因前帳未付，沒臉登門，並非不放在心
上。」又道：「姆媽，我的事情你是曉得的。目下我這爿書局，
新馬路宋子仁宋大人，鐵馬路做善舉的申義甫申大人，都肯幫
我銀子，把局面著實還要撐大。目下他們幾位都已答應，但是
銀子還未到手，等到他們把錢一送來，頭一注就先拿來還你。
非但酒錢、菜錢兩三百塊算不得什麼，並且我從前許過媛媛送
他一副金釧臂如今也要了此心願。請你今天先回去，我少則十
天，多則半月，一定不會誤你事的。」

花媛媛的娘道：「大少，人心是肉做的！你春天來做我們
媛媛的時候，還是個小先生；如今——」王慕善不等他說完，
便道：「你不要說了，我有什麼不曉得的。將來銀子下來的多，
我還要討媛媛做姨太太哩。你就是我的丈母娘。我討了媛媛，
接你丈母娘一塊同住。」花媛媛的娘道：「大少，你只要把局
錢、菜錢算還給我就夠了！別的好處我亦不敢想了！」王慕善
道：「事情將來定規要如此辦，你放心罷了。」花媛媛的娘只
得權時隱忍而去，連他跳槽的事亦未揭穿。

誰知過了半個多月，仍無消息。花媛媛的娘一連又叫人來
過兩三趟，無奈總不見面。他這爿書局乃開在靶子路北面，來
一趟非輕容易。花媛媛的娘急了，乃買通王慕善的車夫。車夫

便告訴他：「幾時幾日開局，我們東家一定在這裏的，你們儘管來就是了。」花媛媛的娘記在肚裏。誰知到了開局的那一天，王慕善早已防備，預先託了宋子仁替他到營裏借了四名親兵，穿著號褂子站在局門口，彈壓閒人；又請巡捕房派了兩個華捕，幫同禁阻，一切閒雜人等毋許擅入。

　　卻說花媛媛的娘，這日有事在心，一早便喚女兒起身。收拾停當，已有十一點半鐘，及至走到，不差亦有半點鐘了。只見人來客往，馬車包車，著實不少。花媛媛母女兩個曉得此時不便，又在外面茶館裏等了點半鐘，看看來的人已去大半，方同了阿金、阿巧踅至門前。親兵、巡捕攔阻不准進去。媛媛母女二人面孔究竟還嫩，禁不起呼喝，便退了出來。畢竟阿巧心機靈巧，便道：「既到此間，那有不見之理！」便讓媛媛母女仍到茶館裏去坐，他就拉了阿金硬闖進去。巡捕喝問何人，阿巧便說是王老爺自己公館的人。巡捕不便阻攔，任其揚長進去。王慕善一見，果然大吃一驚。臺面上正是一班貴客，倘若鬧穿，諸多不便。急能生巧，便道：「你們來得極好。我家大老爺本來有封信在這裏，我因為有事，所以還沒送來。如此，就託你二人帶了去，省得我走一趟。」說罷，趁著到房取信為由，把阿金、阿巧一直領到帳房，先埋怨她不該當著大眾坍我的台，又說：「上下不過幾天，怎的就急到這步田地？」阿巧道：「事情並不與我相干。她娘兒兩個一定要來，同在茶館裏；大

少，你自己同她去說罷。」

王慕善縐縐眉頭，道：「我正在這裏有事，他們偏偏要來同我胡纏！」阿巧道：「這是你自己不好，說話不當話，也怪不得別人。洋錢一時來不及，多少給他們幾個，陸陸續續的開銷點，他們也不來找你了。」王慕善曉得今天的事非錢不能了結，硬硬頭皮，從帳房櫃子裏取出昨兒新借來的一封洋錢，數了數，除用之外，只剩得六十多塊了。於是把零頭留下，先拿五十塊錢給媛媛。又拿十塊給阿金、阿巧平分，求他二人快快勸她母女回去，有話過天再說。阿巧、阿金見錢眼開，樂得做好人，拿著洋錢，倒反千恩萬謝而去。

王慕善見她二人走出大門，方把一塊石頭放下，重新趕到客堂入席，連說：「對不住！——」又道：「剛才來的兩個人，說也好笑，她先生就是普慶裏的洪如意。還是家兄去年路過上海的時候照應過他幾十個局，碰過幾場和，吃過兩台酒。等到家兄進京之後，他倆常常通信，還帶過東西，都是小姪替他們傳遞。」宋子仁道：「令兄大人真要算個風流才子了！洪如意是由蘇州來的，一切氣派到底兩樣。」當下你一句，我一句，竟把花媛媛一段故事，絲毫未曾揭穿。

王慕善於是把心放下，舉箸讓菜，忽然才覺得不見了上面

56

第二位申大善士，忙問眾人：「申老伯那裏去了？」宋子仁對他說：「申義翁聽說為著莊上存的一筆款子，也不曉得怎樣，管家來送了個信給他，他就急忙忙的去了。不及關照你，託我們關照你。一打岔就忘記了。」王慕善聽了，甚為氣悶。只因蔡智庵有勸他代借五千銀子的一句話，雖未答應，在王慕善卻不能不癡心妄想。當下席散，眾人告辭。

次日，朱禮齋果然送到五百銀子。王慕善千恩萬謝，自不必說。但是上節過節拖欠太多，五百銀子換了六百幾十塊錢，還還局帳，還還店帳。大老官有了錢，腰把子就硬起來了，不免又要多擺幾個雙台以及吃大菜，叉麻雀，坐馬車，看戲，製行頭，都是跟著來的。不到十天，五百雪花銀早花得乾乾淨淨。等到錢化完了，又想到：「宋子仁還答應過我一百銀子，不免向他要來應用。」偏偏碰著這位老先生極其囉嗦，又是極其小心，見面之後，問長問短；問：「局裏一個月有多少開銷？現在已刻了多少書？每年可趁幾個錢？」王慕善於是隨嘴亂編，只求搪塞過去，好拿他的銀子。後來宋子仁又說了許多勉勵他的話，然後拿出來一張月底的期票。王慕善錢既到手，如獲至寶，便也不肯久坐，隨意敷衍了幾句，一溜煙辭了出來。回到局裏，一看是張期票遠水救不得近火，於歡喜之中不免稍為失望。躊躇了半天，只得託本局帳房朋友，化了幾塊洋錢，到小錢莊上去貼現，貼了回來，又被帳房扣下五十多塊，說是工匠

薪工，廚房伙食，再不付，人家都要散工了。王慕善因到手只有八十來塊錢，急的朝著帳房跺腳，心上雖不願意，而又奈何他不得。八十來塊錢禁不得大用，不到三天又完了。

沒得錢用，只得雖覓別法，又想：「錢少了，實在不夠揮霍。現在不去找蔡智庵，前天承他美意，肯替我向申義甫設法。」主意打定，便去找蔡智庵。蔡智庵聽出前天申義甫的口氣，曉得他一定不肯挪借，恐怕自己去說不成功，要坍台的，便道：「這話須得你老哥自己去找他，我們旁邊人只能敲敲邊鼓。他同老哥交情厚，自然會替老哥想法子的。」王慕善不知他用意，便道：「卑職遵大人的示，且等卑職去過之後，看是如何說法，再來稟覆大人，求大人替卑職想個法兒。」蔡智庵道：「就是如此。」王慕善從蔡智庵那裏出來，果然去找申大善士。進門之後，託門上人通報。門上人說：「我們大人正接著山西電報，聽說山西今年鬧荒年，撫台有電報來託這裏匯銀子去，正請了閻二老爺來，在廳上商量呢。你老還是此刻見，還是停刻見？」王慕善一想：「我這趟來的真不湊巧！偏偏來找他，偏偏碰著他有事。但既來到此間，斷無不見佛面之理。」便道：「不管是誰，你替我回就是了。」

門上人遞上名片。申義甫一見是他，肚皮裏就有點不願意，心上想道：「那天蔡某人一開口就勸我借給他五千銀子，好容

易被我藉端逃走。他今日又纏上門來，真正討厭！」欲待不見，不料王慕善已到廊簷底下等請了。申大善士無法，只得叫「請」。見面之後，寒暄過去，申義甫不等他說話，先問他道：「你曉得了沒有？」王慕善回稱不知；又問：「老伯有什麼事情？」申義甫道：「山西荒年，草根樹皮沒得吃了，現在吃人肉。撫台有電報來託我替他捐一百萬銀子的款，立等散放。老兄，你是曉得我的光景的，不要說是一百、八十萬，就是十萬、八萬、三千、五千，我也得一個個的在人頭上捐下來，那裏有這筆閑款來墊哩。」王慕善道：「『救人一命，勝造七級浮屠』。老伯做的是好事，如果有錢墊，自然早解去一天可以把人早救活一天。」申義甫道：「呀呀乎！兄弟若不是辦的頂真，都像這樣東挪西借起來，那裏還能撐得起這個局面。」閻二先生也幫著申義甫，說申大先生如何勤懇，如何為難，「現在賑捐已成強弩之末，那裏能像從前來的容易」。滔滔汩汩，說個不了。

王慕善到此，方請教他姓字。申義甫道：「你連閻二先生閻大善人還不認得？也難為你這個老上海了！他姓閻，他的號叫閻佐之，新近由知州保舉了直隸州。已經三次奉旨嘉獎，有兩回上諭高頭，兄弟名字底下一個總是他。」閻二先生聽了，滿面孔義形於色，便亦請教王慕善的名號，王慕善說了。申義甫道：「這位王大哥，就是我同你說過開辦善書局的那一位。」

閻二先生道：「我們中國人認得字的有限，要做善事，靠著善書教化人終究事倍功半。倘若拿善書送給人家，人家不看，這書豈不白丟？依兄弟愚見：總不如實事求是，做些眼前功德，到底實在些。申大先生以為何如？」申義甫未及開口，王慕善道：「兄弟力量不足，所以只好刻刻書，勸化勸化人。如果本錢大，力量足，像申老伯做的這些事我都要做的。」

閻二先生冷笑道：「做善事要本錢，任憑你一輩子都做不成！兄弟資格淺，說不著。即以我們這申大先生而論，當初他家太太老伯手裏，何嘗有錢。他家太太老伯起初處個小館，一年不過十來吊錢。後來本鄉裏因他年高望重，就推他做了一位鄉董。他老人家從此到處募捐，廣行善事。俗語說：『和尚吃八方。』他家太太老伯連著師姑庵裏的錢都會募了來做好事，也總算神通廣大了。他家太太老伯不在的時候，已經積聚下幾百吊錢。到他太老伯，以至他老伯手裏，齊巧那兩年山東、河南接連決口，京、津一帶，赤地千里。地方上曉得他家肯做善事，就把他推戴起來，凡有賑捐，一概由他家經手。所以等到他家老伯去世，莊上的銀子已經存了好幾十萬了。申老伯去世的前頭幾年，記得那時候我只有十三歲。有天到申府上替申老伯請安，申老伯攔著我的手，說道：『你們小孩子家，第一總要做好人；做了好人，終究有返本的。你想，我公公手裏是什麼光景？連頓粗茶淡飯也吃不飽。自從做了善事，到我手裏，

如今房子也有了，田地也有了，官也有了，家裏老婆了孩子也有了，伺候的人也有了，那一樁不是做善事來的？「皇天不負苦心人」，這句話是一點不錯的。』後來申老伯去世，就傳到我們這位申大先生手裏。申大先生更與眾不同，非但場面比前頭來的大，如今他老人家的頂子已經亮藍，指日就要紅了。你不聽見說他們世兄即日也要保道台？真正是鳳毛濟美，可欽，可敬！」

王慕善聽了，不勝豔羨，隨向閻二先生說道：「你佐翁先生雖然不及申老伯，照此下去，發財亦是意中之事。」閻二先生道：「說那裏話！我那裏比得上他！《大學》上說的『心誠求之，雖不中，不遠矣』。我現在正在這裏求著哩。」申義甫道：「不用你求，山西這一趟，你亦跑不掉。現在算來算去與其我們捐了銀子匯上去叫他們去做現成好人，何如我們自己去，也樂得叫他們地方上供應供應。我們吃辛吃苦，賣了許多面子，捐了許多銀子，還不應該好好的巴結巴結我們嗎。而且還可以多帶幾個人去，將來義賑出力，保案當中也樂得多提拔幾個人。」閻二先生一迭連聲的答應「是」，又問：「大約幾時可以動身？」申義甫道：「至少亦得十來天。現在頂要緊的是刻捐冊，刻好了，好託報館裏替我們一家家去分送。稿子我這裏已經擬好了一張，你看看，還有要改的地方沒有？」閻二先生大約看了一遍，說道：「好是好，但是還少了八個字。」申義

甫忙問：「那八個字？」閻二先生道：「『經手私肥，雷殛火焚』這八個字好少的嗎？你若是不把這八個字刻上去，人家一定不相信。」申義甫道：「是極，是極！這是我一時忘記，這八個字本來是不能少的。」

其時王慕善亦站起來幫著看了捐冊底稿一遍，愣在旁邊，一聲不敢言語。後來聽了他二人攀談，方曉得其中還有這許多講究。隨後申、閻二人又議論到名字。申義甫道：「兄弟是勸捐世家，居中頭一個，兄弟也不消客氣的人。其餘的你斟酌去罷。」王慕善至此忽然動了附驥的念頭，便朝著申義甫說道：「申老伯，小姪雖是材力淺薄，這勸捐的事，自分還辦得來。可否這捐冊後頭附上小姪一個名字？一來等小姪附驥，叫人家瞧著小姪得與諸大善士在一塊兒辦事，也是莫大的榮幸。再則小姪也可以借此歷練歷練。小姪情願報效，捐來的錢，涓滴歸公，一個薪水也不敢領。」

申義甫聽了他話，同閻二先生兩個你看看我，我看看你。歇了半天，申義甫未及開言，閻二先生先發話道：「備個名字在裏頭，這樣事倒不容易。你不要以為安個名字上去是小事，一個名字雖然只有三個字，一個要有幾百萬銀子的沉重。你自問你有這個肩膀擔得起這個沉重不能？」王慕善道：「既然如此，我去找宋子仁宋老伯做個保人，可好不好？」申義甫一想：

「他這來是為借錢來的，現在借錢的話說不出口，倒想幫著勸捐，只求附個名字，我不好不答應他。而且他所來往的都是幾個觀察，看上去場面還不錯，樂得送個人情答應了他。」便道：「並不是兄弟不相信吾兄，一定要吾兄找保人，實因事情關係者大，並不是兄弟一人之事，兄弟也作不得主。有個保人，人家就不會批評到兄弟了。」王慕善道：「這個小侄都知道。」申甫義又道：「吾兄現在做了我們自己一家人了，但願吾兄從此一帆風順，升官發財，各式事情都在此中生發，真正是名利雙收，再好沒有。從前人說：『為善最樂』，兄弟是過來人，難道還騙你嗎？」王慕善聽了，自然高興。

閻二先生道：「現在捐冊還沒有刻，再一筆筆的捐起來，至快也要二十天才得動身。今年十月裏乃是家慈的七十晉九的生日。上次廣西賑捐請獎案內已經替他老人家請了二品封典。前月家表兄進京，順便把誥命軸子領到。兄弟打算看個日子，借張園替他老人家熱鬧一天。十月裏兄弟要出去放賑，不能在家裏，也就借此預祝，以盡人子之心。大先生以為何如？」申義甫道：「是極，是極！顯親揚名，本該如此。佐兄不是這兩年辦賑，那裏能夠有此一番作為。如有知單公啟，兄弟一定預名。」閻二先生道：「本要借重。」又閒談了一回，彼此別去。

自從這天起，申義甫便拿紅紙另寫了一張「勸捐山西急賑

總局」的條子貼在門口。王慕善便不時的到他家裏鬼混。過了
三天，捐冊石印好了，下一排末了一個果然刻著王慕善的名字。
王慕善看了，心上著實得意。所有捐冊，除送報館代為隨報分
送外，但止王慕善一個人身上就揣了五六百張。每到一處，開
口三句話不離本行，立刻從懷裏掏出捐冊來送給人看，又指著
末一個名字，說道：「這就是兄弟，現在也在這裏頭幫忙。諸
公如要賑濟，不妨交給兄弟，同送到局裏都是一樣的。再者兄
弟是初進去，等兄弟名下多捐幾個，也替兄弟撐撐面子。」人
家見他說得如此懇切，有些抹不下臉的，不免都得應酬他幾塊，
然而大注捐款一注沒有。捐了三天，捐冊送掉三百多份，只捐
得一百八十幾塊洋錢，都是些零星碎戶。王慕善便有些懶惰起
來。及至回到局裏一問，才曉得申大先生三天不出門，坐在家
裏已經捐了人家十幾萬了。王慕善才曉得這勸捐一事，竟同做
官一樣，非有資格不可。

　　正是有話便長，無話便短。過了幾天，便是閻二先生替他
老太太預祝的日子。到了幾天頭裏，先把張園大洋房定下，隔
夜帶了家人前去鋪設一新。又定了一班髦兒戲〔註：清同治、
光緒年間，在一些大城市出現的、由青少年女演員演出的戲班，
大多唱京戲、昆劇。〕，發了一張知單，總共請了三百多客，
都是上海有名的大人先生。到了次日，閻二先生一早起來，穿
了袍褂，坐了馬車，趕到張園。又把自己妾生的一個兒子帶了

來。這個兒子才有九歲，也紮扮著，穿著小袍套小靴帽，戴著五品頂子。說今天來的客多，好叫他幫著回拜。此外帳房家人，一共去了十來個。

閻二先生是七點鐘到的張園。八點鐘頭一位客到，乃是這裏有名的一位道台，叫做「磕頭道台」。這人年紀也有四十來歲了。據他自己說，他這個道台也捐了二十來年了，指省湖北一直沒有當過差使。公館住在上海。專候人家有喜慶等事，他便穿著衣帽前來擺闊，無論這家同他有無來往，只要是場面上的人，被他曉得了，到了這一天，一定是他頭一個戴著大紅頂子前來磕頭的。後來大家看熟了，就送他這們一個美號，叫做「磕頭道台」。人家見磕頭道台無處不磕頭，就有些不認得的人，偶遇家中有事，亦就發付帖子給他，等他來磕頭。這位磕頭道台吃量又好，每到一個人家，總要等到開過席吃過中飯才走，有時候並且連晚飯都吃了去。人家有事，人來客往，總得有人陪客。別位大人先生，就是發帖子請他光陪，來雖來，不過同點卯應名一般，一來就走，而且還有拿架子不來的；獨有這位磕頭道台，他一到之後，馬上就替你陪客送客，一直忙碌到走，不消主人費心的。因此各家有事都要請他。

且說這天磕頭道台到了大洋房裏，拜過壽堂，見過主人，讓坐奉茶。此時為時尚早，大洋房內空落落的一個客沒有。主

人閣二先生因這位磕頭道台沒有什麼談頭，便把兒子喚過來，叫他替老伯請安。磕頭道台一見，先問幾歲，讀什麼書。閣二先生一一回答過。磕頭道台又見他戴著頂子，便問：「世兄貴班？」閣二先生道：「還是前年四川水災賑捐案內買的捐票捐的一個同知職銜。小孩子年紀小，等他大些再替他弄實官。」磕頭道台道：「現在捐票什麼折頭？兄弟想請一個三代一品封典。」閣二先生道：「有有有。某翁是自己人，我老實說。若是別人，就是出了錢我也不同他講的。某翁要辦這件事，姑且再等一兩個月。這回山西義賑，極少要捐七八十萬。有些捐整千整萬的人，他們各人會替自己請獎，或者移獎子弟，我們想不到他的好處；就是請獎之外，有點盈餘，也為數有限。其次，當鋪錢業雖然由各府各縣傳諭各幫首董勒令派捐，將來他們這些捐票仍舊要出賣與人，希冀撈回兩個。這種捐票都跟著大行大市走的，我們也占不到便宜。要拾便宜倒在零碎捐款上頭。人家捐了一百、八十，十塊、八塊，誰還想什麼好處。然而積少成多，這便是經手人的沾光。譬如有一百萬銀子的捐款，照例請獎，人所共知的也不過十萬、二十萬，其餘的都要等到湊齊整數。將要奏報出去的時候，那一省的事就由那一省的督、撫同我們商量好了，定個折扣賣給人家，仍舊可以請獎。人家樂得便宜，誰不來買。而且這筆賣買多半還是我們經手。」磕頭道台道：「如此一來，就是打個六折、七折賣給人家，豈不是一百萬銀子的捐款又多出六七十萬嗎？倒可以救人不少！」

閻二先生道：「你這人好呆！再拿這銀子去賑濟，我們一年辛苦到頭，為的什麼。果然如此，我為什麼不叫你買捐票，倒叫你等兩天呢？叫你等兩天就有便宜給你。不過這裏頭也不是我兄弟一人之事。現在山西急等賑濟，靠你觀察的面子，只要能夠經手募捐萬把銀子，於照例請獎之外，兄弟並且可以在別人名下想個法子再送你一個保舉；不要說是一個三代一品封典，別的官還可以得好幾個哩。」磕頭道台聽了，著實心動。不過要他募捐一萬銀子，尚待躊躇。

正談論間，客人也陸陸續續的來了，於是打住話頭。後來客人漸漸的多了，主人便吩咐開席。磕頭道台搶著代做主人，讓人喝酒。自從冷葷盤子吃起，以至吃到後四道，一直沒有住嘴。末了上了一碗紅燒蹄子，他先讓眾人吃。眾人都說：「謝謝，實在吃不下了。」他見眾人不吃，便拿筷子橫著一捲，一張蹄子的皮統通被他捲來，放在飯碗上。只見他拿筷子把蹄子一塊一塊夾碎，有一寸見方大小，和在飯裏，不上一刻工夫，狼吞虎嚥，居然吃個精光。依他肚皮，還沒有吃飽，因見眾人都停了筷子，他亦只好甘休。這桌席散，齊巧有後來的客，多開一席。他又搶著代東，吃過第二頓方才吃飽。抹過臉，又著實替主人張羅了一回，看了一回堂戲，後來見客人都已散完，他才走的。

　　且說閻二先生等老太太生日做過，停了一日，出門謝過客，便預備起身。他說出去放賑是穿不得皮袍子的，山西天冷，叫家裏人替他做了一身絲棉襖褲穿在裏頭，將來外面就是罩件破棉袍子也很夠了。因為要做大善士，面子上不能不裝做十二分儉樸。銀子可以由匯兌莊匯去，棉襖棉褲不能不自己帶去。好在沿途都有地方官派人照料。大善士是前去救人的，皇上還要另眼看待，不要說是一個小小州縣。一個不好，只要大善士一封信給撫台，立刻拿他撤任，就是參官亦容易。因此上，誰敢不來巴結他！諸事停當，便帶了師爺、二爺一塊兒上了火輪船，取道京、津，徑往山西。在路行走非止一日，他到那裏，沿途都打電報給山西撫台；好在大善士打電報是不花錢的。

　　有天到了山西境界。山西撫台預先有滾單下來給沿途州、縣，說是南方大善士閻某人帶了銀子，還有棉襖棉褲前來賑濟，是救我們山西百姓來的，我們地方上不好不盡地主之誼，一路之上都要好好派人招呼。那些州、縣接到本省上司公事，有什麼不盡心的。打尖住宿，一齊都預備公館。有些還張燈結綵，地方官自己出來迎接，大善士到店之後，還送魚翅酒席。閻二先生要做出清正的樣子，一到店忙叫店家把燈彩一齊撤去，人家送來的酒席，一概不收。問店裏夥計要一碗開水，把帶來的饃饃泡上兩個，吃了充饑；同人家說：「我們有乾糧吃，還算過的天堂日子。將來走到太原那邊，赤地千里，寸穀不收，草

根樹皮都沒得吃，餓得吃人肉，那日子才不是人過的哩！」說到這裏，恨不得就哭出來，說道：「我想到那些遭難人的苦楚，我連乾糧都吃不下了！」人家看了他這個樣子，都拿他十分敬重，齊說：「這才真正是好人哩！」這個風聲一出，下站辦差的便不敢替他張燈結綵送酒席了。誰知他見人家辦差草率，便道人家有心怠慢他，說：「我費了千辛萬苦，帶了銀子來到你們山西地方放賑，原來替你們地方上救百姓的，怎麼連點供應都沒有？吃的東西亦不預備？還是瞧不起我們拿我們不當人呢？還是多嫌我們不要我們來放賑？既然多嫌我們不要我們來放賑，我立刻寫封信給撫台，等我們回去就是了。」地方官一見大善士生了氣，那還了得！早嚇得屁滾尿流。自己當面求情求不下，又託了紳士出來挽留，才算答應的。等到地方官趕把酒席做好送來，他又說不要了，又道：「我不是爭他這點東西，為的是場面上下不去。況且我們辦善舉的人，自有乾糧充饑，是從來不受人家酒席的。」決計不收，一定叫來人抬回去。地方官拿他無可如何，只得忍氣吞聲而止。有些州、縣還有意巴結大善士，連大善士的師爺、二爺都得好處，託他在大善士跟前吹噓，將來大善士到省，好在撫、藩跟前替他說好話，調好缺。因此，這一路上，大善士甚有威風。

　　一日到了太原地界。這太原一府正是被災頂重的地方。大善士見機，曉得善門難開；倘若再像從前耀武揚威，被鄉下那

些人瞧見，一擁而前，那時節，連他的肉都被人家吃掉還不夠。於是吩咐手下人，分做三四起，一齊扮做逃荒的樣子，都不坐車，走了十幾里。等到進了城，見了本城地方官，然後再聲張起來，說是南邊閣大善士到了。撫台得了信，不等他來拜，先自己去拜他，說了多少仰慕感激的話，一口一聲「閣老先生」，又面諭首府、縣好生款待，好生招呼。閣二先生的官階雖然只有個知州，然而這一回乃是賑濟而來，便擺出他大善士的架子，連撫台亦不放在眼裏，竟稱撫台為某翁，自己稱兄弟。齊巧這位撫台乃是最講究這些過節的，現在為著要銀子賑濟，不能不仰仗於他，雖然奈何他不得，心上卻實在不高興，面子上依舊竭力敷衍。

閣二先生頭天到得太原，第二天就派了手下司事等眾帶了錢米，分往各處，稽查戶口，核實散放；自己也穿了極破的衣服跟在裏頭做事。列位要曉得：這些做大善士的人，一年到頭，捐了人家多少銀錢，自己吃辛吃苦，畢竟那被災戶口也著實沾光；若無此輩更不知要死掉多少人，有了此輩到底救活性命不少。此乃做書人持平之論；若是一概抹殺，便不成為恕道了。但是辦捐的人能夠清白乃心，實事求是，不於此中想好處的雖然也有；至於像這回書上所說的各節，卻亦不能全免。既然有了這種人這等事，做書的人拿他描畫出來，也不算得刻薄了。

　　閒話少敘。且說閻二先生在太原足足放了兩個多月的賑，又辦了些善後事宜，功德做了不少，銀子卻也用去不少。不但山西百姓頌聲載道，就是山西官員，從巡撫以下，也沒有一個不感激他的。他到此更覺揚揚得意，目中無人。又他生平為人度量極小，天底下人，除他之外，沒有一個好的。回省之後，見了撫台，便把他放賑所到的地方那些府、廳、州、縣，某人如何不好，某人如何不好，一半公怨，一半私仇，竟說的沒有一個好人。撫台聽了，當時亦著實生氣，吩咐藩台把情節較重的撤參了幾個。

　　畢竟他的架子太大了，不滿意於人的地方很多。起先是他到撫臺面前說人不好，後來漸漸的有人到撫臺面前說他不好。人眾我寡，一張嘴如何說得過眾人。撫台想起他的前情，見了人那副傲慢樣子，心上很不舒服他。因此便將計就計，上了一個摺子，上敘：「山西吏治，早已壞到極處。現當大旱之後，戶口凋殘，元氣一時難以驟復；非得關心民瘼之員，竭力撫循，不足以資補救。茲查有南中義紳、分省補用知州閻某人，此次由上海捐集巨款，來晉賑濟，急公好義，已堪嘉尚。自到太原後，臣屢次接見，見其才識宏通，性情樸實；每至一處放賑，往往惡衣菲食，與廝養同甘苦，賓士於炎天烈日之中，實屬堅忍耐勞，難能可貴。及試以他事，尤復剛毅果敢，不避嫌怨，實為當今不可多得之員。伏乞俯念晉省需才，允留該員在晉差

遣委用之處，出自逾格鴻慈」各等語。摺子上去，朝廷自然沒有不答應的。

　　有天批折回來，撫台也不聲張，袖了摺子前去拜他。見面之後，又著實拿他抬舉，慢慢露出借重之意。閻二先生聽了，只當是撫台敷衍他的話，不免拿腔做勢，添了許多自抬身價的話，說甚麼「現在山東，直隸都等著我去放賑，我顧了你們便顧不了別處。現在除非有上諭留我在貴省幫忙，那是無可如何之事。除此以外，無論是誰都留我不住。」撫台到此方微微的一笑，從袖筒管裏取出批折，送到他的面前。此時也不稱他為閻老先生，但說得一句道：「現在有上諭在此，老兄請看。」閻二先生一聽大驚，趕忙接在後中看時，只見前是山西撫台的摺子保舉他，留他在山西的派話；後面一行奉旨，是「閻某人著交某人差遣委用」十幾個字。閻二先生看到這裏，一時又驚又喜，兩手拿著摺子放不下來。驚的是：他在我面前，從未提過一聲，憑空的一個摺子竟其把我留下。喜的是：我本是一個沒有省分的人，現在忽然歸了特旨班，即日就可補缺。因此心上忐忑不定。但是既經留在山西，同撫台便是堂屬體制，不能再照前番稱呼。一旦要我恭順起來，並非心有不甘，實在面子上一時放不下去。前日是並起並坐，今日是「大人、卑職」，未免叫不出口，難以為情。仔細思量，躊躇不決。既而一想：「他既然能夠曉得我的好處，保舉我，他便是我的知己。古人

云：『感恩知己。』我既感他的恩，就是叫聲大人，有何不可。」主意打定，於是放下摺子，慌忙離座，恭恭敬敬朝撫台磕了個頭。磕頭之後，接著請了一個安，說了聲「卑職蒙大人提拔，謝大人栽培。卑職情願伺候大人，替大人效力」。撫台仍舊照前同他客氣：每逢稟見，無不立請，見了面總是灌米湯。有些實缺道、府都趕他不上。他說一是一，說二是二，撫台從沒道過一個「不」字，因而官場上有些黑點的反去趨奉他，巴結他。他起初同人家還客氣，到得後來，也就「居之不疑」了。

又過了些時，他帶來的銀錢已漸漸放完，因為要在撫臺面前討好，又打電報到上海匯了十幾萬來。起先銀子都歸他一人經手，除掉放賑之外，並無別用。自從改歸山西差遣之後，上海二批匯來的錢，撫台漸漸也要干預；有時並借辦理善後為名，向他支付。他礙於撫台情面，不敢不付。十幾萬銀子，經不得幾回也就完了。銀子用完再打電報到上海；人家曉得他已經做了山西的官，而且銀子已用掉不少，大約可以無須再行接濟，以後的錢便來得不像前頭容易了。

他此時正在熱頭上，為了一件甚麼事到撫臺面前說首府不好。撫台馬上把首府撤任，就同藩台商量，派閻某人署理。藩台說：「閻某人乃是知州班次，署理知府，未免銜缺不甚相當。」撫台把臉一板，道：「現在是什麼時候，還拘什麼資格

嗎？我從前保舉他，留他在山西，就想要重用他的。現在朝廷尚且破格用人，你我豈可拘守成例！」藩台被撫台駁得無話可說，只得諾諾稱「是」。回到衙門裏，立刻掛牌；然而為他碰了撫台一個釘子，心上總不高興。第二天閣二先生上去謝委，獨獨藩台沒有見他。

撫台又立逼催他接印。恰巧前任這幾個月碰著天旱，一無進款，賠的也苦極了，也樂得收交卸一天早輕快一天，閣二先生擇定第三天接印。他老先生向來是儉樸慣的，上任的那一天，坐了一乘破轎子，名為四轎。其實只有兩個轎夫，一把紅傘，一面鑼，喝道的亦止有一個。問問那些人那裏去，回稱：「都餓跑了。」閣二先生不便挑剔。等到拜過印，升堂點卯，六房書吏只有三個人，差役亦只有五六個。點卯應名都是一個人輪流上來好幾趟。及至看他們穿的衣裳，都同叫化子一樣。閣二先生手裏早捏著一把汗，曉得荒年沒有收成，這個缺萬無生發；只得將機就計，做個清官，還好矇騙上司的耳目。等到接印之後，一連十幾日，下屬應送的到任規，一處沒有，而且弄得是政簡刑清，案無留牘，連下屬申詳的案件，半個月來，亦是一樁沒有。並不是德化感人，實因太原一府的百姓都已死淨逃光，所以接印以來，竟無一事可做。

他這時仍舊總辦放賑事務。看看秋盡冬來，北方天氣寒冷，

未交十月，已下得一場大雪。上海一連去了幾個電報，不見有銀子匯來，心中正在愁悶，一日端坐衙中，忽然接到撫台一個劄子，折閱之下，這一急非同小可！要知所為何事，且聽下回分解。

第三十五回　捐巨資紈褲得高官　吝小費貂璫發妙謔

　　話說闇二先生自從代理太原府以來，每日上院稟見撫台，以及撫台同他公事往來，外面甚是謙恭。雖然缺分苦些，幸而碰著這種上司，倒也相處甚安，怡然自得。不料一日正坐衙中，忽然院上發來一角公事，折閱之下，乃是撫台下給他的劄子。前面敘說他集款放賑如何得力，接著又說：「現在已交冬令，不能布種；若待交春，又得好幾個月光景。這幾個月當中，百姓不能餐風飲雪，非再得巨款接濟，何以延此殘生？該員聲望素孚，官紳信服。為此特劄該員迅速多集款項，源源接濟、幸勿始勤終惰，有負委任」各等語。闇二先生接到劄子，躊躇了半夜。次日上院，又要顧自己面子，不敢說上海不能接濟的話，只說已經打了電報去催，大約不久就有回信的。撫台聽了，無甚說得。過了三日，又下一個劄子催他。

　　他弄急了，便和一個同來放賑的朋友，現在他衙門裏做帳房的一位何師爺商量。何師爺廣有韜略，料事如神，想了一想，說道：「撫台一回回的劄子，只怕為的自己，不是為的百姓罷！」闇二先生道：「何以見得？」何師爺道：「現在太原府

的百姓都已完了。到了春天，雨水調勻，所有的田地，自然有人回來耕種。目下逃的逃，死的死，往往走出十里、八里，一點人煙都沒有，那裏還要這許多銀子去賑濟。所以晚生想來，一定是撫台自己想好處。他總覺著你太尊上海地方面子大，扯得動，一個電報去，自然有幾十萬匯下來，那裏曉得今非昔比，呼應不靈！」閻二先生道：「如今上了他的圈套，要脫亦脫不掉。你有什麼好法子呢？」

何師爺此時雖然掛名管帳，其實自從東家接任到今，一個進帳沒有。而且這位東家又極其嗇刻，每日零用，連合衙門上下吃飯，不到一吊錢。就是要賺他兩個，亦為數有限。這個帳他正管得不耐煩。如今聽了東家的話，他便將計就計，相好了一條計策，說道：「太尊明日上院，只消求撫台給晚生一個劄子。晚生拚著辛苦，替太尊回上海去走一趟。」閻二先生道：「劄子上怎麼說法？」何師爺道：「勸捐。」閻二先生道：「目下捐務已成強弩之末，況且上海有申大先生一幫在那裏，你人微言輕，怎麼會做過他們？」何師爺聽了，笑道：「勸捐是假，報效是真。」閻二先生聽到「報效」二字，便曉得其中另有文章，連問：「報效如何辦法？——」何師爺道：「若照部定章程，開個捐局專替山西辦捐，人家有了銀子，不論那裏都好上兌，何必定要跑到你們局裏。此我所以不說勸捐，而說勸人報效：因為勸捐是呆的，報效是活的。我只要撫臺上一個

摺子，先說本省災區甚廣，需款甚繁，倘有報捐在一萬兩以上者，准其專折奏請獎勵。」閻二先生道：「能捐一萬銀子的有幾個呢？」何師爺道：「晚生的話還沒有說完。捐不捐在他，出奏的權柄在我。能捐一萬銀子的固然不多，只要他能夠捐上六七千，我們同撫台說明，算他一萬，給他一個便宜，人家誰不趕著來呢。合起捐官的錢來，所多有限，將來一奉旨就是特旨班，人家又何樂而不為呢。這筆款子叫名是山西賑濟，賑濟多少，有甚憑據？盡著撫台的便，隨他愛怎麼報銷就怎麼報銷。如此辦法，撫台有了好處；一定沒別的說話。你太尊就是要調好缺，過府班，都是容易之事。他還肯再叫你在這太原府喝西風嗎？」

一席話說得閻二先生不覺恍然大悟，連連點頭，連稱「你話不錯——」。又道：「話雖如此說，明天我就上去照你的話回撫台，這個劄子一定是一要就到。但是你一無官職，他下劄子給你，稱呼你甚麼呢？」何師爺道：「太尊辦了這幾十萬銀子的捐款，還怕替晚生對付不出一個官來？起碼至少一個同知總要叨光的了。」閻二先生笑了一笑，心上也明白：「將來一個官總得應酬他的，準其明日等把話同撫台說好，隨後填張實收給他就是了。」

商量已定，次日上院，便把勸人報效的法子告訴了撫台。

又道：「我們山西沒有外銷的款子，所以有些事情絀於經費，都不能辦，現在開了這個大門，以後盡多盡用，部裏頭還能夠再來挑剔我們嗎？」撫台聽了，如果甚喜，便問：「這件事仍舊要到上海去辦，那裏有錢的主兒多，款子好集，但是派誰去呢？」閻二先生便把何師爺保舉上去，又說：「這何某就是在上海幫著卑府辦捐，後來又同到此地放賑的。此人人頭極熟，而且很靠得住。委他勸辦一定可以得力。」撫台道：「你老哥想出來的法子就不錯，保舉的人亦是萬無一失的。」說著，便叫人請了奏摺師爺來，同他說知底細，一面拜摺進京，一面就下公事給何師爺，委他到上海勸辦。次日何師爺上轅謝委，一張嘴猶如蜜糖一般，說得撫台竟拿他十二分器重。

閻二先生又趁空求調好缺。撫台說：「我亦曉得你苦久了，要緊替你對付一個好缺，補補你前頭的辛苦。你由知州保直隸州的部文已到。這回賑濟案內，我同藩台說，單保一個『過班』尚不足以酬勞；所以於『免補』之外，又加一個『俟補知府後，以道員用』。兄弟老實說：這山西太原府一府的百姓不全虧了你一個人，還有誰來救他們的命呢？就是再多給你點好處也不為過。」閻二先生聽了，謝了又謝。不久撫台果然同藩台說了，另外委了他一個美缺。不在話下。

且說這位何師爺名順，號孝先，乃是紹興人氏。自從奉了

委劄，便也不肯耽擱，過了兩日，遂即上院稟辭。又蒙撫台發下來二百銀子的盤費，又有在省的上司、同寅託他到上海辦洋貨買東西的錢，倒也有二三百兩，一共約有五百銀子光景。他便留起二百兩當盤纏，拿那三百兩換了現錢帶著。走到路上，遇見那些被災的人鬻兒賣女的，他男的不要，專買女的；壞的不要，單檢好的。那些人都餓昏了，只要還價就肯賣人。人家討價，譬如十歲的人只要十吊，五歲的只要五吊。全還價，每一歲只肯出五百小錢。人家想錢用，沒得法子，只好賣給他。於是被他這一買，不到三天，竟其買到五十多個女孩子。他一路之上為這五十多個女孩子倒也花得盤費不少。到了上海，撿了幾個年紀大些，面孔長得標致些的留下，預備將來自己收用。其餘的或是賣給親戚，或是賣給朋友，總收人家好幾倍錢。末後又剩下二十多個沒有人要。幸虧他上海人頭熟，找到一個熟識的媒婆，統通交代了他，販了出去，大大的賣了一筆錢。後來這些女孩子也曉得被媒婆子一齊賣到一個何等所在。做書的人既非目睹，說說亦是罪過，也就付諸不論不議之列了。

且說何師爺回到上海，便自己另外賃了一座公館，掛起「奉旨設立報效山西賑捐總局」的牌子。未到上海的前頭，已吩咐手下人等不准再稱何師爺，須改口稱老爺。靠著山西巡撫的虛火，天天拜客，竭力同人家拉攏。有人請酒，一概親到。如此者應酬了一個月下來，居然有些人上他的吊，報效一萬銀

子的有三個，八千銀子的有四個，六千銀子的有十來個。一面上兌，一面就打電報給山西撫台，替人家專折奏請獎勵。真正是信實通商，財源茂盛。等到三個月下來，居然捐到三十多萬銀子，他一齊作為六七千報銷上去；下餘的都是他自己所賺。山西撫台得了他這筆銀子，究竟拿去做了什麼用度？曾否有一文好處到百姓沒有？無人查考，不得而知。

單說何孝先自辦此事以來，居然別開生路，與申大善士一幫旗鼓相當，彼此各不相下。畢竟他是山西撫台奏派的，卻也拿他無可如何。又過些時，何孝先私自打電報託山西撫台於賑捐案內兩個保舉，從同知上一直保到道台，又加了二品頂戴。從此搖搖擺擺，每逢官場有事，他竟充作大人大物了。偶然人家請他吃飯，帖子寫錯，或稱他為「何老爺」、「何大老爺」，他一定不到。只要稱他「大人」，那是頂高興沒有。從此以後，羨慕他的人更多，不是親也是親，不是友也是友，都願意同他往來。就有他一個表弟，是從前瞧不起他的，如今見他已做了道台，居然他表弟到上海也就來拜他了。

他表弟姓唐，行二，湖州人，是他姑夫的兒子。他姑夫做過兩任鎮台，一任提台，手中廣有錢財。他表弟當少爺出身，十八歲上由蔭生〔註：憑借上代餘蔭取得監生的資格。名義上是入監讀書，事實上只須通過一次考試便可授予一定官職。〕

81

連捐帶保，雖然有個知府前程，一直卻跟在老子任所，並沒有
出去做官。因他自小有個脾氣，最歡喜吃鴉片煙，十二歲就上
了癮，一天要吃八九錢。人家都說吃煙的人心是靜的，誰知他
竟其大謬不然：往往問人家一句話，人家才回答得一半，他已
經說到別處去了。他有年夏天穿了衣帽出門拜客，竟其忘記穿
襯衫，同主人說說話，不知不覺會把茶碗打翻。諸如此類，不
一而足。一天到晚，少說總得鬧上兩個亂子，因此大眾送他一
個美號，叫他做「唐二亂子」。

　　且說這唐二亂子二十一歲上丁父憂，三年服滿，又在家裏
享了年福。這年二十四，忽然想到上海去逛逛，預備化上一二
萬玩一下子，還想順便在堂子裏討兩個姨太太。到了上海，雖
然同鄉甚多，但因他一直是在外頭隨任，平時同這般同鄉並沒
有甚麼來往，所以彼此不大接洽。恰巧他列兄何孝先新過道班，
總辦山西捐輸，場面很大，唐二亂子於是找到了他。當天何孝
先就請他吃大菜，替他接風，跟手下來，又請他吃花酒，薦相
好給他。唐二亂子畢竟無所不亂，席上朋友叫的局，他見一個
愛一個，沒有一個不轉局。後來又把老表兄何孝先素來有交情
的一個大先生，名字叫甄寶玉的，轉了過去。何孝先心上雖不
願意，但念他同亂人一般，無理可講，只好隨他。好在他煙癮
過深，也不能再作別事，樂得聽其所為，彼此不露痕跡。

　　唐二亂子又好買東西：不要說別的，但是香水，一買就是一百瓶；雪匣煙，一買就是二百匣。別的東西，以此類推，也可想而知了。一連亂了十幾日。何孝先見他用的銀子像水淌一般，趁空便兜攬他報效之事。他問報效是何規矩，何孝先一一告訴了他。因為他是有錢的人，冤桶是做慣的，樂得用他兩個，於是把打折扣上兌的話藏起不說，反說：「正項是一萬，正項之外，再送三千給撫台，包你一個『特旨道』一定到手。你是大員之後，將來上見的時候，只得山西撫台摺子上多加上兩句，還怕沒有另外恩典給你。有此一條路，就是要放缺也很容易的。」一席話說得唐二亂子心癢難抓，躍躍欲試。但是帶來的銀子，看看所剩無幾，辦不了這椿正經，忙同何孝先商量，要派人回家去匯銀子。何孝先是曉得他底細的，便說：「一萬幾千銀子，有你老表弟聲光，那裏借不出，何必一定要家裏匯了來？」唐二亂子道：「本來我亦等用錢，索性派人回去多弄幾文出來。」何孝先生怕過了幾天有人打岔，事情不成功，況且上海辦捐的人，鑽頭覓縫，無孔而入，設或耽擱下來，被人家弄了去，豈不是悔之不及。盤算了一會，道：「老表，你如果要辦這件事，是耽誤不得的。我昨天還接到山西撫台衙門裏的信，恐怕這個局子早晚要撤，這種機會求亦求不到，失掉可惜！依我的意思：這萬多銀子，我來替你擔，你不過出兩個利錢，一個月、兩個月還我不妨。你如果如此辦，馬上我就回局子，一面填給你收條，一面打電報知會山西。這事情辦的很快，不

到一個月就好奉旨的。一奉旨你就是『特旨道』。趕著下個月
進京，萬壽慶典還趕得上。趁這檔口，我替你山西弄個差使。
這裏頭事在人為，兩三個月，只怕已經放了實缺也論不定。」
一席話說得唐二亂子高興非常，連說：「準其託老表兄代借銀
子。——利錢照算，票子我寫。」何孝先見賣買做成，樂得拿
他拍馬屁，今天看戲，明天吃酒。每到一處，先替他向人報名，
說這位就是唐觀察，有些扯順風旗的，亦就一口一聲的觀察。
唐二亂子更覺樂不可支。何孝先便勸他道：「老弟，你即日就
要出去做官了，像你天天吃煙，總得睡到天黑才起來。倘若放
實缺到外邊呢，自由自便，倒也無甚要緊，但是初到省總得趕
早上幾天衙門。而且你要預先進京謀幹謀幹，京裏那些大老，
那一個不是三更多天就起來上朝的。老弟，別的事，我不勸你，
這個起早，我總得勸你歷練歷練才好。」唐二亂子道：「要說
起早，我不能；要說磨晚，等到太陽出了再睡，我卻辦得到。
我倘若到京城，拚著夜夜不睡，趕大早見他們就是了。」何孝
先道：「他們朝上下來還要上衙門辦公事，等到回私宅見客總
要頂到吃過中飯。你早去了，他們也不得見的。就是你到省之
後，總算夜夜不睡，頂到天亮上院；難道見過撫台，別的客就
一個不拜？人家來拜你，亦難道一概擋駕？倘若上頭委件事情
叫你立刻去辦，你難道亦要等到回來睡醒了再去辦？只怕有點
不能罷。」唐二亂子想了一想道：「老表兄，你說的話不錯。
我就明天起，遵你教，學著起早何如？」當時無話。

　　是夜唐二亂子果然早睡。臨睡的時候又吩咐管家：「明天起早喊我。」管家答應著。無奈他睡慣晚的人，早睡了睡不著，在床上翻來覆去，雞叫了好幾遍，兩隻眼一直睜到天亮。看看窗戶角上有點太陽光射了下來，恰恰才有點朦朧，不提防管家來喊他了，一連叫了三聲，把他喚醒。心上老大不自在，想要罵人，忽然想起「今天原是我要起早，叫他們喊我的」，於是隱忍不言，揉揉眼睛爬了起來。當下管家忙著打洗臉水，買早點心。眾管家曉得少爺今天是起早，恐怕熬不住，只好拿鴉片來提精神，於是兩個管家，一個遞一個裝煙，足足吃了三十六口。剛坐起來，卻又打了兩個呵欠。正想再橫下去睡睡，卻好何孝先來了。一見他起早，不禁手舞足蹈，連連誇獎他有志氣：「能夠如此奮發有為，將來甚麼事不好做呢！」唐二亂子一笑不答。何孝先便說：「你不是要買翡翠翎管嗎？我替你找了好兩天，如今好容易才找到一個，真正是滿綠。你不相信，拿一大碗水來，把翎管放在裏頭，連一大碗水都是碧綠的。」唐二亂子道：「要多少價錢？」何孝先曉得他大老官脾氣，早同那賣翎管的掮客串通好的，叫他把價錢多報些。當時聽見唐二亂子問價，便回稱「三千塊」。誰知唐二亂子聽了，鼻子裏嗤的一笑，道：「三千塊買得出甚麼好東西！快快拿回去！看亦不要看！」那個賣翎管的掮客聽他說了這兩句，氣的頭也不回，提了東西，一掀簾子竟去了。

唐二亂子道：「我想我這趟進京，齊巧趕上萬壽，總得進幾樣貢才好。你替我想，這趟貢要預備多少銀子？」何孝先道：「少了拿不出手，我想總得兩三萬銀子。你看夠不夠？」唐二亂子又嗤的一笑，道：「兩三萬銀子夠什麼！至少也得十來萬。」何孝先道：「你正項要用十來萬，你還預備多少去配他？你一個候補道，不走門子幫襯幫襯，你這東西誰替你孝敬上去呢？」唐二亂子道：「自己端進去。」何孝先道：「說得好容易！不經老公的手，他們肯叫你把東西送到佛爺面前嗎？要他們經手，就得好好的一筆錢。你東西值十萬，一切費用只怕連十萬還不夠！」唐二亂子道：「我們是世家子弟，都要塞起狗洞來還了得！」何孝先道：「你不信，你試試看。」唐二亂子道：「這些閒話少說，這種錢我終究是不出的。如今且說辦幾樣什麼貢。」何孝先先想了一樁是電氣車。唐二亂子雖亂，此時忽福至心靈，連說：「用不得！——這個車在此地大馬路我碰見過幾次。大馬路如此寬的街，我還嫌他走的太快，怕他鬧亂子；若是宮裏，那裏容得這傢伙。不妥！不妥！」何孝先又說電氣燈，唐二亂子又嫌不新鮮。後來又說了幾樣，都不中意。還是他自己點對，想出四樣東西，是：一個瑪瑙瓶，一座翡翠假山，四粒大金剛鑽，一串珍珠朝珠。好容易把東西配齊，忙著裝滿停當。

　　看看又耽擱了半個月，唐二亂子要緊進京。齊巧山西電報亦來，說是已經保了出去。得電之後，自然歡喜。過了一天，又接到家信，由家裏託票號又匯來十多萬銀子。取到之後，算還何孝先的墊款，還了制辦貢貨的價錢，然後寫了招商局豐順輪船大餐間的票子，預備進京。

　　在路非止一日，已到北京。唐二亂子是自小嬌生慣養，以至成人，今番受了輪船火車上下勞頓，早害得他叫苦連天。預先託人在順治門外南半截胡同賃了一所房子，搬了進去，就一連睡了三天。又叫人請大夫替他看脈。大夫把了脈出來，同管家說：「你們大人不過路上受了點辛苦，沒有什麼大毛病，將息兩天就好的。」管家連忙搖手，道：「先生，你萬萬不可如此說！你要說他沒病，你二道就沒有生意了。你一定要說他有病，而且說病的很利害。開的藥味要多，價錢要大，頂好每劑藥裏都要有人參；他瞧了才歡喜，說你的本事不錯，明日仍舊請你。」大夫道：「人參是補貨，無論什麼病可以吃的嗎？」管家道：「大老官吃藥，不過呷上一口就吐掉的。本來沒有什麼病，橫豎藥又吃不到肚皮裏去，莫說是人參，就是再開上些別的亦不防。我們已同對過藥鋪裏說明，方子上有人參，叫他不論什麼放上些，價錢儘管開大，賺了錢一家一半。先生，你若是要生意好，要我們敝上天天來請你，你醫金不妨多要些，三十兩，二十兩，儘管開口；要的少了，他還瞧不起你。這個

錢我們亦是一家一半。先生，我們講的是真話，並不是玩話。他是有錢的人，不賺他的賺誰的。」那個醫生唯唯遵教而去。

到了次日，唐二亂子果然又派人來請。那醫生便同來人說：「貴上的症候很不輕，而且不好耽誤日子，一天最好要看三趟。」又說：「我為著要替你們貴上看病，把別的主顧生意一齊回掉，專看你一家，總得二十四塊錢一趟，再加四元六角掛號錢。」唐二亂子一一遵命。等到開出方子來，動不動人參五錢、珠粉二錢，一貼藥總在好幾十塊。唐二亂子吃過之後，連稱：「大夫有本事！──果然病已好了許多！」又過了幾天，方才出門拜客。

此番來京，為的是萬壽進貢，於是見人就打聽進貢的規矩。也不管席面上戲館裏有人沒人，一味信口胡吹，又道：「我這分貢要值到十萬銀子，至少賞個三品京堂侍郎銜，才算化的不冤枉。」人家聽了他，都說他是個癡子，這些話豈可在稠人廣眾地方說的。他並不以為意。

他有個內兄，姓查，號珊丹，大家叫順了嘴，都叫他為「查三蛋」。這查三蛋現在居官刑部額外主事，在京城前後混了二十多年。幸虧他人頭還熟，專門替人家拉拉皮條，經手經手事情，居然手裏著實好過。如今聽見妹夫來京，曉得妹夫是

個闊少出身，手筆著實不小，早存心要弄他幾個，便借至親為名，天天跑到唐二亂子寓處替他辦這樣，弄那樣，著實關切。不料唐二亂子是大爺脾氣，只好人家巴結他，他卻不會敷衍別人的。查三蛋見妹夫同他不甚親熱，便疑心妹夫瞧他不起，心上老大不自在，因此心上愈加想要算計他一下子。

唐二亂子是肚皮裏存不下一句話的，把進貢的事天天朝著大眾說。查三蛋立刻拉在身上，說：「我裏頭極熟，宮門費一切等事，等我找個人進去替你講，十萬銀子的貢，大約化上三萬銀子的使費也就夠了。」無奈唐二亂子另有一個偏見，別的錢都肯化，單單這個「宮門費」不肯化，說：「我有銀子寧可報效皇上。他們是什麼東西，要我巴結他！我做皇上家的官，是天子奴才；他們伺候皇上，難道不是奴才？我為什麼要送錢給他用？我有三萬銀子，我大八成的道台都可捐得了。我為什麼拿錢塞狗洞！」查三蛋道：「『閻王好見，小鬼難當』。他們這些人賽如就是些小鬼，你同他們纏些甚麼？見上司還要門包，難道見皇上就不要門包麼？這宮門費就同門包一樣，從敬事房起，裏裏外外有四十八處，一千多人分這筆錢，怎麼好少他們的呢？」唐二亂子一聽內兄要他化錢，心上愈加不高興，閉著眼睛，搖頭不語。其實查三蛋說的都是真話，就是勸他出三萬兩，也恰在分際，所謂『不即不離』。無奈唐二亂子因為舅爺是窮京官，本來就瞧他不起的，如今見他想要經手，越發

生了疑心，所以彼此更不投機。查三蛋一見妹夫有疑他的心思，就是要掏良心也不肯掏了。

此時趨奉唐二亂子的人真不少，大家一見查三蛋話不投機，就有個想討好的私下同唐二亂子說：「我認得軍機上某王爺，大約只消化得一萬銀子，這分貢禮就託王爺替我們帶了進去。有王爺的面子，還怕上頭不收？王爺又在軍機上，這事情由他經手，將來上頭有什麼恩典，少不得仍在王爺手裏經過，他得了你一萬銀子，一定是替你盡心的。不要說京堂，論不定上頭只肯給你一個京堂，王爺替你求求，變個侍郎，亦未可知。」唐二亂子信以為真，從此便不理他內兄，把這事全託了那個人。那個人又天天來候信，催著付銀子，又道：「早進去一天，觀察就早高升一天。」唐二亂子果然把一萬銀子給了他。誰知那人錢已到手，一連三日沒有回覆。

唐二亂子急了。幸虧他是直性子的人，等到沒得主意的時候，仍舊請了舅爺來商量。查三蛋見妹夫又請教到他，便乃揚揚得意的說道：「你這人本來好糊塗！我們至親，豈肯叫你上當。你不相信，偏要聽人家的瞎話，拿我們不當人。如今怎麼樣？一萬銀子那裏去了？事情到底辦成沒有？」唐二亂子道：「這些話不用說了。都是我不好，誤聽人言，丟掉一萬銀子算不了什麼！」查三蛋道：「我叫你只出三萬銀子的宮門費，你

嫌多；如今又貼上一萬，倒說算不得甚麼。真正不曉得你們打的是什麼算盤！」唐二亂子一聲不響，悶在那裏吃煙。查三蛋又道：「京城裏這種人——撞木鐘的人很多，一個不留心就上了當去。等到騙了你的銀子，你要找他，也就沒有地方去找他的？我且請教你：那個人到底叫個什麼名字？你怎麼會認得他的？」唐二亂子道：「那人沒有姓，名字叫文明，是個在旗的。還是那天在志美齋席面上認得的。他說他是內務府的司員，現住城裏石附馬大街。我想他既是內務府的官，一定裏頭的資訊靈通的，所以就託他去辦。誰知遭了他的騙！真正意想不到之事！」查三蛋道：「越發荒謬！他既是內務府的人員，不在裏頭走門路，倒走到外頭來！豈有此理！豈有此理！也好，不經一事，不長一智。這已過去的事情，也不用談他了，且商量現在我們怎麼辦法。」唐二亂子道：「我已經吃虧一萬，現在你再要三萬豈不是總共要化去四萬？我總嫌太多。如今我只肯再出兩萬，連失撤的總共三萬，也算依你的數了。」查三蛋道：「一萬銀子是你自己願意被人家騙去，與我何干？又不是我用的！這話可笑不可笑！」唐二亂子道：「我不管！我總在這個算盤上算。」查三蛋低頭一想：「他的算盤如此打法。我如今按照三七叫他拿錢，並沒有叫他多拿分文。無論那裏，看他用錢用的很大方，獨獨於我至親面上如此計較。而且我辦的仍舊是他切己之事。他同我調脾，我也犯不著拿好良心待他。看來他上過一次當還不夠，定要叫他再上一次，方能明白。」主意

打定，便道：「既然你只肯兩萬，三成之中，不過少得一成，同前途去商量起來看。只要他們肯收，我又何苦要你多化呢。」唐二亂子聽得此言入耳，方才說了聲「費心」。

　　查三蛋退辭出去，便去找到素來同他做聯手的一個老公，告訴他有這筆買賣。老公不等他提價錢，先說道：「三爺的事情，又是令親，我們應得效力。」查三蛋道：「不是這等說。」便附耳如此這般，述了一遍，又道：「我們雖是親戚，但是他太覺瞧人不起，只肯出一萬銀子的宮門費。他是有錢的人，不是拿不出，等他多化兩個亦不打緊。」老公一聽，他們至親尚且如此，樂得多敲兩個。連忙堆下笑來說道：「他是什麼東西！連著親戚都不認，真正豈有此理！就是三爺不吩咐，咱也要打個抱不平的！我去招呼他，叫他把一萬銀子先交進來。就說上頭統通替他回好，叫他後天十點鐘把東西送上來。等他到了這裏，咱們自然有法子擺佈他。」查三蛋諾諾連聲，連忙趕到唐二亂子寓所同他說：「準定二萬銀子的宮門費，由大總管替我們到上頭去回過。叫你今天先把宮門費交代清楚，後天大早再自己押著東西進去。」唐二亂子道：「何如！我說這些人是個無底洞，多給他多要，少給他少要。不是我攔得緊，豈不又白填掉一萬，如今二萬銀子我是情願出的。」說著，便叫一個帶來的朋友，拿著摺子到錢莊上劃二萬銀子交給查三蛋，替他料理各事。查三蛋銀子到手之後，自己先扣下一半，只拿一半交

代了老公。老公會意。

　　到了第三天，唐二亂子起了一個大早，把貢禮分作兩台，叫人抬著。查三蛋在前引路，他自己卻坐車跟在後頭。由八點鐘起身，一直走到九點半鐘，約摸走了十來裏，走到一個地方。查三蛋下車，說：「這裏就是宮門了，閒雜人不准進去。」眾人於是一齊歇下。查三蛋揮手，又叫眾人退去。唐二亂子亦只得下車等候。等了一回，只見裏頭走出兩個人來，穿著靴帽袍子。查三蛋便招呼唐二亂子，說：「門裏出來的就是總管的手下徒弟，所有貢禮交代他倆一樣的。」唐二亂子一聽是裏頭的人，連忙走上前去，恭恭敬敬請了一個安，口稱：「唐某人現有孝敬老佛爺的一點意思。相煩老爺們代呈上去。」誰料那兩個老公見了他，大模大樣，一聲不響。後來聽他說話，便拿眼瞧了他一瞧，說道：「你這人好大膽！佛爺有過上諭，說過今年慶典，不准報效。你又來進什麼貢！你是甚麼官？」唐二亂子道：「道台。」老公道：「虧你是個道台，不是個戲臺！咱問你：你這官上怎麼來的？」唐二亂子道：「山西賑捐案內報效，蒙山西撫院保的。」老公道：「銀子捐來的就是，拉什麼報效！名字倒好聽！咱一見你，就曉得你不是羊毛筆換來的！如果是科甲出身，怎麼連個字都不認得？佛爺不准報效，有過上諭，通天底下，誰不曉得，單單你不遵旨。今兒若不是看查老爺分上，一定拿你交慎刑司〔註：清代內務府下的一個官署，

執掌宮廷和旗人的笞杖一類刑罰。〕，辦你個『膽大鑽營，卑鄙無恥』！下去候著罷！」那老公說完了這兩句，揚長的走進去。

唐二亂子這一嚇，早嚇得渾身是汗，連煙癮都嚇回去了。歇了半天，問人道：「我這是在那裏？」其時抬東西的人早已散去，身旁止有查三蛋一個。查三蛋一見他這個樣子，曉得他是嚇呆了，立刻就走過來替他把頭上的汗擦乾，對他說道：「當初我就說錢少了，你不聽我。可恨這些人，我來同他說，他們連我都騙了。既然二萬不夠，何不當時就同我說明，卻到今天拿我們開心！」

此時唐二亂子神志已清，回想剛才老公們的說話不好，又記起末後還叫他「下去候著」的一句話，看來凶多吉少，越發急的話都說不出。只聽查三蛋附著他的耳朵說道：「老妹丈，今天的事情鬧壞了！有我亦不中用！看這樣子，若非大大的再破費兩個不能下場！」唐二亂子一心只想免禍，多化兩個錢是小事，立刻滿口應允。查三蛋便留他一人在外看守東西，自己卻跑上臺階，走到門裏，找著剛才的那個老公。往來奔波，做神做鬼，又添了二萬銀子。先把貢禮留下做當頭。二萬銀子交來，非但把貢禮賞收，而且還有好處，倘不交二萬銀子，非但不還東西，而且還要辦「膽大鑽營」的罪。三面言定，把貢禮

交代清楚。唐二亂子方急急的跟了查三蛋出來。這天起得太早，煙癮沒有過足，再加此一嚇，又跑了許多路，等到回寓，已經同死人一樣了。以後如何，且聽下回分解。

第三十六回　騙中騙又逢鬼魅　強中強巧遇機緣

　　話說唐二亂子唐觀察從宮門進貢回來，受了一肚皮的氣，又驚又嚇，又急又氣。回到寓處，脫去衣裳，先吃鴉片煙過癮。一面過癮，一面追想：「今日之事，明明是舅爺查三蛋混帳！我想我待他也不算錯，拿他當個人託他辦事，不料他竟其如此靠不住！你早說辦不來，我不好另託別人？何至於今天坍這一回台呢！」往來盤算，越想越氣。然而現在的事情少他不得，明曉得他不好，又不敢拿他怎們發作，只好悶在肚裏。過足了癮，開飯吃飯。老爺一肚皮悶氣無處發洩，只好拿著二爺來出氣，自從進門之後罵人起，一直罵到吃過飯還未住口。

　　查三蛋見他罵的不耐煩，於是問他：「許人家的二萬頭怎麼樣？」唐二亂子道：「有什麼怎麼樣！不過是我晦氣，注著破財就是了！」一面說，一面叫朋友拿摺子再到錢莊裏打二萬銀子的票子給查三蛋。臨走的時候，卻朝著查三蛋深深一揖，道：「老哥，這遭你可照應照應愚妹丈罷！愚妹丈錢雖化得起，也不是偷來的！出的也不算少了！我也不敢想甚麼好處，只圖個『財去身安樂』罷！老哥，千萬費心！」查三蛋聽他的話內中含著有刺，畢竟自己心虛，不禁面上一紅一白，想要回敬兩

句，也就無辭可說了。掙扎了半天，才說得一句道：「我們至親，我若是拿你弄著玩，還成個人嗎。單是他們不答應，也是叫我沒有法子！」唐二亂子並不理他。查三蛋同了那個朋友去劃銀子不題。約摸過了五個鐘頭的時候，其時已將天黑，唐二亂子見他沒有回報，不免心中又生疑慮，便想派人去找他。正談論間，只見他從外頭興興頭頭的進來，連稱「恭喜——」。唐二亂子一聽「恭喜」二字，不禁前嫌盡釋，忙問：「銀子可曾交代？進的貢怎麼樣了？」查三蛋道：「銀子自然交代。貢都進上去了。聽說上頭佛爺很歡喜，總管又幫著替你說話，已有旨意下來，賞你個四品銜。」唐二亂子道：「甚麼四品銜！我自己現現成成的二品頂戴，進了這些東西，至少也賞我個頭品頂戴，怎麼還是四品銜？難道叫我縮回去戴藍頂子不成？」查三蛋道：「只個不曉得。但是，恩出自上，大小你總得感激。就是你說的有現成的紅頂子，這個不相干。——那是捐來的，就是特旨賞的，到底兩樣。」唐二亂子道：「道臺本是四品，也不在乎又賞這個四品銜！」查三蛋道：「這個何足為奇！怎麼有人賞個三品銜，派署巡撫？難道巡撫不比三品銜大些？」終究唐二亂子秉性忠厚，被查三蛋引經據典一駁，便已無話可說；並不曉得凡賞三品銜署理巡撫的都由廢員起用一層。他仕路閱歷尚淺，這都不必怪他。且說他自從奉到賞加四品銜的資訊，心上一直不高興。無奈查三蛋只是在傍架弄著，說：「無論大小，總是上頭的恩典。到底上起任來，官銜牌多一付。你

雖不在乎此，人愛卻求之不得。無論如何，明天謝恩總要去的，倘若不去，便是看不起皇上。皇上家的事情，一翻臉你就吃不了。還是依著他辦的好。」唐二亂子無奈，只得一一遵行。

到了第二日謝恩下來，無精打采的，也沒有拜客，一直回到寓處，心想：「我化了不差十五萬銀子，只弄到這們一點點好處，真正划算不來！」一個人正低著頭亂想，忽見管家拿進一張名片來，說是「有客拜會」。唐二亂子舉頭看時，只見片子上寫著「師林」兩個大字，便知又是旗人了。楞了一回，回稱：「我不認得這人。他是誰？來拜我做甚麼？」管家道：「小的也問過他們爺們。他們爺們說：他老爺是內務府堂郎中〔註：內務府總管屬下的官員。〕的兄弟。曉得上回文明文老爺拿了老爺一萬銀子，事情沒有辦妥。如今這一萬銀子的事情，連堂官都曉得了，交派他老爺的哥哥查辦這事。他老爺的哥哥為著事情忙，所以特地派他四老爺來的，因為自己親兄弟，各式事情靠得住點。」唐二亂子此時正因一注注的銀子化的冤枉，心上肉痛，一聽這話，心想：「這椿事怎麼會被內務府堂官曉得？如果內務府堂官用了我的錢，少不得總有好處到我，倘若沒有用，這個錢果然被姓文的吃起，也總有個水落石出，不如請他進來問問再講。」主意打定，便吩咐一聲「請」。

此時六月天氣，正是免褂〔註：即免穿外褂。按禮節會客

98

時於長袍之外須穿外褂，但在三伏天時可以「免褂」。〕時候。師四老爺下得車來，身上穿了一件米色的亮紗開氣袍，竹青襯衫，頭上圍帽，腳下千層板的靴子，腰裏羊脂玉螭虎龍的扣帶，四面掛著粘片搭連袋、眼鏡套、扇套、表帕、檳榔荷包，大襟裏拽著小朝煙袋，還有什麼漢玉件頭，叮呤噹啷，前前後後都已掛滿。進門的時候，手裏還搖著團扇，鼻子上架著大圓墨晶眼鏡。走到會客廳坐下。等了一回，主人出來。師四老爺慌忙除掉眼鏡，把團扇遞在管家手中，因係初見，深深一躬。唐二亂子連忙還禮。禮畢歸坐，先敘寒暄。

師四老爺為人著實圓到，見了唐二亂子說了無數若干的仰慕話，又說：「兄弟常常聽見家兄提起大名，每恨不能一見；今日齊巧有堂派查辦的公事，家兄裏頭事情多，不得閒，所以派了兄弟來的。所查的事情，老哥想已曉得的了？」唐二亂子道：「恰恰曉得。多承諸位大人及令兄大人費心，兄弟實在感激得很！諸位大人及令兄大人跟前，兄弟還沒有過來請安，甚是抱歉！」師四老爺道：「自家人，說那裏話來！」唐二亂子道：「文某人同四哥是同衙門？」師四老爺道：「兄弟在銀庫上行走，文某人在外頭當些零碎差使，雖同衙門，卻不同在一處，不過曉得有他這麼一個人罷了。現在是上頭堂官曉得了這樁事情。不瞞老哥說：這些事情原是瞞上不瞞下，常常有的，就是家兄及兄弟也常常替人家經手。堂官曉得了這件事很生氣，

說：『被他這一鬧，豈不拿我們內務府的牌子都鬧壞了嗎！』馬上要撤姓文的差使，還要拿他參辦。後來是家兄出了一個主意，說：『文某人這注錢到手不多幾天，大約還可以歸原。現在不如暫且不拿他發作，由我們下頭嚇嚇他，騙騙他；等他把原銀繳了出來，就求上頭給他一個恩典。一來保全他的聲名，二來拿銀子還了原主，亦可見得我們內務府的牌子到底不錯。』堂官聽了家兄的話，甚以為然，答應照辦。誰知家兄事情雖則拉在身上，無奈一天到晚公事忙不了，那裏還有工夫管這些閑帳。一擱擱了三天，難為上頭堂官倒惦記著這事，今天又問了下來，所以家兄特地派兄弟過來先問問詳細情形，好斟酌一個辦法。」唐二亂子道：「多蒙費心！」說著，便把姓文的事情細述一遍。又道：「兄弟並不是捨不得這一萬銀子，為的是情理上說不過去。」師四老爺道：「是喲，等到回去告訴了家兄，再過來稟覆。」

於是二人又談了些別的閑話。唐二亂子著實拿師四老爺恭維；又道：「現在朝廷廣開言路，昨兒新下上論，內務府人員可以保送御史，將業貴府衙門又多一條出路。」師四老爺皺著眉頭，說道：「好什麼！外頭面子上好看，裏頭內骨子吃虧。粵海、淮安，江甯織造一齊裁掉，你算算，一年要少進幾個錢？做了都老爺，難道就不喝西風？就是再添一千個都老爺，也抵不上兩個監督、一個織造的好：這叫做『明升暗降』。」

　　唐二亂子又問他住處。師四老爺道：「家兄及兄弟都是一天到晚不回家的時候多。有什麼事情，兄弟過來，千萬不敢勞駕。」說完，起身告辭。臨時上車，又再三作揖打恭，叫唐二亂子不要回拜。唐二亂子只得答應著。等到師四老爺去後，唐二亂子一人想道：「憑空丟掉一萬銀子，一點聲音也沒有聽見，真正恨人！卻不料這事竟被內務府堂官曉得，看起來這銀子倒還有回來的指望。銀子小事，堵堵查三蛋的嘴也好。」想罷，怡然自得。因為師四老爺再三叮囑不要回拜，只好遵命，意思想過天邀他吃飯，以補此情。

　　誰知到了次日一大早，師四老爺改穿了便衣過來，說：「昨日兄弟回去之後，就把詳細情形告訴家兄。家兄當時就把姓文的找了來。你曉得這姓文的是誰？」唐二亂子道：「不曉得。」師四老爺道：「他就是福中堂的嫡親侄少爺。他叔叔現在闊了，未曾入閣，就奉旨抬進了鑲白旗。因為他侄兒沒出息，不幹正經，所以一點不肯照應他，由他一個人去混。他還常常打著他叔叔的旗號，在外頭招搖撞騙，弄人家的錢。被福中堂曉得了，打過好幾頓，鎖在一間空屋裏，此番不曉得幾時放出來的。我們堂官總看他叔叔分上，常派他個小差使，等他混兩個錢使；大一點事情又不敢派他，怕他要鬧亂子。如今好，索性又把堂官的旗號打出來了。家兄一想，這件事倘要認真辦起

101

來，與受同科，不但姓文的擔不起，就是老哥亦落不是的。再說句老實話，福中堂的面上也不好看。平時他老人家雖然恨他侄兒，等到有起事情來，『折了膀子往裏彎』，總是幫自己人的。就是老兄也不犯著因此得罪福中堂。所以家兄一聽是他，越發要替兩面把這事圓全下來。當時找著他之後，衙門裏不便說話，家兄請他上館子，吃到了一半，才把這事先吐一點風給他。他起初還想賴，後來被家兄點了兩句眼，他無話說了，然後自己招認的，自認是一時糊塗，央告家兄替他想法子。家兄看他軟了下來，索性嚇他一嚇，便同他說道：『你老哥這件事也太荒唐了！原主兒已在都察院拿你告下了，不久就有文書來提你歸案的。堂官今兒早上得了這個信，氣的了不得，已回過你們老中堂。將來都察院文書來的時候，因為要顧本衙門的聲名，不能不拿你公事公辦。』誰知這一嚇，才把個小哥嚇毛了。這小哥兒不管有人沒人，在館子裏朝著家兄就跪下了，求著替他想法子。家兄一見大驚，說：『這是什麼地方！有話請起來說，被人家瞧著算那一回事呢！』家兄叫他起，他不肯起，後來好容易被家兄拉了起來。家兄就問他：『你這個錢可曾動過沒有？』那姓文的回稱：『剛正騙到之後，一直沒有敢出手。這兩天聽聽外頭風聲定些，到昨日才動了九百幾十銀子。』家兄道：『好好好。現在你把那未動的九千零幾十兩銀子拿了來。堂官跟前，我替你想法子去，保你無事。』姓文的說：『總要能夠按住姓唐的不告才好。』家兄就說：『唐觀察那裏，有我

們兄弟倆替你求情，這點面子還有。』」

　　唐二亂子此時聽得一萬銀子尚有九千多好收回，早已心滿意足，便連連的說道：「不要說是還能夠收九千多，就是再少些，只要賢昆仲一句話，兄弟無不遵命。──況且賢昆仲替兄弟出了一把力，難道兄弟就不該應拿出兩吊銀子來道乏嗎。」師四老爺道：「咱們自己人，還說甚麼道乏！你快別說了，叫人不好意思的。」唐二亂子道：「四哥雖如此說，兄弟總得盡心的。」

　　師四老爺道：「兄弟的話還沒有完。家兄見他肯把九千多銀子交出來，便不肯放鬆一步。當時拿話攏住他，等到吃完了飯，同他同車到他家裏，叫他把銀子一五一十統通交代了家兄，點過數目不錯，然後家兄又到衙門裏找到兄弟，叫兄弟先過來送個信。並且叫兄弟代達，說姓文的拿了老哥這邊一萬銀子，已經被敝衙門的兩位堂官統通知道。後來是家兄出主意，叫姓文的吐出來，求上頭保全他的功名。現在上頭已答應。姓文的銀子，家兄亦業已到手。卻不料已經被他用掉了九百多兩，歸不得原，上頭堂官跟前就不好交代。倘若為著這九百多兩銀子弄得姓文的壞官：一來他們令叔面子上不好看；二來家兄騙他這個九千多銀子出來，原答應他保他無事，現在也不可失信於他。但是銀子只有九千零幾十兩，堂官不好拿來交還吾兄。愚

103

兄弟有錢的時候呢，這幾百銀子就替姓文的墊了出來，等他光光臉；只要預先同老哥說一聲，將來老哥銀子到手之後，把那九百多兩仍舊算還就是了，連利錢都不要的。大家都是為朋友，有什麼說不明白。無奈愚兄弟應酬大，錢來不夠用，都弄得前缺後空。一個堂郎中，一個銀庫，連著九百多銀子都墊不出，說出來人家亦不相信。要不是老哥跟前，彼此知己，兄弟也不好實說。」唐二亂子道：「笑話！賢昆仲如此出力，已經當不起，怎麼好再叫賢昆仲帖錢。少掉九百多銀子，兄弟情願自己吃虧，既不要賢昆仲代認，也決計不要文某人吐出來，一則顧全福中堂面子，二則我們那裏不拉個朋友。拜求四哥代為稟覆貴衙門的幾位大人，這九百多兩銀子就說我姓唐的情願不要了，務求諸位大人不必追究此事。」

師四老爺連忙分辯道：「你老哥不在乎這九百多銀子，我們有什麼不曉得。不過姓文的總得把一萬銀子歸原，由他完完全全交到堂官手裏，再由堂官完完全全交給老哥，然後大家都有面子，倘若少了一分一釐，姓文的就不能交代上頭，上頭也不能交還老哥。這是老哥不說甚麼，勉強收了，終究於敝衙門聲名有礙。現在用了這九百多銀子，上頭堂官還不曉得是姓文的拉住家兄替他想法子。所以家兄叫小弟過來代達：不看別的，總看他令叔福中堂分上，由老哥這邊借給他九百多銀子，等他把一萬之數湊足，交代上頭。好在此款終究是歸老哥的。將來

老哥一同收了回來，彼此不響起。如此辦法，不但成全了姓文的功名，且顧全了他叔叔福中堂的面子，三則敝衙門也保全聲名不少。我們敝衙門人沒有一個不感激老哥。至於老哥說甚麼道乏，我們敝衙門上下已承老哥保全不少，還敢想什麼好處；就是老哥另有賞賜，家兄及小弟亦決計不敢再領的。」唐二亂子聽了他話，心上盤算了一回，自言自語道：「面子上叫我拿九百銀子去換九千銀子回來，而且連那九百也還我，不過他們借去用一用，此事原無不可。但是我同姓師的才第二回見面，一來人心測摸不定，二來他哥是堂郎中，他自己又管著銀庫，如此發財的官，連九百多銀子都無處拉攏，這個話誰能相信。我已一誤再誤，目下不能不格外小心。我與其脫空九百多銀子，我情願失撒二千銀子：姓文的用掉九百多，總算一千，我不要他還我；九千當中，我情願再送他昆仲一千道乏。況且這種事情何必定要煩動堂官，莫妙於大家私下了結。」主意打定，便委宛曲折告訴了師四老爺。師四老爺也曉得他九百多銀子不肯脫空，然而面子上掉不過來，便道：「這也怪不得老哥。兄弟同老哥新交，姓文的九千銀子沒有拿回來，反叫老哥先拿出九百多兩，無論誰不能相信。」唐二亂子亦忙分辯道：「並不是不相信四哥，為的是大家簡便辦法，省得堂官知道。」師四老爺道：「這事原是堂上派下來的，怎能夠不稟覆。這事亦是兄弟荒唐，不該應來同老哥商量，先叫老哥墊銀子。現在不說別的，姓文的用掉的九百多不要他還，兄弟回去同家兄商議，無

論如何為難，總替他想個法兒湊齊這一萬整數，等他在堂官面前交代過排場。堂官眼前既然老哥不願出面，兄弟同家兄說，將來仍由兄弟把這一萬銀子的銀票送過來。兄弟也不同老哥客氣，老哥就預備一張一千銀子的銀票還了兄弟就是了。雖弟雖沾光幾十銀子，拿回去到堂官跟前替老哥賞賞人也不能少的。至於道乏，萬萬不敢。」

唐二亂子見他說得如此，有何不放心之理，立刻滿口應承。師四老爺又問：「老哥給姓文的一萬銀子是誰家的票子？」唐二亂子道：「是恒利家的票子。」師四老爺道：「如此甚好。我們來往的亦是恒利。明天仍到恒利打張一萬銀子的票子來就是了。」說罷自去。唐二亂子果然也到恒利劃了一張一千銀子的票子，預備第二天換給師四老爺；另寫了一千，說是人家出了這們一把力，總得道乏的。誰知到了次日，左等不來，右等不來。唐二亂子心上急的發躁，想：「他說得如此老靠，斷無不來之理，莫非出了岔子，又有什麼變卦？」左思右想，反弄得坐立不定。

好容易等到天黑，師四老爺來了。唐二亂子喜得什麼似的，迎了進來，讓茶讓煙。師四老爺說：「本來早好來了，無奈堂官定要見老哥一面，反怪老哥許多不是，都是家兄替你抗下來的。現在也不要你去見了。銀子也拿來，這話也不用提了。為

了這件事，兄弟今兒一天沒有吃飯。」唐二亂子忙說：「我們同去吃館子。」師四老爺道：「兄弟還有公事，要緊把東西交代了回去，改日再奉擾罷。」唐二亂子一再挽留，見他不肯，只得甘休。於是師四老爺方在靴頁子裏掏出一大搭的銀票，從幾萬至幾千，一共約有十幾張，翻來覆去，才撿出一張一萬銀子的票子。剛要遞到唐二亂子手裏，又說：「昨兒說明白要恒利的票子，這張不是。」於是又收了回去，又在票子當中撿了半天，撿出一張恒利的一萬票子，交代唐二亂子看過無誤。

唐二亂子見他有許多銀票，心想：「到底內務府的官兒有錢。他昨天還推頭沒有錢墊，這話哄誰呢。」師四老爺也覺著，連忙自己遮蓋道：「這都是上頭發下來給工匠的。兄弟若有這些錢，也早發財了，不在這裏做官了。」說話之間，唐二亂子也把自己寫好的兩張一千頭的銀票拿出來交代師四老爺。師四老爺一看是兩張，忙問：「這一千做什麼用？」唐二亂子道：「令兄大人及四哥公事忙，兄弟連一標酒都沒有奉請，這個折個幹罷。」師四老爺把眉頭一皺，道：「說明白不要，你老哥一定要費事，叫兄弟怎麼好意思呢。」唐二亂子道：「這算得什麼！以後叨教之處多著哩。」師四老爺道：「既然老哥說到這裏，兄弟亦不敢自外，兄弟這裏謝賞了。」說著，一個安請了下去。請安起來，把銀票收在靴頁子裏，說有要緊公事，匆匆告辭出門而去。臨走的時候，唐二亂子又頂住問他的住處，

預備過天來拜。師四老爺隨嘴說了一個。

　　自此唐二亂子得意非凡。過天查三蛋來了，唐二亂子又把這話說給他聽，面孔上很露出一副得意揚揚之色。查三蛋只是冷笑笑，心上卻也詫異，說道：「像他這樣的昏蛋，居然也會碰著好人，真正奇怪！」誰知過了一天出門拜客，趕到師四老爺所說的地方，問來問去，那裏有姓師的住宅。唐二亂子罵車夫無用。等到回來，又差人到內務府去打聽堂郎中及銀庫上，那裏有什麼姓師的。唐二亂子這才嚇壞了。連忙再取出那張一萬頭票子，差個朋友到恆利家去照票。櫃上人接票在手，仔細端詳了一回，又進去對了一回票根，走出來問：「你這票子是那裏來的？」去人說：「是人家還來。怎樣？」櫃上人冷笑一聲道：「這時那裏來的假票子！幸虧彼此是熟人，不然，可就要得罪了。如今相煩回去拜上令東，請查查這張票子是那裏來的，膽敢冒充小號的票子！查明白了，小號是要辦人的！」去人一聽這話，嚇得面孔失色，連忙回來通知了東家。唐二亂子也急得跺腳，大罵姓師的不是東西，立刻叫人去報了坊官，叫坊官替他辦人。自此以後，唐二亂子就躲在家裏生氣，一連十幾天沒有出門。查三蛋也曉得了，不過背後拿他說笑了幾句，卻沒有當面說破。

　　又過了些時，到了引見日期，唐二亂子隨班引見。本來指

省湖北，奉旨照例發往。齊巧碰著這兩日朝廷有事，沒有拿他召見。白白賠了十五萬銀子進貢，不過賞了一個四品銜，餘外一點好處沒有。這也只好怪自己運氣不好，註定破財，須怨不得別人。

閒話少敘。且說唐二亂子領憑到省，在路火車輪船非止一日。路過上海，故地重臨，少不得有許多舊好新歡，又著實搗亂了十幾天，方才搭了長江輪船前往湖北。

單說此時做湖廣總督的乃是一位旗人，名字叫做湍多歡。這人內寵極多，原有十個姨太太，湖北有名的叫做「制台衙門十美圖」。上年有個屬員，因想他一個什麼差使，又特地在上海買了兩個絕色女子送他。湍制台一見大喜，立刻賞收，從此便成了十二位姨太太。湖北人又改稱他為「十二金釵」，不說「十美圖」了。

湍制台未曾添收這兩位姨太太的時候，他十位姨太太當中，只有九姨太最得寵。這九姨太是天津侯家後窯子裏出身，生得瘦刮刮長攏面孔，兩個水汪汪的眼睛，模樣兒倒還長得不錯，只是脾氣太刁鑽了些。天生一張嘴，說出話來甜蜜蜜的，真叫人又喜又愛，聽著真正入耳；若是她與這人不對，罵起人來，卻是再要尖毒也沒有。她巴結只巴結一個老爺，常常在老爺跟

著狐狸似的批評這個姨太太不好，那個姨太太不好。起先湍制
台總還聽她的話，拿那些姨太太打罵出氣。然而湍制台雖然糊
塗，總有一天明白，而且天天聽她絮聒，也覺得討厭。

有天這九姨太又說大姨太怎麼不好，怎麼不好。湍制台聽
得不耐煩，冷笑了一笑，隨口說了一句道：「我光聽見你說人
家不好，到底你比別人是怎樣個好法？我總不能把別人一齊趕
掉，單留你一個。況且這大姨太是從前伺候過老太爺、老太太
的。就是去世的太太也很歡喜他。我看死人面上，她就是有不
好，也要擔待她三分。你既然多嫌她，你住後進，她住前院，
你不去見她就是了。」九姨太因為湍制台一向是同她遷就慣的，
忽然今兒幫了別人，這一氣非同小可！不等湍制台說完，早把
眉毛一豎，眼睛一瞪，拿出十指尖尖的手朝著自己的粉嫩香腮，
畢畢拍拍一連打了十幾下子，一頭打，一頭自己罵自己道：
「我知道我這話就說錯了！我是什麼東西，好比得上人家！人
家是伺候過老太爺、老太太的！有功之臣，自然老爺要另眼看
待！既然要拿她抬上天去，橫豎太太死了，為什麼不拿她就扶
了正？我們一齊死了讓她！」

湍制台是吃鴉片的，每位姨太太屋裏都有煙傢伙。九姨太
順手在煙盤裏撈起一盒子鴉片往嘴裏一送，趁勢把身子一歪，
就在地下睏倒了；睏在地下又趁勢打了幾個滾，兩隻手在地下

亂抓，兩隻腳卻蹬在地板上，繃冬繃冬的響；頭上的頭髮也散了，一頭悲翠簪子也蹬成好幾段了；嘴裏還是哭罵不止。湍制台看了這個樣子，又氣又恨又發急：氣的是九姨太有己無人，恨的是九姨太以死訛詐；急的是九姨太吞了鴉片煙，倘若不救，就要七竅流血死的。事到此間，只得勉強捺定性子，請醫生弄了藥來，拿她灌救。誰知一連弄了多少藥，九姨太只是咬定牙關，不肯往嘴裏送。湍制台急得沒法，於是又自己賠小心，拿話騙她說：「把大姨太立刻送回北京老家裏去，不准她在任上。」以為如此，九姨太總可以不尋死了。豈知仍然還自個不開口。自從頭天晚上鬧起，一直鬧到第二天下午四點鐘，看看一周時不差只有三個時辰，過了這三個時辰，便不能救，只好靜等下棺材了。

湍制台被她鬧的早已精疲力倦。一回想到九姨太脾氣不好，不免恨罵兩聲；一回又想到他倆恩情，不免又私自一人落淚。此時房間裏有許多老媽子、丫頭圍住九姨太等死，他一個人卻躺在對過房間床上傷心。正在前思後想，一籌莫展的時候，忽見九姨太的一個貼身大丫頭進房有事。這丫頭年紀二九，很有幾分姿色，女孩兒家到了這等年紀，自然也有了心事。碰著這位湍制台又是個色中餓鬼，無人的時候，見了這丫頭常常有些手腳不穩。這丫頭曉得老爺愛上了她，也不免動了知己之感，但是懼怕九姨太的利害，不敢如何。口雖不言，偶然眼睛一眇，

就傳出無限深情，湍制台是何等樣人，豈有不領略之理。且說此時湍制台見她一人進得房來，頓時把痛恨九姨太的心思全移在她一人身上，便招手將她叫近身邊，借探問九姨太為名，好同她勾搭。當時說過幾句話，湍制台忽然拿嘴朝著對過房間努了兩努，說道：「阿彌陀佛！她這個居然也有死的日子！等她一死，我就拿你補她的缺。你願意不願意？」說著，就伸手要拉這丫頭的手。丫頭見是如此，恐防人來看見，連忙拿手一縮，道：「你等著罷！你當她眼前會死？你再等一百年，她亦不會死的！只怕這種煙吃了下去，她的精神格外好些！」湍制台詫異道：「據你說起來，難道她吃的不是鴉片煙？然而明明白白，我見她在煙盤子裏拿的。你不要胡說，不是鴉片是甚麼？」大丫頭道：「我告訴你，你可不許告訴別人。」湍制台一聽這話，一骨碌從床上爬起，也不下床，就跪在床沿上發咒道：「你同我說的話，我若是同別人說了，叫我不得好死！」大丫頭道：「為了這一點點的事，也不犯著發這大的咒。」湍制台也未聽清，但是一味胡纏，拉著袖子催她快說。

大丫頭道：「不是三個月頭裏九姨太鬧著有喜，說肚子大了起來，老爺喜的甚麼似的，弄了多少藥給她吃，還有一罐子的益母膏，叫她天天拿開水沖著吃的？誰知過了兩個月，九姨太肚子也痛了，又說並不是喜，藥也不吃了，就把剩下來的半罐子益母膏丟在抽屜裏，一直也沒有人問信。齊巧前天收拾抽

屜，把他拿了出來，不料被九姨太瞧見，奪了過去。昨兒九姨太同大姨太鬥了嘴回來，就把個大姨太恨得什麼似的，口說：『一定要老爺打發了大姨太；倘若老爺不肯，我就同他拼命！』後來又說：『我的命沒這們不值錢！我死了，倒等他享福不成！』一面說，一面就找了個小煙盒子，挑了些益母膏在裏頭，原是預備同老爺拼命的。九姨太挑這些益母膏的時候，只有我在跟前。她還囑咐我不准說。所以你老爺發急只是空發急。老實對你說，九姨太是不會死的。」湍制台聽了，方才恍然大悟，說：「這賤人如此可惡！原來是裝死，訛詐我的！」還要同大丫頭說什麼，大丫頭已經掙脫身子，說聲「有事」，去了。湍制台只得眼巴巴望她出去，又生了一回悶氣。曉得九姨太是裝死，索性不去理她，一個人到外面去了。

這裏九姨太見湍制台不來理她，只道老爺見她不肯吃藥，無法施救，索性死心塌地避了出去。弄得事情不能收篷，自己懊悔不迭，卻不料大丫頭有背後一番言語。想來想去，今日之事總無下場。等了半天，老爺仍無音信。看看一周時已到，到時不死，反被人拿住破綻。於是躊躇了半天，只得自己裝作噁心，乾吊了半天，哇的一口，吐出些白沫，旁邊看守她的人都說：「好了！九姨太把煙吐了出來就不妨事了。」當時老媽三五個，一個捶背，一個揉胸，又有一個拿飯湯，又有一個倒開水，鬧得七手八腳，煙霧騰天。又聽得九姨太哇的一聲，把方

才吃的飯湯也吐了出來。自己反說道：「我吞了生煙，等我自己死，豈不很好！何必一定要救我回來，做人家的眼中釘，肉中刺！」說著，又嗚嗚咽咽哭起來了。大眾見九姨太回醒轉來，立刻著人報信給老爺。老媽子又拿了一把笤帚把他吐的東西掃了出去。誰知吐的全是水，一些煙氣都沒有。

卻說湍制台到前面簽押房裏坐了一回，不覺神思困倦，歪在床上，朦朧睡去。正在又濃又甜的時候，不提防那個不解事的老婆子，因九姨太回醒過來，前來報信，倏起把湍制台驚醒，恨的湍制台把老婆子罵了兩句，又說什麼：「我早曉得她不會死的，要你們大驚小怪！」老婆子討了沒趣，只得趔趄著退到後面。

九姨太便從這日起，借病為名，一連十幾天不出房門。湍制台亦發脾氣，一連十幾天止轅，沒有見客，卻也不到上房。畢竟九姨太自己詐死，賊人心虛，這幾天內反比前頭安穩了許多。不在話下。單說湍制台自從聽了大丫頭的話，從此便不把九姨太放在心上，卻一心想哄騙這大丫頭上手。無奈大丫頭懼怕九姨太，不敢造次。湍制台亦恐怕因此家庭之間越發攪得不安，於是亦只得罷手。但是自從九姨太失寵之後，眼前的幾位姨太太都不在他心上，不免終日無精打采，悶悶不樂。

　　合當他色運享通，這幾天止衙門不見客，他為一省之主，一舉一動，做屬員的都刻刻留心，便有一位候補知縣，姓過名翹，打聽得制台所以止轅之故，原來為此。這人本是有家，到省雖不多年，卻是善於鑽營，為此中第一能手。他既得此消息，並不通知別人，亦不合人商量。從漢口到上海只有三天多路，一水可通。他便請了一個月的假，帶了一萬多銀子，面子上說到上海消遣，其實是暗中物色人材。一耍耍了二十來天，並無所遇。看看限期將滿，遂打電報叫湖北公館替他又續了二十天的假。四處託人，才化了八百洋錢從蘇州買到一個女人帶回上海。過老爺意思說：「孝敬上司，至少一對起碼。」然而上海堂子裏看來看去都不中意。後首有人薦了一局，跟局的是個大姐，名字叫迷齊眼小腳阿毛，面孔雖然生得肥胖，卻是眉眼傳情，異常流動。過老爺一見大喜，著實在她家報效，同這迷齊眼小腳阿毛訂了相知。有天阿毛到過老爺棧房裏玩耍，看見了蘇州買的女人，阿毛還當是過老爺的家眷。後首說來說去，才說明是替湖北制台討的姨太太。這話傳到阿毛娘的耳朵裏，著實羨慕，說：「別人家勿曉得阿是前世修來路！」過老爺道：「只要你願意，我就把你們毛官討了去，也送給制台做姨太太，可好？」阿毛的娘還未開口，過老爺已被阿毛一把拉住辮子，狠狠的打了兩下嘴巴，說道：「倪是要搭耐軋姘頭格，倪勿做啥制台格小老媽！」又過了兩天，倒是阿毛的娘做媒，把她外甥女，也是做大姐，名字叫阿土的說給了過老爺。過老爺看過，

甚是對眼。阿毛的娘說道：「倪外甥男魚才好格，不過腳大點。」過老爺也打著強蘇白說道：「不要緊格。制台是旗人，大腳是看慣格。」就問要多少錢。阿毛的娘說：「俚有男人格，現在搭俚男人了斷，連一應使費才勒海，一共要耐一千二百塊洋錢。」過老爺一口應允。將日人錢兩交。又過了幾天。過老爺見事辦妥，所費不多，甚是歡喜。又化了幾千銀子製辦衣飾，把他二人打扮得煥然一新，又買了些別的禮物。諸事停當，方寫了江裕輪船的官艙，徑回湖北。

恰巧領憑到省的湖北候補道唐二亂子剛在上海玩夠了，也包了這隻船的大餐間一同到省。這唐二亂子的管家同過老爺的管家都是山東同鄉，彼此談起各人主人的官階事業。唐二亂子的管家回來告訴了主人，竟說過大老爺替湖北制台接家眷來的。唐二亂子初入仕途，惟恐禮節不周，也不問青紅皂白，立刻叫管家拿了手本，到官艙裏替憲太太請安，又說：「如果憲太太在官艙裏住的不舒服，情願把大餐間奉讓。」過大老爺一看手本，細問自己的管家，才曉得大餐間住的是原來湖北本省的上司，也只得拿了手本過來稟見。彼此會面，唐二亂子估量他一定同制台非親即故，見面之後，異常客氣。又問：「憲太太幾時到的上海？」過老爺正想靠此虛火，便不同唐二亂子說真話，但說得一聲「同來的不是制台大太太，乃是兩位姨太太」。唐二亂子道：「大太太、姨太太，都是一樣的，不妨就請過來住。

兄弟是吃煙人，到官艙裏倒反便當些。」後來過老爺執定不肯，方始甘休。

　　唐二亂子因過老爺能夠替制台接家眷，這個分兒一定不小，所以拿他十分看重。過老爺也因為他是本省道台，將來總有仰仗之處，所以也竭力的還他下屬禮制。在路非止一日。一日到了漢口，擺過了江，唐二亂子自去尋覓公館不題。

　　且說過老爺帶了兩個女人先回到自己家中，把他太太住的正屋騰了出來讓兩位候補姨太太居住。制台跟前文巡捕，有個是他拜把子的，靠他做了內線，又重重的送了一分上海禮物，託他趁空把這話回了制台。這兩月湍制台正因身旁沒有一個隨心的人，心上頗不高興；一聽這話，豈有不樂之理，忙說：「多少身價？由我這裏還他。」巡捕回道：「這是過令竭誠報效的，非但身價不敢領，就是衣服首飾，統通由過令製辦齊全，送了進來。」湍制台聽了，皺著眉頭道：「他化的錢不少罷？」巡捕道：「兩三萬銀子過令還報效得起。他在大帥手下當差，大帥要栽培他，那裏不栽培他。他就再報效些，算得甚麼。只要大帥肯賞收，他就快活死了！就請大帥吩咐個吉日好接進來。」湍制台道：「看什麼日子！今兒晚上抬進來就是了。」從前湍制台娶第十位姨太太的時候，九姨太正在紅頭上，尋死覓活，著實鬧了一大陣，有半年多沒有平復。這回的事情原是

她自己不好，湍制台因此也就公然無忌，倏地一添就添了兩位。九姨太竟其無可如何，有氣癟在肚裏，只好罵自己用的丫頭、老媽出氣。湍制台亦不理她。

過老爺孝敬的這兩位姨太太：蘇州買的一位，年紀大些，人亦忠厚些，就排行做第十一，阿土排行第十二。阿土年紀小雖小，心眼極多。進得衙門，不得半月，一來是她自己留心，二來也是湍制台枕上的教導，居然一應賣差賣缺，弄銀子的機關，就明白了一大半。此時她初到，人家還不拿她放在眼裏。除了過老爺之外，她亦並無第二個恩人，因此便一心只想報答這過老爺的好處。此時湍制台感激過老爺送妾之情，已經委他辦理文案，又兼了別處兩個差使，暫時敷衍，隨後出有優差美缺，再行調劑。過老爺倒也安之若素。卻不料這第十二姨太太，每到無事的時候，便在這些姊妹當中套問人家：「我們做姨太太的，一年到頭到底有多少進項？」就有人告訴她，從前只有九姨太有些，脫天漏網的事做的頂多，銀子少了不要，至少五百起碼，以及幾千幾萬不等。她因此便有心籠絡九姨太，好學九姨太的本事。九姨太此時是失寵之人，見了這兩位新的，自然生氣。等到阿土前來敷衍她，卻又把她喜的了不得。畢竟性子爽直，一個不留心，又把自己的生平所作所為，統通告訴了阿土。阿土大喜，趁空就在湍制臺面前試演起來。頭一個是替過老爺要缺，而且要一個上等好缺。湍制台情面難卻，第二天

118

就把話傳給了藩台，不到三天，牌已掛出去了。

過老爺自從進來當文案，合衙門上下，不到半個月，統通被他溜熟，又結交了制台一個貼身小二爺做內線，常常到十二姨太跟前通個信。此番得缺，就託小二爺暗地送了十二姨太五千銀子的妝敬，小二爺經手在外，言明只要有缺，每年加送若干銀子。這便是十二姨太開門第一樁賣買。十二姨太見這宗賣買做得得意，等到過老爺上任去後，又把衙門裏的委員以及門政大爺勾通了好幾位，只要圖得溏制台心上歡喜，言聽計從，他們便好從中行事。

此時唐二亂子到省已將一月，照例的文章都已做過。但他是初到省的人員，兩眼墨黑，他不認得上司，上司也不認得他。彼此雖然見過一面，不過旅進旅退，上司亦未必就有他在心上。所以凡是初到省的人，要得到一個差使，若非另有腳路，竟比登天還難！還虧他胸無主宰，最愛結交。自從路上認得了過老爺，到省之後，他倆便時常來往。但吃虧頭一個月過老爺自己的事情還沒有著落，如何能夠替人家說話，好容易熬到十二姨太把過老爺事情弄好，但又是要出赴外任，不能常在省城。等到稟辭的前兩天，唐二亂子在寓處備了酒席替他餞行。話到投機，過老爺就把溏制台貼身小二爺這條門路說給了唐二亂子，自己又替他從中湊合。自此，唐二亂子有些內線，只要不惜銀

錢，差使自然唾手可得。況兼這十二姨太精明強幹，不上兩月，

便把全套本領統通學會，無錢不要，無事不為，真要算得一女

中豪傑了。要知所為之事，且聽下回分解。

第三十七回　繳憲帖老父託人情　補劄稿寵姬打官話

　　話說湖北湍制台從前曾做過雲南臬司，彼時做雲南藩司的乃是一個漢人，姓劉，名進吉。他二人氣味相投，又為同在一省做官，於是兩人就換了帖，拜了把兄弟。後來湍制台官運亨通，從雲南臬司任上就升了貴州藩司，又調任江甯藩司，升江蘇巡撫；不上兩年，又升湖廣總督，真正是一帆風順，再要升得快亦沒有了。劉進吉到底吃了漢人的虧，一任雲南藩司就做了十一年半，一直沒有調動。到了第十二年的下半年，才把他調了湖南藩司，正受湖廣總督管轄。官場的規矩：從前把兄弟一朝做了堂屬，是要繳帖的。劉藩司陛見進京，路過武昌，就把從前湍制台同他換的那副帖子找了出來，拿了紅封套套好，等到上衙門的時候，交代了巡捕官，說是繳還憲帖。巡捕官拿了進去。湍制台先看手本，曉得是他到了，連忙叫「請」。巡捕官又把繳帖的話回明。湍制台偏要拉交情，便道：「我同劉大人交非泛泛。你去同他說，若論皇上家的公事，我亦不能不公辦；至於這帖子，他一定要還我，我卻不敢當。總而言之：我們私底下見面，總還是把兄弟。」巡捕官遵諭，傳話出來。劉藩司無奈，只得受了憲帖，跟著手本上去。見面之後，無非

先行他的官禮。湍制台異常親熱。劉藩台年紀大，湍制台年紀小，所以湍制台竟其口口聲聲稱劉藩台為大哥，自己稱小弟。

劉藩台一直當他是真念交情，便把繳帖的話亦不再提了。在武昌住了五日，湍制台又請他吃過飯。接著稟辭過江，坐了輪船徑到上海，又換船到天津，然後搭了火車進京。藩、臬大員照例是要宮門請安的；召見下來，又赴各位軍機大臣處稟安。一連在京城應酬了半個月。他乃是一個古板人，從不曉得什麼叫做走門路，所以上頭仍舊叫他回任。等到請訓後，仍由原道出京。二次路過武昌，湍制台同他還是很要好，留住了幾天，方才赴長沙上任。

無奈劉藩台是個上了年紀的人，素來身體生得又高又胖。到任不及三月，有天萬壽〔註：皇帝的生日。〕，跟了撫台拜牌〔註：牌，萬歲的龍牌、皇帝生日，外省的督、撫官員要率領眾官員向龍牌行禮朝賀。〕，磕頭起來，一個不留心，人家踏住了他的衣角，害得他跌了一個筋斗。誰知這一跌，竟其跌得中了風了，當時就嘴眼歪斜，口吐白沫。撫台一見大驚，立刻就叫人把他抱在轎子裏頭，送回藩台衙門。他有個大少爺，是捐的湖北候補道，此時正進京引見，不在跟著。衙門裏只有兩個姨太太，幾個小少爺，一個大少奶奶，兩個孫女兒。一見他老人家中了風，合衙門上下都驚慌了，立刻打電報給大少爺。

大少爺得到電報，幸虧其時引見已完，立刻起身出京，到了武昌也沒有稟到就趕回長沙老人家任上來了。此時他父親劉藩台接連換了七八個醫生，前後吃過二十幾劑藥，居然神志漸清，不過身子虛弱，不能用心。當時就託撫台替他請了一個月的假，以便將養。誰知一月之後，還不能出來辦事。他心下思量：「自己已有這們一把年紀，兒子亦經出仕，做了二三十年的官，銀子亦有了。古人說得好：『急流勇退。』我如今很可以回家享福了，何必再在外頭吃辛吃苦替兒孫作馬牛呢。」主意打定，便上了一個稟帖給撫台，託撫台替他告病。撫台念他是老資格，一切公事都還在行，起先還照例留過他兩次，後來見他一定要告退，也只得隨他了。摺子上去，批了下來，是沒有不准的。一面先由巡撫派人署理，以便他好交卸。交卸之後，又在長沙住了些時。常言道：「無官一身輕。」劉藩台此時卻有此等光景。

閒話少敘。且說他大少爺號叫劉頤伯，因見老人家病體漸愈，他乃引見到省的人，是有憑限的，連忙先叩別了老太爺，徑赴武昌稟到。臨走的時候，劉藩台自恃同湍制台有舊，便寫了一封書信交給頤伯轉呈湍制台，無非是託他照應兒子的意思。自己說明暫住長沙，等到兒子得有差使，即行迎養。當時分派已定，然後頤伯起身。等到到了武昌，見過制台，呈上書信，湍制台問長問短，異常關切。官場上的人最妒忌不過的，因見

制台向劉頤伯如此關切，大家齊說：「劉某人不久一定就要得差使的。」就是劉頤伯自己亦以為靠著老太爺的交情，大小總有個事情當當，不會久賦閑的。那知一等等了三個月，制台見面總是很要好，提到「差使」二字，卻是沒得下文。劉頤伯亦託過藩台替他吹噓過。湍制台說：「一來誰不曉得我同他老人家是把兄弟，二來劉道年紀還輕，等他閱歷閱歷再派他事情，人家就不會說我閒話了。」藩台出來把話傳給了劉頤伯，亦無可如何。

又過了些時，長沙來信，說老太爺在長沙住的氣悶，要到武昌來走走。劉頤伯只好打發家人去接。誰知老太爺動身的頭天晚上，公館裏廚子做菜，掉了個火在柴堆上，就此燒了起來。自上燈時候燒起，一直燒到第二天大天白亮，足足燒了兩條街。這劉進吉一世的宦囊全被火神收去，好容易把一家大小救了出來。當火旺的時候，劉進吉一直要往火裏跳，說：「我這條老命也不要了！」幸虧一個小兒子，兩三個管家拿他拉牢的。這火整整燒了一夜，合城文武官員帶領兵役整整救了一夜。連撫台都親自出來看火。當下一眾官員打聽得前任藩台劉大人被燒，便由首縣出來替他設法安置：另外替他賃所房子，暫時住下；衣服伙食都是首縣備辦的。到底撫台念舊，首先送他一百銀子。合城的官一見撫台尚且如此，於是大家湊攏，亦送了有個七八百金。無奈劉進吉是上了歲數的人，禁不起這一嚇一急，老毛

病又發作了。

起火之後，曾有電報到武昌通知劉頤伯。等到劉頤伯趕到，他老人家早已病得人事不知了。後來好容易找到前頭替他看的那個醫生，吃了幾帖藥，方才慢慢的回醒轉來。又將養了半個月，漸漸能夠起來，便吵著要離開長沙。兒子無奈，只得又湊了盤川，率領家眷，伺候老太爺同到武昌。此時老頭子還以為制台湍某人是我的把弟，如今老把兄落了難，他斷無坐視之理。一到武昌，就坐了轎子，拄了拐杖，上制台衙門求見。他此時是不做官的人了，自己以為可以脫略形骸，不必再拘官禮，見面之後，滿嘴「愚兄老弟」，人家聽了甚是親熱，豈知制台心上大不為然。見了面雖然是你兄我弟，留茶留飯，無奈等到出了差使，總輪劉頤伯不著。

有天劉進吉急了，見了湍制台，說起兒子的差使。湍制台道：「實不相瞞，咱倆把兄弟誰不曉得。世兄到省未及一年，小點事情委了他，對你老哥不起，要說著名的優差，又恐怕旁人說話。這個苦衷，你老哥不體諒我，誰體諒我呢。老哥儘管放心，將來世兄的事情，總在小弟身上就是了。」劉進吉無奈，只好隱忍回家。

後來還是同寅當中向劉頤伯說起，方曉得湍制台的為人最

是講究禮節的。劉進吉第一次到武昌，沒有繳回憲帖，心上已經一個不高興，等到劉頤伯到省，誰知道他的號這個「頤」字，又犯了湍制台祖老太爺的名諱下一個字：因此二事，常覺耿耿於心。湍制台有天同藩台說：「劉某人的號重了我們祖老太爺一個字，兄弟見了面，甚是不好稱呼。」湍制台說這句話，原是想要他改號的意思。不料這位藩台是個馬馬糊糊的，聽過之後也就忘記，並沒有同劉頤伯講起。劉頤伯一直不曉得，所以未曾改換。湍制台還道他有心違抗，心上愈覺不高興。

等到劉頤伯打聽了出來，回來告訴了老太爺。老太爺聽了，自不免又生了一回暗氣。但是為兒子差使起見，又不敢不遵辦。不過所有的東西早被長沙一把天火都收了去，什麼值錢的東西都搶不出，那個還顧這副帖子。劉進吉見帖子找不著，心上發急。幸虧劉頤伯明白，曉得湍制台一個字不會寫，這帖子一定是文案委員代筆的。現在只需託個人把他的三代履歷抄出來，照樣謄上一張，只要是他的三代履歷，他好說不收。」劉進吉聽了兒子的話，想想沒法，只好照辦。卻巧文案上有位陸老爺，是劉頤伯的同鄉，常常到公館裏來的，劉頤伯便託了他。陸老爺道：「容易得很，制軍的履歷，卑職統通曉得。新近還同荊州將軍換了一副帖，也是卑職寫的。大人只要把老大人同他換帖的年分記清，不要把年紀寫錯，那是頂要緊的。」劉頤伯喜之不盡，立刻問過老太爺，把某年換帖的話告訴了陸老爺。陸

老爺回去，自己又賠了一付大紅全帖，用恭楷寫好了，送了過來。劉頤伯受了，送給老太爺過目。老太爺道：「只要三代名字不錯就是了，其餘的字只怕他還有一半不認得哩。」劉頤伯卻又自己改了一個號，叫做期伯，不叫頤伯了。次日一早，爺子二人一同上院，老子繳還憲帖，兒子稟明改號。當由巡捕官進內回明。湍制台接到帖子，笑了一笑，也不說什麼，也不叫請見。巡捕官站了一回無可說得，只得出來替制台說了一聲「道乏」，父子二人悵悵而回。

　　因為臬台為人還明白些，並且同制台交情還好，到了次日，劉期伯便去見臬台，申明老人家繳帖，並自己改號的意思，順便託臬台代為吹噓。臬台滿口應允。次日上院，見了湍制台，照話敘了一遍。湍制台笑著說道：「從前他少君不在我手下，他不還我這副帖子倒也罷了，如今既然在我手下當差，被人家說起，我同某人把兄弟，我照應他的兒子，這個名聲可擔不起！所以他這回來還帖子，我卻不同他客氣了。至於他們少君的號犯了我們先祖的諱，吾兄是知道的。我們在旗，頂講究的是這回事。他同兄弟在一省做官，保不住彼此見面，總有個稱呼，他如果不改，叫兄弟稱他什麼呢？他既然『過而能改』，兄弟亦就『既往不咎』了。」臬台接著說：「劉道老太爺年紀大了，一身的病，家累又重得很，自遭『回祿』之後，家產一無所有。劉道到省亦有好幾個月了，總求大帥看他老人家分上，賞他一

個好點的差使，等他老太爺也好借此養老。」湍制台道：「這還用說嗎，我同他是個什麼交情！你去同他講，他的兒子就是我的兒子，叫他放心就是了。」桌台下來回覆了劉期伯。不在話下。

且說湍制台過了兩天，果然傳見劉期伯，見面先問：「老人家近來身體可好？」著實關切。後來提到差使一事，湍制台便同他說道：「銀元局也是我們湖北數一數二的差使了，衛某人當了兩年，也不曉得他是怎麼弄的，現在丁憂下來，聽說還虧空二萬多。今兒早上託了藩台來同我說，想要後任替他彌補。老實說：我同衛某人也沒有這個交情，不過看徐中堂面上，所以才委他這個差使。現在你老哥可能答應下來，替他彌補這個虧空不能？」

劉期伯一想：「這明明是問我能夠替他擔虧空，才把這事委我的意思。我想銀元局乃是著名的優差，聽說弄得好，一年可得二三十萬。果然如此，這頭二萬銀了算得什麼，不如且答應了他。等到差使到手，果然有這許多進項，我也不在乎此，倘若進款有限，將來還好指望他調劑一個好點的差使。」主意打定，便回道：「蒙大帥的栽培。衛道的這點虧空，不消大帥費得心，職道自當替他設法彌補。」湍制台道：「你能替他彌補，那就好極了。」劉期伯又請安謝過。等到退出，告訴了老

太爺，自然闔家歡喜。

　　誰知過了兩天，委劄還未下來。劉期伯又託了桌台進去問信。湍制台道：「前天我不過問問他，能否還有這個力量籌畫一二萬金借給衛某人彌補虧空。他說能夠，足見他光景還好，一時並不等什麼差使。所以這銀元局事情，兄弟已經委了胡道胡某人了。」桌台又說：「劉道自己倒不要緊，一個年紀還輕，就是閱歷兩年再得差使，並不為晚；二則像大帥這樣的公正廉明，做屬員的人，只要自己謹慎小心，安分守己，還愁將來不得差缺嗎。所以這個銀元局得與不得，劉道甚為坦然。不過他老太爺年紀太大了，總盼望兒子能夠得一個差使，等他老頭子看著好放心。司裏所以肯來替他求，就是這個意思。」湍制台一聽桌台的話，頗為入耳，便道：「既然如此，釐金會辦現要委人，不妨就先委了他。等有什麼好點的差使出來，我再替他對付罷。」桌台出來通知劉期伯。劉期伯雖然滿肚皮不願意，也就無可如何。只等奉到劄子，第二天照例上院謝委，自去到差不題。

　　且說湍制台所說委辦銀元局的胡道，你道何人？他的老底子卻江西的富商。到他老人家手裏，已經不及從前，然而還有幾十萬銀子的產業，等到這胡道當了家，生意一年年的失本下來，漸漸的有點支不住。因見做官的利息尚好，便把產業一概

並歸別人，自己捐了個道台，來到湖北候補。候補了幾年，並沒得什麼差使。他又是舒服慣的，來到湖北候補。平時用度極大，看看只有出，沒有進，任你有多大家私，也只有日少一日。後來他自己也急了，便去同朋友們商量。就有同他知己的勸他走門路，送錢給制台用，將本就利，小往大來，那是再要靈驗沒有。胡道台亦深以為然。當時就託人替他走了一位折奏師爺的門路，先送制台二萬兩，指名要銀元局總辦；接差之後再送一萬；以後倘若留辦，每一年認送二萬。另外又送這位折奏師爺八千兩，以作酬勞。三面言明，只等過付。

　　卻不料這個檔口，正是上文所說的那位過老爺得缺赴任，因為使過唐二亂子的錢，便把湍制台貼身跟班小二爺的這條門路說給了唐二亂子，又替他二人介紹了。這小二爺年紀雖小，只因制台聽他說話，權柄卻著實來得大，合衙門的人都聽他指揮。而且這小二爺專會看風色，各位姨太太都不巴結，單巴結十二姨太。十二姨太正想有這們一個人好做他的聯手，故爾他倆竟其串通一氣，只瞞湍制台一人。此時省裏候補的人，因走小二爺門路得法的，著實不少。唐二亂子到省不久，並不曉得那個差使好，那個差使不好。人家見他朝天搗亂，也沒有人肯拿真話告訴他。至於他的為人，外面雖然搗亂，心上並非不知巴結向上。瞧著一班紅道台，天天跟著兩司上院見制台，見撫台；院上下來便是什麼局什麼局，局裏一樣有般官小的人，拿

他當上司奉承。每逢出門，一樣是戈什親兵，呼么喝六。看了好不眼熱。空閒之時，便走來同二爺商量，想要弄個闊點事情當當。此時十二姨太正在招權納賄的時候，小二爺替他出力，便囑咐唐二亂子，叫他一共拿出二萬五千兩，包他銀元局一定到手。初起唐二亂子還不曉得銀元局有多少進項，聽小二爺一說，嚇的把舌頭一伸，幾乎縮不進去。回家之後，又去請教過旁人，果然不錯，便一心一意拿出銀子託小二爺替他走這條門路。

誰知這邊才說停當，那邊姓胡的亦恰恰同折奏師爺議妥，只等下委劄，付銀子了。小二爺一聽不妙，一面先把外頭壓住，叫外頭不要送稿，聽他的消息。他此時正是氣焰熏天，沒有人敢違拗的。一面進來同十二姨太打主意，想計策。議論了半天，畢竟十二姨太有才情，便道如此如此，這般這般：「只等今天晚上，老爺進房之後，看我眼色行事。」小二爺會意，答應著自去安排去了。

且說這天湍制台做成了一注賣買，頗覺怡然自得，專候銀劄兩交。於是制台催師爺，師爺催門上，說明天當送稿，次日下劄。不料催了幾次，一直等到天黑。外頭還沒送稿。畢竟制台公事多，一天到晚忙個不了，又不能專在這上頭用心，橫豎銀子是現成的，偶然想起，催上一二次也就算了。到了晚上，

公事停當，這兩個月只有十二姨太頂得寵，湍制台是一天離不開的，是夜仍然到她房中。坐定之後，想起日間之事，還罵門上公事不上緊的辦：「吃中飯的時候就叫送稿，頂如今還不送來，真正豈有此理！」一言未了，小二爺忙在門外答應一聲道：「怎麼還不送來！等小的催去。」說罷，登登登的一氣跑出去了。

不多一會，果見小二爺帶了一個門上進來，呈上公事。湍制台看見，還罵門上，問他：「白天幹的什麼事！如今趕晚上才送來！」說罷，就在洋燈底下把稿看了一遍。正要舉起筆來填注胡道台的名字，說時遲，那時快，只見十二姨太倏地離坐，趕上前來，一個巴掌把湍制台手中之筆打落在地。湍制台忙問：「怎的？」十二姨太也不答言，但說：「現在什麼時候，那裏來的大蚊子！」湍制台方曉得十二姨太打他一下，原來是替他趕蚊子的，於是叫人舉火照地替他尋筆。

趁這檔口，十二姨太便問：「什麼公事這等要緊？要寫什麼，不好等到明天到簽押房裏去寫？」湍制台忙道：「為的是一件要緊事。」十二姨太道：「什麼事？」湍制台道：「你女人家問他做甚麼？我為的是公事，說了你也不曉得。」十二姨太道：「我偏要曉得曉得。」湍制台道：「告訴你亦不要緊，為要委一個人差使。」十二姨太道：「什麼差使不好明天委，

等不及就在今天這一夜?」湍制台道:「為著有個講究,所以一定要今天委定。」十二姨太道:「到底什麼差使?你要委那一個?你不告訴我,我不依!」湍制台道:「你這人真正麻煩!我委人差使,也用著你來管我嗎?我就告訴你:只為著我們省城裏鑄洋錢的銀元局,前頭的總辦丁艱,如今要委人接他的手。」十二姨太搶著說道:「你要委那一個?」湍制台道:「我要委一個姓胡的,他是個道台。」十二姨太道:「慢著。我有一個人要委,這人姓唐,也是個道台。這個差使你替我給了姓唐的,不要給姓胡的了!等一回再出了什麼好差使再委姓胡的。你說好不好?」湍制台道:「呀呀乎!派差使也是你們女人可以管得的!你說的姓唐的我知道,這個人是有名的唐二亂子,這等差使派了這樣人去當也好了!我定歸不答應,你快別鬧了!把筆拾起來,等我畫稿。連夜還要謄了出來,明兒早上用了印,標過朱,才好發下去,等人家也好早點到差。」

十二姨太見制台不答應她的話,登時柳眉雙豎,桃眼圓睜,筆也不尋了,這個老虎勢,就望湍制台懷裏撲了過來;撲到湍制台懷裏,就拿個頭往湍制台夾肢窩裏直躺下去。湍制台一向是拿她寵慣的,見了這樣,想要發作兩句,無奈發作不出,只得皺著眉頭,說道:「你要委別人,我不願意,你也不能朝著我這個樣子。究竟這個官是我做的,怎麼能被你作了主意?」十二姨太道:「我要委姓唐的,你不委,我就不答應!」說著,

順手拿過一隻花碗來就往地下順手一摔，豁琅一聲響，早已變為好幾爿了。跟手又要再摔別的東西。湍制台道：「我不委姓唐的，這又何苦拿東西來出氣？」話猶未了，十二姨太忽伸手到桌子上，把剛才送進來的那張稿，早已嗤的一聲，撕成兩爿了。湍制台道：「這更不成句話了！這是公事，怎麼好撕的！」十二姨太也不理他，一味撒妖撒癡，要委姓唐的。他倆的抖嘴吵鬧，小二爺都在旁邊看的明明白白。等到看見十二姨太把公事撕掉，便朝送公事進來的那個門上努努嘴，說了聲「你先出去，明兒快照樣再補張進來。」小二爺進來把筆拾起，也就跟手出去。

十二姨太見門上及小二爺都出去，便又換了一副神情，弄得湍制台不曉得拿她怎樣才好。一回十二姨太要湍制台把這銀元局的事情說給她聽；一回又要湍制台拿手把住她的手寫字與她看；一回又問唐二亂子的名字怎樣寫。湍制台道：「你要委他差使，怎麼連他的名字都不會寫？」十二姨太拿眼睛一瞅，道：「我會寫字，我早搶過來把稿畫好，也不用你費心了。」湍制台無奈，只得寫給她看。十二姨太又嫌寫的不清爽，要寫真字，不要帶草。說著，便把方才撕破的那件送進來的稿，撿了個無字的地方，叫湍制台拿筆寫給他看。湍制台一見是張破紙，果然把唐二亂子的名字一筆筆的寫了出來。

十二姨太等他寫完，便說：「曉得了，不用你寫了，時候不早，我們睡罷。」湍制台巴不得一聲，立刻寬衣上床。十二姨太順手把撕破的字紙以及湍制台寫的字，團作一團，一齊往抽屜裏一放，又把洋燈旋暗。湍制台並不留意。等到睡下，兩個人又咕唧了一回。歇了半天，湍制台沉沉睡去。十二姨太聽了聽，房中並無聲息，便輕輕的披衣下床，走到桌子邊，仍把洋燈旋亮，輕輕從抽屜中取出那團字紙，在燈光底下，仍舊把他弄舒攤了，一張張攤在桌上。好在一張紙分為兩爿，漿子現成，是容易補的，便另取了一條紙，從裂縫處在後面用漿子貼好，翻過來一看，仍舊完完全全一張公事。唐某人三個字的名字，又是湍制台自己寫的。十二姨太看了，不勝之喜。此時小二爺早在門外伺候好的，從門簾縫裏見十二姨太諸事停當，亦輕輕的掀簾進來。十二姨太便將公事交在他的手中，把嘴一努，小二爺會意，立刻躡手躡腳，趕忙出去，連夜辦事不題。這裏十二姨太仍舊寬衣上床。湍制台猶自大夢方酣，睡得好死人一般，毫無知覺。

　　一宵易過，容易天明。湍制台起身下床，十二姨太裝著未醒。湍制台也不叫他，獨自一人洗面漱口，吃早點心，自然另有丫環、老媽承值。點心剛吃到一半，忽見外面傳進一個手本，就是新委銀元局總辦唐某人在外候著謝委。湍制台聽說，楞了一回，問道：「誰來謝委？」外面門上回稱：「候補道唐某人

謝委。」制台詫異道：「委的什麼差使？可是撫台委的？何以撫台並沒咨會我？」門上回道：「就是才委的銀元局。」湍制台更為詫異，連點心都不吃了，筷子一放，說道：「我並沒有委他，是誰委的？」拿手本的門上笑而不答，湍制台更摸不著頭路。

　　正相持間，忽見十二姨太一骨碌從床上坐起，一手揉眼睛，一面問道：「什麼事？」湍制台道：「不是你昨兒晚上要給唐某人銀元局嗎？一夜一過，他已經來謝委了，你說奇怪不奇怪！」十二姨太把臉一板道：「我當作什麼事，原來這個！有什麼稀奇的！」湍制台愈覺不解，說道：「你的話我不懂！」十二姨太冷笑道：「自家做的事，還有什麼不懂的。你不委他，他怎麼敢來冒充？」湍制台道：「我何曾委他？」十二姨太道：「昨天的稿是誰填的姓唐的名字？」湍制台道：「我何曾填姓唐的名字？」十二姨太道：「呸！自家做事，竟忘記掉了！不是你寫了一個是草字，我不認得，你又趕著寫一個真字的給我瞧嗎？就是那個！」湍制台道：「那不是拉破的紙嗎？」十二姨太道：「實不相瞞：等你睡著之後，我已經拿他補好了。兩點鐘補好，三點鐘發譽，四點鐘用印過朱，頂五點鐘已經送到姓唐的公館裏去了。他接到了劄子，立刻就來謝委，這人辦事看來再至誠沒有。這明明是你自己做的事，怎麼好推頭不曉得！」

一席話說的湍制台嘴上的鬍子一根根的蹺了起來，氣憤憤的道：「你們這些人真正荒唐！真正豈有此理！這些事都好如此胡鬧的！這姓唐的也太不安分了！我一定參他，看他還能夠在那裏當差使！」十二姨太冷笑道：「你要參他的官，我看你還自先參自己罷。『只許州官放火，不許百姓點燈』。你賣缺賣差，也賣的不少了，也好分點生意給我們做做。現在『生米已經做成熟飯』，我看你得好休便好休。你一定要參姓唐的，我就頭一個不答應。等到弄點事情出來，我們總陪得過你。我勸你還是馬馬糊糊的過去，大家不響，心上明白。這個差使，你賣給姓胡的拿他幾個錢，等到姓唐的到差之後，我叫他再找補你一萬銀子就是了。」

湍制台聽了，氣的一個肚皮幾乎脹破，坐著一聲也不響，獨自一個心上思量：「倘若發作起來，畢竟姨太太出賣『風雲雷雨』，於自己的聲名也有礙。何如忍氣吞聲，等他們做過這一遭兒，以後免得說話，而且還有一萬銀子好拿。縱然姓胡的不得銀元局，不肯出前天說的那個數目，另外拿個別的差使給他，他至少一半還得送我。兩邊合攏起來，數目亦差仿不多。罷罷罷，橫豎我不吃虧，也就隨他們去罷。」想了一回，居然臉上的顏色也就和平了許多。拿手本的門上還站在那裏候示。湍制台發怒道：「怎麼等不及！叫他等一回兒，什麼要緊！也

總得等我吃過點心再去會他！」說完了這句，重新舉起筷子把點心吃完，方才洗臉換衣服出去會面。

等他轉背之後，十二姨太指指他對家人們說道：「他自己賣買做慣的，怎麼能夠禁得住別人。以後你們有什麼事情，只管來對我說，我自然有法子擺佈，也不怕他不依！」家人們亦俱含笑不言。自此這十二姨太膽子越弄越大，湍制台竟非他敵手。這是後話不題。

且說湍制台出去見了唐二亂子，面上氣色雖然不好，然而一時實在反不過臉來，只得打官話勉勵他幾句，然後端茶送客。唐二亂子自去到差不題。這裏姓胡的弄了一場空，幸虧預先說明銀劄兩交，所以銀子未曾出手。後來見銀元局委了唐二亂子，不免去找折奏師爺責其言而無信。折奏師爺有冤沒處伸，於是來問東家。此時湍制台又不便說是姨太太所為，只得含糊其詞，遮掩過去。後來又被折奏師爺釘不過，始終委了他一個略次一點的差事，也拿到他一萬多銀子，才把這事過去。以後還有何事，且聽下回分解。

第三十八回　丫姑爺乘龍充快婿　知客僧拉馬認乾娘

卻說湍制台九姨太身邊的那個大丫頭，自見湍制臺屬意於她，她便有心惹草粘花，時向湍制台跟著勾搭。後來忽然又見湍制台從外面收了兩個姨太太，她便曉得自己無分。嗣後遇見了湍制台總是氣的蹺著嘴唇，連正眼也不看湍制台一眼，至於當差使更不用說了。湍制台也因自己已經有了十二個妾；又兼這新收的十二姨太法力高強，能把個湍制台壓伏的服服貼帖，因此也就打斷這個念頭。但是每逢見面，觸起前情，總覺自己於心有愧。又因這大丫頭見了面，一言不發，總是氣憤憤的，更是過意不去。因此這湍制台左右為難，便想早點替她配匹一個年輕貌美，有錢有勢的丈夫；等他們一夫一妻，安穩度日，藉以稍贖前愆。

主意打定，於是先在候補道、府當中，看來看去，不是年紀太大，便是家有正妻，嫁過去一定不能如意；至於同、通、州、縣一班，捐納的流品太雜，科甲班酸氣難當，看了多人，亦不中意。湍制台心中因此甚為悶悶。後來為了一件公事，傳督標各營將官來轅諭話。內有署理本標右營遊擊戴世昌一員，

卻生得面如冠玉，狀貌魁梧，看上去不過三十左右。此時湍制台有心替大丫頭挑選女婿，等到大眾諭話之後，便向他問長問短，著實垂青。幸喜這戴世昌人極聰明，隨機應變。當時湍制台看了，甚為合意。

等到送客之後，當晚單傳中軍副將王占城到內衙簽押房，細問這戴世昌的細底，有無家眷在此。王占城一一稟知，說：「他是上年八月斷弦，目下尚虛中饋。堂上既無二老，膝前子女猶虛。」湍制台一聽大喜，就說：「我看這人相貌非凡，將來一定要闊，我很有心要提拔提拔他。」王占城道：「大帥賞識一定不差。倘蒙憲恩栽培，實是戴遊擊之幸。」湍制台聽了，正想託他做媒，忽然想起：「我一個做制台的人，怎麼管起丫頭們的事來？說出去甚為不雅。」轉念一想：「不好說是丫頭，須改個稱呼，人家便不至於說笑我了。」想了一會，便道：「現在有一事相煩：從前我們大太太去世的前天，曾扶養親戚家的一個女孩子，認為乾女兒，等我們大太太去世，一直便是我這第九個妾照管。如今剛剛十八歲。自古道：『男大須婚，女大須嫁。』雖則是我乾女兒，因我自己並未生養，所以我待他卻同我自己所生的無二。今天我看見戴遊擊甚是中意，又兼老兄說他斷弦之後，還未續娶；如此說來，正是絕好一頭親事。相煩老兄做個媒人，並且同戴遊擊說，他武官沒有錢，不要害怕，將來男女兩家的事，都是我一力承當。」

　　王占城諾諾連聲。出去之後，連夜就把戴世昌請了過來，告訴他這番情由，又連稱「恭喜」，口稱：「吾兄有這種機會，將來前程未可限量。」戴世昌聽了，不禁又喜又驚又怕：喜的是本省制台如今要招他做女婿；驚的是我是個當武官的，怎麼配得上制台千金！轉念一想：「我要同他攀親，這個親事闊雖闊，但是要拿多少錢去配他？」因此心中七上八下，楞了半天，除卻嘻開嘴笑之外，並無他話。王占城懂得他的意思，又把湍制台的美意，什麼男女兩家都歸他一人承當的話說了出來。戴世昌聽了，止不住感激涕零，連連給王占城請安，請他費心。

　　王占城不敢怠慢，次日一早，上轅稟覆制台。稟明之後，湍制台回轉上房，不往別處，一直竟到九姨太房中。此時他老人家久已把九姨太丟在腦後了，今兒忽然見他進來，賽如天上掉下來的寶貝一般。想要前來奉承，一想自己是得過寵的，須要自留身分；如果不去理他，或者此時什麼回心轉意，反恐因此冷了他的心。正在左右為難的時候，湍制台早已坐下，說道：「我今兒來找你，不為別的事情，為著我們上房裏丫頭，年紀大的，留著也要作怪，我想打發掉兩個，眼睛跟前也清楚清楚。你跟前的那個大丫頭，今年年紀也不小了，也很好打發了，你又不缺什麼人用。所以我特地同你說一聲兒。」

　　九姨太起先聽見湍制台要打發他的丫頭，心上老大不自在。要說不遵，怕他著惱；如果依他，為什麼撿著我欺負？尚在躊躇的時候，只聽湍制台又說道：「你的丫頭，我是拿她另眼看待的呢。我替她撿了一個做官的女婿，又是年輕，又是有錢，亦總算對得住她的了。但是一件，既然說是配個做官的，怎麼好說我們的使女？我想來想去，沒有法子，只好說是你的乾女兒。你說好不好？」九姨太本來滿肚皮不願意，後來見說是許給一個做官的，方才把氣平下；又想：「這丫頭果然大了，留在家裏，亦是禍害。倘若再被老爺看上了眼，做了什麼十三姨太，更不得了，不如將機就計，拿她出脫也好。」想完，便道：「我當不起她做我的乾女兒，就說是你的乾女兒罷。」湍制台道：「你我並不分家，你的我的，還不是一樣嗎。」九姨太道：「既然如此，也得叫她出來替你磕個頭。」湍制台道：「這也可不必了。」正說著，九姨太已把大丫頭喚了出來，叫她替老爺磕頭，還要改稱呼。大丫頭扭扭捏捏的替湍制台磕了一個頭，湍制台還了一個半禮，起來又替九姨太行過禮，九姨太便吩咐一應人等都得改稱呼，因她小名喚做寶珠，就稱她為寶小姐。

　　過了兩天，湍制台便催著男家趕緊行聘，叫善後局撥了三千銀子給戴世昌，以作喜事之用，又委了戴世昌兩個差使。此時湍制台因為自己沒有女兒，竟把這大丫頭當作自己親生的一樣看待，也撥三千銀子給九姨太，叫九姨太替她辦嫁裝。有了

錢，樣樣都是現成的。男家看的是十月初二日的吉期。戴世昌特地又租了一座大公館。三天頭裏，請媒人過帖，送衣服首飾，面子上也很下得去。兩位媒人：一位中軍王占城，一位首府康乃芳。到了這一天，一齊穿著公服到制台衙門裏來。湍制台卻是自己沒有出來奉陪，推說自己有公事，叫侄少爺出來陪的。兩個媒人也沒有坐大廳，是在西面花廳另外坐的：這倒是湍制台愛惜聲名的緣故。

且說到了正日，男府中張燈結綵，異常鬧熱。雖然有些人也曉得是制台姨太太跟前用的丫環，但是制台外面總說是亡妻的乾女兒，大家也不肯同他計較，樂得將錯就錯，順勢奉承。還有些官員借此緣由前來送禮，湍制台也樂得撿禮重的任意收下。這場喜事居然也弄到頭兩萬銀子，又做了人家的乾丈人，頗為值得。花轎過去，一切繁文都不必說。到了三朝，寶小姐同了新姑爺來回門。內裏便是九姨太做主人。九姨太自己不曾生養，平空裏有了這個女婿，自然也是歡喜。而且這女婿能言慣道，把個乾丈母娘奉承得什麼似的，因此這九姨太更覺樂不可支。

閒話少敘。單說這戴世昌自從做了總督東床，一來自己年紀輕，閱歷少，二來有了這個靠山，自不免有些趾高氣揚，眼睛內瞧不起同寅。於是這些同寅當中也不免因羨生妒生忌，更

有幾個曉得這寶小姐底細的，言語之間，便不免帶點譏刺。起初戴世昌還不覺著，後來聽得多了，也漸漸的有點詫異，回家便把這話告訴了妻子。寶小姐道：「我的娘是亡過大太太的好姊妹，我才養下來三天，大太太就抱了過來。人家的閒話，有影無形，聽他做甚！」話雖如此說，但是面孔上甚不好看。戴世昌便亦丟過。

　　但是一樣：寶小姐回到衙內，除了湍制台、九姨太認她為乾女兒之外，其他別位姨太太以及侄少爺等還拿她當丫頭看待，不過比起別人略有體面。她亦不敢同這些人並起並坐。她有幾個舊夥伴見了她拿她取笑：一個個都來讓她，請她坐，請她吃茶；一口一聲的稱她為小姐，把她急的什麼似的。十二位姨太太當中，除掉九姨太，自然算十二姨太嘴頂刻毒，見了人一句不讓。自見老爺抬舉九姨太的丫頭，心上很不舒服。一日聽見大眾奉承寶小姐，更把她惱了，便對著自己丫頭連連冷笑道：「什麼小姐！你們只好叫她一聲『丫小姐』，將來你們一個個都有分的。」誰知自從十二姨太這一句話，便是一傳十，十傳百，通衙門都曉得了。有些刻薄的，更指指點點，當著她面拿這話說給她聽，把她氣的了不得，而又無從發作。後來又把這話傳到戴世昌的耳朵裏，心上也覺氣悶，忽念要靠這假泰山的勢力，也只得隱忍不言。

　　這假泰山果有勢力，成親不到三月，便把他補實遊擊。除了尋常差使之外，又派了一隻兵輪委他管帶。人家見他有此腳力，合城文武官員，除掉提、鎮、兩司之外，沒有一個不巴結他的，就有一班候補道也都要仰承他的鼻息。至於內裏這位寶小姐，真正是小人得志，弄得個氣焰熏天，見了戴世昌，喝去呼來，簡直像她的奴才一樣。後來人家走戴世昌的門路，戴世昌又轉走他妻子的門路，替湍制台拉過兩回皮條，一共也有一萬六千銀子。湍制台受了。自此以後，把柄落在這寶小姐手裏，索性撒嬌撒癡，更把這乾爸爸不放在眼裏了。

　　寶小姐有一樣脾氣，是歡喜人家稱呼她「姑奶奶」，不要人家稱她「戴太太」。你道為何？她說稱他「戴太太」，不過是戴大人的妻子，沒有什麼稀罕；稱她「姑奶奶」，方合她制台乾小姐的身分。她常常同人家說：「不是我說句大話：通湖北一省之中，誰家沒有小姐？誰家小姐不出嫁？出了嫁就是姑奶奶。這些姑奶奶當中，那有大過似我的？」她既歡喜奉承，人家也就樂得前來奉承她。有些候補老爺，單走戴世昌的門路不中用，必定又叫自己妻子前來奉承寶小姐。大家是曉得脾氣的，見了面，姑奶奶長，姑奶奶短，叫的應天價響。候補老爺當中，該錢的少，這些太太們同她來往，知道她是闊出身，眼睛眶子是大的，東西少了拿不出手，有些都當了當，買禮送她。

　　當中就有一家太太，他老爺姓瞿，號耐庵。據說是個知縣班子，當過兩年保甲，半年發審，都是苦事情，別的差使卻沒有當過，心上想調一個好點的，就回家同太太商量，要太太走這條門路。太太拿腔做勢，說道：「自古道『做官做官』，是要你們老爺自己做的，我們當太太的只曉得跟著老爺享福，別的事是不管的。」禁不住瞿耐庵左作一揖，右打一恭，幾乎要下跪。太太道：「我要同你講好了價錢，我們再去辦這一回事。」瞿耐庵道：「聽太太吩咐。」太太道：「你得了好事情，一年給我多少錢？」瞿耐庵道：「我同你又不分家，我的就是你的，你的就是我的，這又何用說在前頭呢？」太太道：「不是這樣說。等你有了事，我問你要錢比抽你的筋還難，不如預先說明白了好。」瞿耐庵道：「太太用錢，我何曾敢說一個『不』字；沒有亦是沒法的事。」太太道：「我不曉得你是個什麼差使，多少我不好說，你自己憑良心罷。」瞿耐庵想了半天，才說得一句「一家一半」。太太不等說完，登時柳眉雙豎，杏眼圓睜，喝道：「什麼一家一半！那一半你要留著給誰用？」瞿耐庵連連陪笑道：「留著太太用。——我替你收好著。」太太道：「不用你費心，我自己會收的。」瞿耐庵道：「太太說得是，說得是！」連連屏氣斂息，不敢做聲。太太又吩咐道：「我替你辦事情，我是要化錢的。頭一面，一分禮是不能少的，你想要差使，以後還得時時刻刻去點綴點綴。你現在已經窮的什麼似的，那裏還有錢給我用。無非苦我這副老臉出去向人家

挪借，借不著，自己當當。這筆錢難道就不要還我嗎？」瞿耐
庵道：「應得還！應得還！既然太太如此說法，以後差使上來
的錢，一齊歸太太經管，就是我要用錢，也在太太手裏來討。
你說可好不好？」太太道：「如此也罷了。」當下商量已定，
就想託一個廟裏的和尚做了牽線。

此時寶小姐聲氣廣通，交遊開闊，省城裏除了藩台、糧道
兩家太太之外，所有的太太一齊同她來往。她們這般女朋友竟
比男朋友來得還要熱鬧：今天東家吃酒，明天西家抹牌；一齊
坐著四人大轎，點著官銜燈籠，親兵隨從簇擁著，出出進進，
好不威武。就這裏頭說差使，託人情，在湖北省城裏賽如開了
一爿大字型大小一樣。

寶小姐又愛逛廟宇，所有大大小小的寺院都有她的功德。
譬如寶小姐捐一百塊洋錢，這廟裏的和尚、姑子一定要回送公
館裏管家大爺一分，上房裏老媽、丫環一分，每一分至少也得
十幾塊洋錢。寶小姐進款雖多，無奈出款也不少。就是寶小姐
不願意多出，手下的那些老媽、丫環們也一定要勸她多出。和
尚、姑子還時常到公館裏請安，見了面，拿兩手一合，頭一低，
念一聲「阿彌陀佛」，然後再說聲「請姑奶奶的安」，跟著下
來，就盡性的拿「姑奶奶」奉承。無論有多少的高帽子，寶小
姐都戴得上。寶小姐既向這般人混熟了，以後就天天的往寺院

裏跑，又請那些要好的太太、奶奶們吃素飯。人家見她禮佛拜懺便認她是持齋行善一流，於是人家要回席請她，也只得把她請在廟裏。這個風聲傳了出去，慢慢地那些會鑽門路的人也就一個個的來同和尚、姑子拉攏了。

閒話休敘。且說這武昌省城有名是一座龍華寺。這龍華寺坐落在賓陽門內，乃是個極大叢林，聽說亦有千幾百年的香火了。寺裏居中一座「大雄寶殿」，供的是釋迦牟尼。此外觀音殿、羅漢堂、齋堂、客堂、禪堂、僧房，曲曲彎彎，已經不在少處。另外還有精室，專備接待女客。因為龍華寺是武昌名勝所在，所以合城文武官員，空閒時候都走來隨喜隨喜，就是過往的洲客亦都有慕名來的。寺裏有方丈，是專門只管清修，不問別事，執事的另外有人。頂闊的是知客，專管應酬客人以及同各衙門來往。督、撫、司、道以下，統通認得。凡是當知客和尚：第一要面孔生得好，走到人前不至於討厭；第二要嘴巴會說，見人說人話，見鬼說鬼話，見了官場說官場上的話，見了生意人說生意場中的話，真正要八面圓通，十二分周到，方能當得此任。知客和尚專管知客，不要上殿做佛事。又常常聽見人說起，知客應酬老爺們還容易，最難的是應酬太太們。應酬了老爺、老爺當中不肯化錢的居多；應酬了太太，卻是大把銀子抓給他們用。所以他們趨奉太太競其比趨奉老爺還要來得起勁。這位太太的老爺是什麼人，同誰家是親威，跟著伺候的

人誰拿權誰不拿權，和尚肚皮裏都有詳詳細細的一本帳，說出來是不會錯的。

　　單說這龍華寺裏的知客，法號善哉，是鎮江人氏。自少在金山寺出家，生的眉清目秀，一表非凡，而且人亦能言會道。二十三歲上，因往四川朝山回來，路過武昌，就在這龍華寺內掛單〔註：行腳僧投宿寺院。〕，一連住了幾日。此時龍華寺當家老和尚正苦少個幫手，見他伶俐聰明，討人歡喜，遂寫一封書信給金山寺裏的老和尚，留這善哉和尚在龍華寺裏執事。過了幾個月，當家老和尚見他著實來得，就升他為知客和尚。不上一年，凡是湖北省裏的貴官顯宦，豪賈富商，他沒有一個不認得，而且還沒有一個不同他說得來。他更有一件本事，是這些大人老爺們的太太，尤其沒有一個不喜歡到他寺裏走動。不說別的佈施，單是佛事一項，已經比前頭要多出好幾倍了。他既有此人緣，也就樂得借此替人家拉攏，人家自然不肯叫他白出力的。

　　此時這善哉和尚打聽得寶小姐是制台乾小姐，是湖北第一分闊人，便借捐建水陸功德為名，先送了一分禮物，無非是吃食等類；又送了兩副請帖，暫時不說佈施，只說是「某日開建道場，請戴大人同姑奶奶前往隨喜」。寶小姐是少年性情，聽見有好玩的所在，沒有不趕著去的。善哉和尚又早同戴府管家

聯絡一氣，某日前往，預先送信給他。到了這天，善哉和尚竭力張羅，把寺裏寺外陳設一新。男客所在，分上、中、下三等：上等是提、鎮、司、道以及督、撫衙門的幕友、官親；二等是實缺、候補府班以下人員至首縣止，同著些闊商家，什麼洋行買辦，錢莊匯票等字型大小；三等乃是候補州、縣，以及佐貳各官，同隨常賣買人等。三等地方都另有招呼的人。戴世昌雖是遊擊，因係制台的乾女婿，所以坐了第一等客位。女客所在也分三等，同男客不相上下。善哉和尚卻又另外替寶小姐備了一間精室。這精室之中，特地買了一張外國床，一副新被褥，湖色外國紗帳子，鴨毛枕頭，說是預備姑奶奶歇中覺的。床面前四張外國椅子，一張小小圓臺；圓臺上放著一個小小船合〔註：似船形的合。〕，堆著些蜜餞點心之類，極其精緻，說是預備姑奶奶隨意吃吃的。靠窗一張妝台，脂、粉、鏡奩，梳、篦、金暴花水之類，亦都全備，又道是預備姑奶奶或是覺後或是飯後重新梳妝用的。床後頭還有馬桶一個。寶小姐有了這個好地方，又加以和尚竭力趨奉，比書上說的「先意承志」，做人家兒子的也沒有這樣孝順。

寶小姐來的多了，外頭的名聲也大了，就有些想走門路的鑽頭覓縫的來巴結善哉和尚。善哉和尚也就此出賣些「風雲雷雨」，以顯他的聲光。這個風聲恰巧被瞿耐庵的太太曉得了。這瞿耐庵的太太平時也是極其相信吃齋念佛的，見了出家人，

分外有緣，無事便到這龍華寺裏來跑，因此同這善哉和尚也極相熟。但是一樣：瞿耐庵的太太手裏是沒有什麼錢的，和尚的眼睛最為勢利不過，見了有錢的施主就把她比下來了。這回起建水陸道場，開懺的那一天，寶小姐到場，只吃了一頓飯，就捐了五百兩銀子。瞿太太也跟來隨喜，好容易在家裏連當帶借，送了十塊錢給和尚。和尚那裏拿他放在眼裏，不過是來者不拒，多多少少，一齊留下罷了。瞿太太雖然竭力拉攏，無奈手筆不大，總覺上不得台盤。此乃境遇使然，無可奈何之事。

恰巧四十九天功德圓滿。善哉和尚弄錢本事真大，又把老和尚架弄出來，說是要傳戒。預先刻了傳單，外府州、縣，分頭叫人去貼。這個風聲一出，那些願意受戒的善男信女，果然不遠千里而來。此番善哉和尚卻是大開山門，定了規例：凡來受戒的，每人定要多少錢。要了錢還不算，還要叫這些人吃苦頭。一個個都跪在老和尚面前，拿些蘄艾，分為九團或十二團，放在光郎頭上，用火點著；燒到後來，靠著頭皮，把他油都烤了出去，燒的吱吱的響。這人痛的愁眉苦臉，流淚滿面，嘴裏頭只是念「阿彌陀佛」，「阿彌陀佛」，不敢說一聲痛。凡受過戒的都說：「燒到痛的時候，只要念『阿彌陀佛』，佛菩薩自然會來救你的。就是要痛，也就不痛了。」又說道：「凡一個人入了道，七情六欲是不能免的。如今這一燒，可把他燒斷，永遠不想開葷，亦不想偷女人了。」如是者一個個頭上就同骨

牌攢了眼的一樣，這地方永遠不生頭髮，其名又謂「燒香洞」。
凡有香洞和尚，到那裏都好掛單，有飯吃，大家都肯佈施他；
要說是沒有香洞，大家都叫他野和尚，可是沒有人理的。燒過
香洞之後，還要進禪堂。禪堂裏的規矩是：坐一炷香，跪一炷
香，輪流到九天九夜，一刻不得休歇，亦不准打盹睡覺。九天
之後，方算圓滿。這九天裏頭，倘然錯了他一點規矩，另外有
管他們的人，抗著又粗又長的板子，要在光郎頭上敲的。看起
來真正苦惱，並不是修行，直截是受罪！

　　閒話少敘。單說此時這龍華寺受戒的人，只有僧眾，並無
女人。善哉和尚會出主意，便出來同一班太太們說道：「諸位
太太都是前世裏修行，所以這一輩子才有這們大的福分；倘若
這一輩子裏再修行修行，下一輩子還不曉得怎樣好哩！」一句
話提醒了眾人，便問：「怎樣修行的好？」善哉和尚道：「阿
彌陀佛！若要修行，也沒有別的，只要同我們出家人一樣，到
大和尚跟前受個戒，等大和尚替你們起個法名。以後遇見寺裏
做什麼功德，量力施布點，這就是修行了。」寶小姐道：「要
剃頭髮不要？」善哉和尚道：「阿彌陀佛！我的姑奶奶，倘若
要你們剃頭髮，豈不同姑子一樣？以後這們大的福分叫誰去享
呢？小僧說的原是帶髮修行，只要一心皈依，都是一樣的。」
寶小姐道：「既然如此，我亦來一分，修修來世也是好的。」
又問：「要多少錢？」善哉和尚道：「隨緣樂助，亦要看各人

的身分，姑奶奶大才斟酌罷了。」於是在座的各家太太聽見和尚說「隨緣樂助」，大家高興，就有一大半要受戒的。當時算寶小姐頂闊，送了大和尚三百塊洋錢，說是孝敬老師傅的贄敬；又拿出一百塊錢來齋僧，說是同眾位師兄結結緣的。和尚笑納之後，大和尚就替他起了一個法號，叫做妙善。其餘各位受戒的女太太們，從四元起碼，以至幾十元為止。瞿太太亦送了十塊洋錢，隨同受戒。等到事完之後，和尚又備了幾桌素齋，請眾位受戒的女太太一同到來，以敘同門之禮。

瞿太太是有心巴結寶小姐的，如今借此為由，被她搭上了手，便爾趨前跟後，做出千奇百怪的樣子來奉承寶小姐。又時常到寶小姐公館裏去請安，送東送西，更不必說。有天寶小姐在一位姊妹家裏吃醉了酒，其日瞿太太也在座。瞿太太一見這樣，便過來替她捶背，替她裝煙，又親自攙扶她上轎，一直把寶小姐送回公館。這一夜瞿太太也沒有回家，就在寶小姐公館裏伺候了一夜。第二天寶小姐酒醒，很覺得過意不去。後來彼此熟了，見瞿太太常常如此，也就安之若素了。瞿太太的脾氣再要隨和沒有，連老媽的氣都肯受的。有些丫環問她要東西不必說，空著還要拿她說笑取樂。寶小姐見丫環們如此，她也和在裏頭拿瞿太太來開心。

有天亦是寶小姐醉後，瞿太太過來替她倒了一碗茶，接著

153

又裝了幾袋水煙。寶小姐醉態可掬的，一手摟著瞿太太的頸項，說道：「我來世修修，修到有你這個女兒，我就開心死了！」瞿太太道：「我是巴而不得做姑奶奶的女兒，只怕夠不上。」寶小姐道：「別的都可以，倒是你是上了歲數的人，我只有這一點點年紀，那有你做我的女兒的道理。」瞿太太道：「姑奶奶說那裏話來！常言說得好：『有志不在年高。』我那一椿趕得上姑奶奶？只要姑奶奶肯收留，我就情願拜在膝下，常常伺候你老人家。」此時寶小姐已有十分酒意，忘其所以，聽了瞿太太的話，並不思量，便衝口而出道：「既然如此，你就替我磕個頭，叫我一聲『娘』罷。以後我疼你。」一句話直把個瞿太太樂得要死，果真爬在地下替寶小姐磕了一個頭，叫了一聲「乾娘」。寶小姐趁著酒蓋了臉，便答應了一聲，見她磕頭，動也不動。

當日瞿太太伺候寶小姐睡覺之後，立刻趕回家中。此時她老爺瞿耐庵蒙戴世昌替他吹噓，已經委了清道局的差使。這天正領了薪水回來，等太太等到半夜不見回家，以為一定是戴公館留下，今天不轉的了，豈知三更過後，忽聽打門聲急。開出門去一看，不是別人，原來就是太太。太太回家，不說別的，劈口便問：「薪水領到沒有？」瞿耐庵道：「恰恰今日領到。因為太太未曾過目，所以不敢動用。」太太道：「好」。登時取了出來一看整整七十塊洋錢。太太便吩咐備燕菜酒席兩桌，

下餘的備辦男女衣料四分，再配些別的禮物，一概明天候用。瞿耐庵是懼怕太太，一向奉命如神的，只得諾諾連聲，不敢違拗。次日一早，備辦停當。太太也早起梳洗。諸事齊備，便抬了酒席禮物，徑往戴公館而來。

這日寶小姐因為昨夜酒醉，人甚睏乏，睡到十二點鐘方才起身。人報瞿太太到來。只見瞿太太身穿補褂，腰繫紅裙；她老爺是有花翎的，所以太太頭上也插著一支四寸長的小花翎；扭扭捏捏走進宅門，後面兩個抬合抬著禮物酒席。寶小姐忘記昨夜醉後之事，見了甚為詫異。見面之後，忙問所以。瞿太太笑而不言。但見她走到客堂，拿圈身椅兩把，居中一擺。跟來的人隨手把紅氈鋪下。瞿太太便說：「請你們大人。今日是寄女兒特地過來叩見乾爹、乾娘，是不用回避的了。」此時戴世昌正躲在房中，聽了摸不著頭路，寶小姐也覺茫然。倒是旁邊的丫頭、老媽記著，便把昨夜之事說出。寶小姐道：「醉後之言，何足為憑。我那裏好收瞿太太做乾女兒！真正把我折死了！」剛剛跨出房門，想要推讓，瞿太太已拜倒在地了，嘴裏還說：「既然乾爹不出來，朝上拜過亦是一樣的。」寶小姐連忙還禮，連說：「這裏那裏說起！──」瞿太太拜過之後，趕忙又把禮物獻上，說是兩分送給乾爹、乾娘，兩分連著一席酒，是託乾娘孝敬與乾外公、乾外婆的。寶小姐只是謙著不受。瞿太太那裏肯依，說：「昨夜已蒙乾娘收留，倘今天不算，叫我

把臉擱在那裏去呢？」於是旁邊一眾丫頭、老媽都湊趣說：
「今天瞿太太來拜乾娘，乃是出於一片至誠，太太倒是收了她
的好，叫她心上快活。太太只要以後疼她就是了。」此時寶小
姐無可如何，只得老老臉皮認了她做乾女兒。後來戴世昌也出
來見過禮。寶小姐又把丫頭、老媽、底下人、廚子，統通叫了
上來叩見瞿太太。大家亦改口叫她瞿姑奶奶。當時擺席吃酒。

等到飯後，寶小姐一想，自己總覺過意不去：「索性今天
把她帶進制台衙門，叫他認認乾外公、乾外婆，也可顯顯我的
手面。」當下便把此意同瞿太太說知。瞿太太有何不願之理，
登時滿口答應，又說：「於理應得去請安的。」於是寶小姐先
打發老媽到制台衙門裏去說明白，只說姑奶奶收了一個乾女兒，
立刻進來叩見老爺同九姨太太，但是且慢說出人頭來。老媽去
後，寶小姐帶著瞿太太也就跟手上轎而去。

一霎時到得湍制台衙門，自然是一徑到九姨太上房裏。此
時湍制台聽了老媽的話，都曉得寶小姐收了一個乾女兒，大家
以為總是人家的小姐了。九姨太急忙預備見面禮。正鬧著，人
報寶小姐回來了。大家立起身看時，都想看看這位小姐長得面
貌如何。只見寶小姐走到頭裏，後面跟了一個臉上起皺紋的老
婆婆，再細看看，頭髮也有幾根白了。大家見了詫異，還當是
那小姐的娘自己同來的，然而來的只有她倆，並沒有第三個。

因此大眾格外疑心。此時湍制台亦正在房中，從玻璃窗內看見，也覺著奇怪。只聽得寶小姐在院子裏喊道：「乾媽，我同個人來給你瞧瞧。」一頭說，一頭走進上房，吩咐老媽把紅氈鋪地。寶小姐就拉了瞿太太一把，說道：「你就在這裏拜見外公、外婆罷。」大眾至此方才明白，這同來的老婆婆就是她的乾女兒。但是她要收個乾女兒，為什麼不收個年輕的，倒收個老太婆？真正叫人不明白。但是她如此一片至誠，九姨太只得出來同她謙了一回，受了她一禮，讓她坐下，彼此寒暄了一回。瞿太太又把孝敬的禮物送上，九姨太也送了五十塊洋錢的見面錢。然後招呼開席，直吃到二更天，方才盡歡而散。這天湍制台雖未出來相見，但把她孝敬的禮物收下，也要算得賞臉的了。且說瞿太太這天因為頭一天來，不便住下，約摸到了時候，便即起身告辭。九姨太還再三叮嚀，叫她空了只管進來，現在是自己一家人，用不著客氣的了。

此時瞿太太喜的心花都工。相別出來上轎，在轎子裏滿腹盤算，思量幾時再進來，又思量過天還得備席請請乾外婆，又想：「她們是闊，眼眶子是大的，請她們不能過於寒儉，須得稍為體面些。」又想：「橫豎有今天乾外婆送我的五十塊錢，『羊毛出在羊身上』，就拿來應酬她。彼此要好了，少不得總要替我們老爺弄點事情。只要弄得一個好點差使，就有在裏頭了。」又想：『這條門路全虧了善哉和尚；等到有了錢，須得

到他寺裏大大的佈施些，以補報他這番美意。』正盤算間，不提防轎子落地，說是已經到了自己家的門口了。瞿太太定了一定神，方才從轎子裏走出來。還沒有出轎門，忽然一個跟班的走上來回道：「太太，老爺不好了！今天出出小恭，跌斷了一隻腿了！」瞿太太聽了，不禁大吃一驚。欲知後事如何，且聽下回分解。

第三十九回　省錢財懼內誤庸醫　瞞消息藏嬌感俠友

　　話說瞿太太從院上回來，在轎子裏聽說老爺跌斷了一條腿，這一驚非同小可！連忙問道：「怎麼好端端的會把腿跌斷了？是什麼時候跌斷的？」跟班回道：「今兒早上，老爺送過太太上轎之後，也就到了局子裏辦公事；但是今兒一天總是低著頭想心事，無精打采，沒有吃飯就回來的。恰恰進門，提著褲子要去解手。小的正走過，看見擺尿缸的地方原來潮濕，亦不曉得那一位在尿缸旁邊掉了一個錢在地下。老爺見了錢，彎著腰要去拾，不想怎樣一個不留心就滑倒了，弄得滿身是溺還在其次，只聽老爺『啊唷』一聲，說是一條腿跌斷了。」瞿太太罵道：「混帳東西！地下掉了錢，你們不去拾，要叫老爺去拾！」跟班的道：「小的又沒瞧見錢，後來是老爺說了出來才曉得的。」瞿太太道：「跌壞了怎麼樣？請大夫瞧過沒有？」跟班的道：「老爺跌倒之後，只顧啊唷的叫。他老人家的身坯來得又大，小的一個人怎麼拉得動他。好容易找了打雜的、廚子、轎夫，才把他老人家連抬帶扛的抬進上房床上睡下。齊巧那個會說外國話的胡二老爺有事來拜會，一聽說是他老人家跌斷了腿，胡二老爺就急了，說道：「我們做官的人全靠著這兩條腿

159

辦事，又要磕頭，又要請安，還要跑路。如今把他跌折了，豈不把吃飯的傢伙完了嗎！』到底胡二老爺關切，進去看過老爺之後，立刻就出去找了一位外國大夫來瞧了一瞧。」瞿太太大驚道：「為甚麼不請一個傷科看看？那外國大夫豈是我們請得起的？」跟班的道：「老爺亦何嘗不是如此說，所以一聽見胡二老爺說請外國大夫，可把他老人家急死了，說：『我這分家私都交給他還不夠！我情願做個殘廢罷！』誰知胡二老爺硬作主，自己去把個外國大夫請了來。老爺一定不要看，胡二老爺捉住老爺的腿，一定要看。外國大夫看了一回，便說：『治雖可治，將來走起路來，不免要一瘸一拐的呢。』胡二老爺道：『好好好，只要能夠會走路，可以磕得頭，請得安，就做個瘸子也不打緊。』外國大夫道：『倘若只要磕頭請安，那是我敢寫得包票的。』後來胡二老爺要他包醫，他要三十兩銀子。」瞿太太道：「老爺怎麼說？」跟班的道：「老爺急的什麼似的，暗底下拉了胡二老爺好幾把，朝著他搖頭，說是不要他包醫。胡二老爺沒法，方才又打了兩句外國話，同著外國大夫走的。」

瞿太太一聽這話，方才把一塊石頭落地。一面往上房裏走，一面又問：「可請個傷科來瞧過沒有？」跟班的道：「請是請過一個走方郎中瞧過，亦要什麼十五塊錢包醫，老爺還嫌多。後來請了一個畫辰州符的來到家裏畫過一道符，一個錢沒花，亦沒見什麼功效。」太太道：「為什麼不早送個信給我？」跟

班的道：「小的趕到戴公館，說太太到了制台衙門裏去了。太太，你想，制台的衙門可是我們進得去的，所以小的也就回來了。」

正說著，太太已到上房，走進裏間一看，老爺正睡在床上哼哼哩。太太把帳子槁開，望了一望，問了聲「怎麼好好的會把腿跌壞了」，又問：「現在痛的怎麼樣了？那個畫符的先生，他可包得你不做殘廢不能？」老爺正在痛得發暈，一聽太太的聲息，似乎明白了些，但回答得兩句道：「你回來了？今天幾乎拿我跌死！」說完了這兩句，仍舊哼哼不已。太太就在床沿上坐下，歎了一口氣，說道：「我們又不是沒有見過錢的人！你要錢用，儘管告訴我，自然有地方弄給你，何犯著為了一個錢跌斷一條腿呢！如果一個治不好，當真的不能磕頭請安起來，你這一輩子不就完了嗎！叫我這一輩子指望什麼呢！」說著，也就唬嗤唬嗤的哭起來了。

瞿耐庵道：「你別哭了。現在既已回來，該應怎麼找個大夫給我瞧瞧。」太太道：「外國大夫價錢大，無論如何，我們是請不起的，這個也不用提他了。如今你們趕快把傷科獨眼龍王先生請了來，問他要多少錢，我給他。務必今夜裏請他來一趟！就是睡了覺也要來的！」跟班的去了一會，回來說道：「王先生說的：一過晚上十點鐘，就是拿八抬轎去抬他也不來

的。有話明天時晨再講罷。」太太道：「這東西混帳！你去同他說，他再不來，我去叫制台衙門裏的人押著他來，看他敢不來！」說著，就想坐轎子再回到制台衙門裏去。還是瞿耐庵明白，連連搖手，道：「現在是什麼時候了！去不得！去不得！你這一往回，要有多少時候？再等一會天就亮了。一會再去請他，他總要來的，何苦半夜裏吵到制台衙門裏去。請了來請封仍舊一個錢不能少的。我多熬一會就是了。」太太一想，他話不錯，只得依他。果然不多一刻，天也亮了。又過了一會，太太忙叫人去請獨眼龍王先生。家人去了好半天才回來，說道：「先生才起來，正看門診，總得門診看完了才得來呢。」瞿耐庵夫婦無法，只得靜等。

誰知一等等到下半天四點鐘敲過，王先生才來。當時引進上房，先問：「是怎麼跌的？」瞿耐庵連忙伸出來給他看。王先生生來只有一隻眼，歪著頭，斜著眼，看了一會，說是：「骨頭跌錯了筍了，只要拿他扳過來就是了，沒有什麼大不了的事。」瞿太太在帳子後頭說道：「既然如此，就請你先生替他扳過來就是了。」王先生道：「如果是別人家，一定要他五十塊大洋，你們這裏，打個九折罷。」瞿太太把舌頭一伸，道：「要的可不少！怎麼比外國大夫還貴？」王先生也不答腔。瞿太太又再三同他磋磨。王先生道：「要我治，我得這個價錢；要省錢，可以不必請我。你們要曉得：你們老爺這條腿是值錢

162

的，不比尋常人的腿，不要磕頭，不要請安，可以隨隨便便的。我要替他弄好，三五天就要叫他走路哩。外面有外敷的藥，裏頭有內托的藥。我這副藥。珍珠八寶，樣樣都全，但是這副藥本就得四十塊大洋。倘若只要扳扳好，不消上藥，也費我半點鐘工夫，至少也得五塊洋錢。」瞿太太道：「只要你扳扳好，不敷藥，可以不可以？」王先生道：「這也沒有什麼不可以，不過好得慢些。跌壞的雖是骨頭，那骨頭四面的肉就因此血不流通；血不流通，這肉豈不是同死的一樣。將來一點點都要爛的；爛過之後，還得上藥，然後去腐生新。合算起來，化的錢只有比我多些，還要耽擱日子。你們划算得來，我就依著你做。我原是無可無不可的。」瞿太太一想，四十五塊錢總嫌太多，心上思量：「且叫他把骨頭的筍頭扳進。至於藥可以不用他的，昨天我在乾外婆屋裏看見玻璃櫥裏擺著藥瓶，什麼跌打損傷藥、生肌散，樣樣都有，我只要去討點就是了，只怕還要比他的好些哩。」主意打定，便道：「好些的藥我們自己有，只要至制台衙門裏去討來。現在只要你先生替他扳準了就是了。」王先生一聽生意不成功，一來是心上不高興，二來也是他本事有限，當下不問青紅皂白，能扳不能扳，便拉住瞿耐庵的腿，看準受傷的地方，用兩隻手下死力的一扳。只聽得床上啊唷的一聲，瞿耐庵早已昏暈過去了。

瞿太太正在帳子後頭，一聽這個聲響，知道不妙，立刻三

步並做兩步，趕到前面，忙問：「怎的？」王先生也不打言。瞿太太梟開帳子一眼，只見老爺已經兩眼直翻，氣息全無，頭上汗珠子的黃豆大小。瞿太太一見這個樣子，曉得是被王先生扳壞了。又見王先生拿繩子捲了兩卷，把條腿夾在夾肢窩裏，想用蠻勁再把這條腿扳過來。瞿太太發急道：「先生！你快鬆手罷！再弄下去，他的腿本來不折的，倒被你一弄弄折了也論不定！如今的人還不知是活是死哩！」一面說，一面又拿老爺掐人中，渾身的揉來揉去。幸虧歇了不多一會，瞿耐庵慢慢的回醒過來，只是「啊唷啊唷」的喊痛。大家一見老爺有了活命，方始放心。

王先生受了瞿太太的埋怨，只好鬆手，站在一旁，瞪著一隻眼睛在那裏呆望。好容易瞧著瞿老爺有了活氣，他又想上前去用勁。瞿太太連忙搖手道：「你快別來了！你再來來，我們老爺要送在你手裏了！叫門房裏趕緊替先生打發了馬錢，請先生回府罷。」王先生無法，只得跟了跟班的走到門房裏，替他發給了四百錢的馬錢。王先生不答應，一定要五塊洋錢，說：「我是你們請了來的，同你們太太講明白的，不下藥，單要五塊洋錢。現在是你們不要我治，並不是我不治。如今要少我的錢可不能。」門房裏人道：「你先生的本事太好，所以不請你治！老實同你說，你的本事一個錢不值！現在給你四百錢，已經有你面子了，不走做甚──」王先生一見門房裏人罵他，愈

加不肯干休，賴在門房裏不肯去，說：「你們要壞我的招牌，我是要同你們拚命的！」門房裏人道：「這王八羔子不走，真個等做——」一面說，一面就伸出手來打了王先生兩拳。王先生氣急了，於是躺在地下喊地方救命。鬧的大了，上房裏都聽見了。瞿耐庵睡在床上，說道：「這種人同他鬧什麼！給他兩個錢，叫他走罷。」瞿太太道：「你有錢你給他，我可是沒有這多錢。他肯走就走，不肯走，我去到制台衙門裏去一聲說，叫首縣押著他走！」一面說，一面自己走到外頭叫底下人趕他出去。正吵著，齊巧胡二老爺走來看瞿耐庵的病。瞿太太連忙退回上房。胡二老爺便問：「吵的什麼事？」門房裏人說了。還是胡二老爺顧大局，走過來好勸歹勸，又在自己搭連袋裏摸了一塊洋錢給他，才肯走的。王先生臨走的時候還說：「今天若不是看你二老爺臉上，我一定同他拚一拚哩！」說完了這一句，方才撣撣衣服，辭別胡二老爺出門。

胡二老爺跟了瞿家跟班的直入內室。瞿太太仍舊躲入床後頭。胡二老爺當下便問：「大哥的腿怎麼樣了？可能好些？」瞿耐庵說不動話，只是搖頭。胡二老爺是瞿老爺的把兄弟，所以異常關切，便朝著跟班的說道：「外國大夫既不請，中國大夫又是如此，現在總得想個法子，找個妥當的人替他看看才好，總不能聽其自然。照這樣子，幾時才會好呢？我也曉得你們老爺光景，彼此至好，這二三十塊錢，就是我替他出也不打緊。」

165

剛說到這裏，瞿太太一聽他肯出錢，便在床背後接腔道：「難得二老爺如此關切，一回一回的好意！只要外國大夫包得好，就請二老爺同了他來就是了。」胡二老爺道：「這個外國大夫在外國學堂考過，是頂頂有名的，連這個都醫不好，還做什麼大夫。而且三十塊錢要的亦並不算多。」瞿太太道：「既然如此，就拜託費心了。」胡二老爺去不多時，果然同了外國大夫來，言明三十塊洋錢包醫，簽字為憑。當下就由外國大夫替他推拿了半天，也沒下甚麼藥。畢竟外國大夫本事大，當天就好了許多。前後亦只看過三次，居然慢慢的能夠行動，亦沒有做瘸子。他夫婦二人自然歡喜不盡。不在話下。

單說瞿太太自從拜寶小姐做了乾娘之後，只有瞿耐庵腿痛的兩天沒有去，以後仍是天天去的。制台衙門裏亦跟寶小姐去過兩次，九姨太亦請過她。雖不算十分親熱，在人家瞧著，已經是十二分大面子了。瞿太太便趁空先託寶小姐替她老爺謀事情，說道：「不瞞寄娘說，你女婿自從弄了這個官到省，就背了一身的空子。雖說得過幾個差使，無奈省裏花費大，所領的薪水連澆裏還不夠。現在官場的情形，只要有差使，無論大小，人家有事總要找到你，反不如沒有差使的好。現在你女婿就是吃了這個有差使的虧，所以空子越發大了。不怕你老人家笑話，照這樣子再當上兩年，還要弄得精打光呢。現在只求你老人家疼我，你老人家不疼我，更叫我找誰呢！」

一番話說得寶小姐不由不大發慈悲，特地為她到了制台衙門一趟，先把這話告訴了九姨太。九姨太道：「你這話很可以自己同你乾爹說。」寶小姐道：「我託乾爹這點事情，不怕他不依；然而總得拜託乾娘替我敲敲邊鼓，來得快些。」九姨太太應允。寶小姐立即跑到內簽押房逼著湍制台委瞿耐庵一個好缺。湍制台起初不答應，說：「他是有差之人，很可敷衍。現在省城裏候補的人，熬上十幾年見不著一個紅點子的都有，叫他不要貪心不足。」寶小姐一見湍制台不答應，登時撒嬌撒癡，因見簽押房裏無人，便一屁股坐在制台身上，一手拉著制台的耳朵，說：「乾爹！這件事我已經答應了人家，你不答應我，我還有什麼臉出去！」說著，便從懷裏掏出手帕子哭起來了。湍制台被她纏不過，只得應允。寶小姐一直等他應允，方才收淚，另外坐下。跟手九姨太亦走進來，又幫著他說了兩句「敲邊敲」的話。湍制台自然是無可推卻，當面說定，次日見了藩台，就叫他替瞿耐庵對付一個缺，然後寶小姐走的。

原來瞿耐庵老夫婦兩個，年紀均在四十七八，一直沒有養過兒子。瞧耐庵望子心切，每逢提起沒有兒子的話，總是長吁短歎。心上想弄小，只是怕太太，不敢出口。太太也明曉得他的意思，自己不會生養，無奈醋心太重，凡事都可商量，只有娶姨太太這句話，一直不肯放鬆。每見老爺望子心切，他總在

一旁寬慰，說什麼「得子遲早有命。命中註定有兒子，早晚總會養的。某家太太五十幾歲，一樣生產。咱們兩口子究竟還沒有趕上人家的年紀，要心急做什麼呢。」瞿耐庵被她駁過幾次，雖然面子上無可說得，然而心總不死。朋友們都曉得他有懼內的毛病，說起話來，總不免拿他取笑。起先瞿耐庵還要抵賴，後來曉得的人多了，瞿耐庵也就自己承認了。

有天一個朋友請他吃飯，同桌的都是愛嫖的人。有兩個創議，說席散之後，要過江到漢口去吃花酒，今天一夜不回來。於是同席的人都答應說去，獨有瞿大老爺不響。大家無非又拿他取笑，說他怕太太，恐怕回來要罰跪。此時瞿耐庵已經吃了幾杯酒，酒蓋著臉，忽然膽子壯了起來，就說了聲「我也同去」。眾人又問他：「你這話可當真？」瞿耐庵道：「怎麼不當真！我也不過讓她些，果然怕了她也好了，還做什麼男子漢大丈夫呢！」眾人見他如此，都覺稀罕。當天果然同他到漢口去玩了一夜，第二天酒醒，不覺懊悔起來，怕太太生氣。回家之後，少不得造謠言，說局子裏有公事，又有外頭解來的強盜，臬台因為他老手，特地派他審問，足足審了一夜，所以一夜未回。太太信以為真，以為臬台叫他問案乃是有面子的事情，非但不追究他，而且也甚歡喜，不過說了一句：「既然有公事，為甚麼不差人送個信回來，省得家裏等門？而且夜裏天冷，也好差人送件衣服給你。」瞿耐庵一見太太如此體貼，連忙感謝

不盡。

　　過了十天半個月，朋友們見他吃花酒沒有事，以後就常常有人請他。起先還辭過幾次，後來曉得太太受騙，便爾膽子漸漸的大了起來，也就時常跟著朋友們走動走動了。他雖然是有家小的人，但是積威之下，只有懼怕的心，沒有歡樂的心；忽然一天到得堂子裏面，打情罵俏，骨軟筋酥，真同初世為人一般，其快樂可想而知。這時候漢口有個做窯姐的，名字叫做愛珠，姿色甚是平常，生意也不興旺。自從那日瞿耐庵破例跟著朋友吃花酒，因為他沒有局帶，有個朋友就把愛珠薦給與他。愛珠生意本來清淡，好容易弄到這個孤老〔註：嫖客。〕，豈有不巴結之理。當夜吃完了酒，其時已經不早，愛珠屢次三番要留瞿老爺住在她那裏。無奈瞿老爺一來怕有玷官箴，二來怕「河東獅吼」，足足坐了一夜。愛珠也就陪了一夜。到了第二天，過江回省，見了太太，胡造一派謠言，搪塞過去。這便是第一次破戒。這次住雖未住，然而瞿老爺心上感念愛珠相待之情，已覺得是世界上有一無二了。

　　後來瞿老爺時常跟著朋友們過江閒逛。人家請他吃酒，愛珠少不得也要敲他吃酒，朋友們也要他復東道。推來推去，無可推卻。使有一天，趁太太到戴公館寶小姐那裏請安，午飯之後，跟班的回來說：「太太跟著戴太太到了制台衙門裏去，留

住了吃晚飯，今天恐怕不得回來，叫小的回來拿衣服。」瞿耐庵一聽大喜，曉得太太是在戴公館、制台衙門常常住的，今天決計不回，便趁這個空，偷偷開了箱子，換了一身的新衣服。齊巧這天早上領的薪水尚未交帳，便包了二十塊錢溜過江去，到得愛珠那裏。一班好玩的朋友是天天在漢口的，自然一招就到。這天瞿老爺居然擺了一台酒，自己坐了主位。愛珠坐在身旁，不時還同他咬耳朵說話。直把個瞿老爺樂得手舞足蹈，比起候補老爺忽蒙掛牌署缺，接任之後第一次升堂理事，其開心也不過如此。

這天愛珠又留他。他曉得今天太太是不回家了，便爾一口答應。這一夜，他倆要好，自不必說。愛珠在枕頭上訴說她本是好人家女兒，父母因為沒有錢用，所以才拿她賣到窯子裏來。「誰知竟是個火坑！老鴇的氣也受夠了！實實在在一天住不下去！你老爺倘若有心救我，就求你救到底！我只要出得此門，就是做丫頭亦是情願的！」說完了這兩句，不住的唬嗤唬嗤的哭。瞿耐庵聽了傷心，也幫著掉眼淚。後來愛珠再三問他：「你老爺的意思到底怎麼樣——」瞿耐庵一時也回答不出；一來是愛她，二來又是可憐她，滿心滿意，想要弄她。但是一樣：太太是著名的潑辣貨，這事萬萬商量不通的。倘若瞞著她做了，將來這饑荒一定不少。因此便把念頭冷了下來。禁不住愛珠一隻手偎住他的脖子，一面又臉對臉的說道：「瞿老爺，你好狠

心！我如此的求你，你都不肯可憐可憐我！你放心！我來的時候，老鴇只出二百五十塊洋錢；你如今潑出再多一半，有了五百塊，也盡夠使的了。」瞿老爺一聽五百塊錢，不禁心上又畢拍一跳，思量：「我那裏弄這五百塊洋錢呢！」當時便楞住無語，然而心上又實實捨他不得，只說：「等明天商量起來再看」，也沒有回絕他。到了次日，約摸太太尚不會回家，恰巧有位朋友在別的窯子裏約他吃酒打牌，因此也沒有過江回省。這天愛珠又頂住他問過幾次。瞿耐庵也巴不得討她，但是苦於太太不准，二來亦是款項難籌，一時無從答應。

齊巧這天請他吃酒的這位朋友，姓笪，號玄洞，是湖北著名有錢的人。論起他的錢來，也不是自己賺的，是他老人家做武官，打「長毛」，在軍營裏得來的。這兩年他老人家過世了，他自己尚在服中，就出來爛嫖爛賭，無論什麼朋友都肯結交，一齊拉了來吃酒。不過他天生就的另外一種脾氣，是：朋友遇有急難，問他借錢，他是是一毛不拔的；倘若是在窯子裏替婊子贖身，或者在賭臺上人家借做賭本，他卻整百整千的借給人家，從來沒有回頭過。因此湖北官、幕兩途，凡是好玩的人都肯同他交結。他並且很高興借著官場勢力欺壓欺壓那些烏龜王八開窯子的。

瞿耐庵曉得他這個脾氣。齊巧這天正是他請吃酒，不覺打

動念頭，想好了主意，先走到笪玄洞相好家裏，問：「笪老爺來了沒有？」窯子裏人回稱：「笪老爺剛起身，在屋裏吃大煙呢。」瞿耐庵掀簾進去。笪玄洞立即起身相迎，劈口便問：「今兒晚上奉請條子接到了沒有？」瞿耐庵忙稱：「一定過來奉陪。」當下言來言語去，扳談了半天。瞿耐庵思思索索，想要說又不好直說。楞了好幾次，才走到笪玄洞身旁，附耳說了一句道：「有件事要同老哥商量。」笪玄洞見他來時，早已一手拿著煙燈坐焉洗耳恭聽，聽說有事商量，便正顏厲色的問他：「有什麼事情？」瞿耐庵又扭扭捏捏的半天，把臉漲的緋紅，說道：「不為別的，就是愛珠的事情。」笪玄洞道：「可是你要娶他？」瞿耐庵道：「老哥真真是明鑒萬里！怎麼一猜就猜著了！」說著，便把愛珠要跟他的話一五一十說了，又說：「別的都好商量，單是身價要五百塊洋錢這件事頂煩難，一時往那裏去湊！所以來同老哥斟酌斟酌。」笪玄洞道：「身價倒是小事。你是曉得我的脾氣的：無論什麼好朋友，就是親戚本家，他老子娘死了，沒有棺材睡，跪在地下問我借錢告幫，這個錢我是向來不借的：倘然有人家要討小，或是賭錢輸了，這個錢我最肯幫忙的。不過你老嫂子答應不答應？不要將來我們旁邊人都弄得沒趣！」瞿耐庵又把臉一紅道：「這個———」笪玄洞道：「這個怎麼樣？」瞿耐庵道：「等我再去斟酌斟酌看。」笪玄洞道：「斟酌好了，快約我個信。我的錢是現成的。」

　　瞿耐庵仍回到愛珠屋裏，拿兩隻眼睛瞧著愛珠，一聲不響，呆坐了半天。愛珠又問他：「事情怎麼樣？」瞿耐庵看了半天，實在捨不得，一時色膽包天，只說得一句道：「依你辦就是了，有什麼怎麼樣！」愛珠便催他立刻叫了老鴇來在當面商量。老鴇來了，瞿耐庵吱吱了半天，臉漲紅了，還是說不清楚。幸虧愛珠自己爽爽快快的說了。老鴇先討他八百，後來磨來磨去，磨到五百五。愛珠問：「瞿老爺，怎麼樣？」瞿老爺道：「五百塊錢是有的，多了我沒處去借。」老鴇道：「瞿大老爺大福大量，何在乎這五十塊錢！」愛珠也生了氣說：「瞿老爺！為了五十塊錢，不肯救我麼？」說著就哭。瞿耐庵沒有法子，又去找笪玄洞。笪玄洞就一口答應代借五百五十塊，又說：「娶了過來，你老哥總得另外打公館。這裏洋街上西頭有我一處房子空著，你不妨就搬了去先住起來。」又道：「正價雖有，零星開銷也不能省的，我討小討慣的了，還有什麼不曉得的。索性成全你倒底罷：五百五的正價，算是借項，如今再多送你兩百塊錢，就算是我的賀儀，我也不另外送了。」於是瞿耐庵感激不盡。當天就去看房子，租傢伙，諸事停當，然後到窯子裏同老鴇交清楚，連夜一頂小轎把愛珠接了出來。

　　這天瞿耐庵一心只有新討的小老婆在心上，潑出膽子來做，早把太太丟在九霄雲外了。這一夜又沒有過江。第二天晚上，

特地叫了兩席酒請請眾位朋友。自然是笪玄洞首坐。席面上大家又叫局豁拳，盡情取樂。等到席散，又有十二點半了。接連瞿耐庵三夜沒有回省。他太太跟著寶小姐在制台衙門裏，恰恰亦住了三夜。

第四天太太回來，問起老爺。家人不便直回，說：「老爺在局裏辦公事，三天三夜沒有回來。」太太大動疑心，說：「他這個差使有什麼大不了的事情，整日整夜辦不完？就是上司有什麼公事交代他辦，亦何至於連著回家睡覺的工夫都沒有了？這話我不相信！」立刻吩咐跟班：「趕快到局子裏看看老爺到底在那裏不在！」跟班心上是明白的，出來打了一個轉身，回來告訴太太說：「老爺正在局子裏忙著呢。」瞿太太是何等樣人，眼睛比鏡子還亮，早看出這跟班說的是假話，便說：「是了，替我打轎子。」跟班的只得依他。等到上了轎，請示到那裏。瞿太太說：「到局子裏看老爺去。」一句話把跟班的嚇急了，只好硬硬頭皮，跟到那裏再說。

當時一群人跟著太太的轎子一直走到局子裏。誰知局子裏聲息全無，一個鬼影子也沒有。瞿太太見了把門的，劈口就問：「瞿大老爺今天來過沒有？」把門的回道：「大老爺有四天不到這裏來了。」瞿太太回頭瞧著跟班的哼哼兩聲，嚇得跟班臉色都變了。瞿太太下轎問明白了，走到老爺素來辦公事的一間

屋子裏坐下。那個跟班連忙拿雞毛撣子撣桌子上的灰塵，又忙著替太太獻茶。瞿太太道：「用不著你忙！我有話問你！」跟班的拉長了嗓子，一迭連聲的答應「者，者」，手裏還是不住的做他的事情。瞿太太看著格外生氣，又厲聲罵道：「混帳王八蛋！你說老爺在局子裏，如今到那裏去了？你替我把老爺找出來！找不出來問你要！」那個跟班的還只顧答應「者，者」，站在底下，拿兩隻眼睛相著鼻子，一句別的話也沒有。太太氣極了，一迭連聲的拍桌子罵王八蛋，叫他還出老爺來。

其時同來的還有一個是本在公館廚房裏做打雜的，現在亦升作二爺了。這人姓胡，名福，最愛挑唆是非，說人壞話。瞿太太歡喜他。外頭有什麼事，都是他聽了來說，賽如耳報神一般，所以才會提升到二爺。瞿太太到局子裏下轎，他早已跑到別屋子裏向別人家的二爺探問詳細，知道老爺這兩天同了朋友出城過江到漢口窯子裏玩耍，戀著不回來。他得到這資訊，又如趕頭報似的，趕過來到上瞿太太跟前，彎著腰，蠍蠍螫螫的，將此情由全般托出。他說話說得旁人都不聽見，只見瞿太太面孔氣得鐵青，四肢厥冷，坐在椅子上半天說不出話來。後來想了半天，這事情非得自己親身過江到漢口，決不能掃穴擒渠。當時又問胡福：「老爺在漢口什麼人家住夜？」胡福道：「出去問過眾人，都說不曉得，橫豎到了漢口總打聽得出的。」瞿太太無奈，遂命：「打轎！你們都跟著我到漢口去！」眾人只

得答應著。要知此去如何,且聽下回分解。

第四十回　息坤威解紛憑片語　紹心法清訟詡多才

　　話說瞿太太霎時過得江來，下船登岸。轎夫仍把轎子抬起，都說：「怎麼一個大地方，曉得老爺在那裏？到那裏去問呢？」到底瞿太太有才情，吩咐一個跟班的，叫他到夏口廳馬老爺衙門裏去，就說是制台衙門裏來的，要找瞿老爺，叫他打發幾個人幫著去找了來。家人奉令，如飛而去。瞿太太也不下轎。就叫轎夫把轎子抬到夏口廳衙門左近，歇了下來等回信。原來這位夏口廳馬老爺在湖北廳班當中，也很算得一位能員，上司跟前巴結得好，就是做錯了兩件事，亦就含糊過去了。他雖是地主官，也時常到戲館裏、窰子裏走走，不說是彈壓，就說是查夜。就是瞿耐庵、笪玄洞幾個人，近來也很同他在一塊兒。瞿耐庵討愛珠一事，他深曉得，昨夜請客，他亦在座。這天在衙門裏，忽然門上人上來回：「制台衙門有人來問瞿大老爺，叫這裏派人幫著去找。」他便急得屁滾尿流，立刻叫門上人出來說：「瞿大老爺新公館在洋街西頭第二條弄堂，進弄右手轉彎，第三個大門便是。」又派了兩名練勇同去引路。當下又問：「制台衙門裏甚麼人找他？為的是什麼事？」來人含含糊糊的回了兩句，同了練勇自去。走不多時，遇見瞿太太的轎子，跟

班的上前稟覆說：「老爺在某處新公館裏。」

　　瞿太太一聽「新公館」三個字，知道老爺有了相好，另外租的房子，這一氣更非同小可！隨催轎夫跟著練勇一路同到洋衛西頭，按照馬大老爺所說的地方，走進弄堂，數到第三個大門，敲門進去。瞿太太在轎子裏問：「這裏住的可是姓瞿的？」只見一個老頭子出來回道：「不錯，姓『徐』。你是那裏來的？」瞿太太不由分說，一面下轎，一面就直著嗓子喊道：「叫那殺坯出來！我同他說話！辦的好公事！天天哄我在局子裏，如今局子搬到這裏來了！快出來，我同你去見制台！」一面罵，一面又號令手下人：「快替我打！」其時帶來的人都是些粗鹵之輩，不問青紅皂白，一陣乒乒乓乓，把這家樓底下的東西打了個淨光。那個老頭子氣昏了，連說：「反了！反了！這是那裏來的強盜！」正鬧著，瞿太太已到樓上搜尋了一回，一看樣子不對，急忙下樓，問同來的練勇道：「可是這裏不是？怎麼不對呀？」那房主老頭兒也說道：「你們到底找的是那個？怎麼也不問個青紅皂白，就出來亂打人！世界上那有這種道理！」瞿太太自知打錯，連忙出門上轎，罵手下人糊塗，不問明白就亂敲門。老頭子見自己的東西被他們搗毀，如今一言不發，便想走出去上轎，立刻三步並做兩步跑出來，拉住轎槓要拚命。幸虧有兩個練勇助威，一陣吆喝，又要舉起鞭子來打，才把老頭子嚇回去了。

　　這裏瞿太太在轎子裏還罵手下人，罵練勇。內中的一個練勇稍須明白些，便說：「莫不是我們轉彎轉錯了罷？我們姑且到那邊第三家去問聲看。」剛剛走到那邊第三家門口，只見本公館裏另外一個管家正在那裏敲門。瞿太太一見有自己的人來敲門，便道：「就是這裏了！」那管家一見太太趕到，曉得其事已破，連忙上前打一個千，說道：「替太太請安。小的亦是來找老爺的，想不到太太也會找到這裏來。」瞿太太道：「你們一個鼻子管裏出氣，做的好事情，當是我不知道！如今被我訪著了你倒裝起沒事人來了！你仔細著！等我同你老爺算完帳再同你算帳！」說完，推門進去。卻不料其時瞿老爺已不在這裏了，只有新娶的愛珠同一個老媽在樓上，一見樓下來了許多人，知道不妙，坐在樓上不敢則聲。瞿太太因剛才打錯了人家，故到此不敢造次，連問兩聲，不見有人答應，便即邁步登樓。一見樓上只有兩個女人，不敢指定他一定是老爺的相好，只得先問一聲：「這裏可是瞿老爺的新公館？」愛珠望望他，並不答應。瞿太太只得又問，歇了半晌，愛珠才說道：「你是什麼人？為什麼走到這裏來？」瞿太太見問，反不免愣住了。站在扶梯邊，進不得進，退不得退。

　　正在為難的時候，忽然胡福上來報導：「太太，正是這裏。跟班老爺出門的黃升報信來了。」瞿太太一聽是這裏，立刻膽

子放大，屬聲說道：「叫他上來！」黃升上樓見了太太，就跪在地下嗑頭，說是替太太叩喜。瞿太太發怒道：「老爺討小，他歡喜，我是沒有什麼歡喜，用不著你們來巴結！我是不受這一切的！」黃升道：「小的替太太叩喜，不是這個，為的是老爺掛了牌了。」瞿太太一聽「掛牌」二字，很像吃了一驚似的，連忙問道：「掛那裏？」黃升道：「署理興國州。」瞿太太道：「這一個缺也罷了，但是還不能遂我的心願。橫豎我們這位老爺，無論得了甚麼缺，出去做官總是一個糊塗官。你們不相信，只要看他做的事情。他說年紀大了，愁的沒兒子，要討小，難道我就不怕絕了後代？自然我的心比他還急。我又沒有說不准他討小。如今瞞著我做這樣的事情，你們想想看，叫我心上怎麼不氣呢！」

眾人一見太太嘴裏雖說有氣，其實面子上比起初上樓的時候已經好了許多。就以瞿太太本心而論，此番率領眾人一鼓作氣而來，原想打一個落花流水；忽然得了老爺署缺資訊，曉得乾娘寶小姐的手面做到，心中一高興，不知不覺，早把方才的氣恨十分中撇去九分。但是面子上一時落不下去，只得做腔做勢，說道：「我末，辛辛苦苦的東去求人，西去求人，朝著人家磕頭禮拜，好容易替他弄了這個缺來。他瞞著我，倒在外頭窮開心。我這是何犯著呢。他指日到任，手裏有了錢，眼睛裏更可以沒有我了。不如我今天同他拚了罷！我也沒福氣做什麼

現任太太，等我死了，好讓人家享福！」說道，便要尋繩子，找剪子，要自己尋死。一眾管家老媽只得上前解勸。此時新姨太太愛珠坐在視窗揩眼淚，只是不動身。一眾管家因聽得老爺掛牌，都不肯多事，一個個站著不動。瞿太太看了，愈加不肯甘休，說：「你們都是幫著老爺的，不替我太太出力！老爺得了缺，你們想發財；你們可曉得老爺的這個缺都是太太一人之力麼？既然大家沒良心，索性讓我到制台衙門裏去，拿這個缺仍舊還了制台，叫他另委別人。有福同享，有難同當，我又不是眾人的灰孫子！」說罷，大哭不止。

正鬧著，人報：「馬老爺上來。」原來瞿太太初上樓之後，齊巧瞿耐庵亦從外頭回來，剛進大門，一聽說是太太在這裏，早嚇得魂不附體。知道事情不妙，心上盤算了一回：「別的朋友都靠不住，只有夏口廳馬老爺精明強幹，最能隨機應變，不如找了他來，想個法子把個閻王請開，不然，饑荒有得打哩！」想好主意，剛出大門，那邊第三家被太太打錯的那個姓徐的老頭兒趕了過來，一把拉住瞿耐庵，說：「你太太打壞了我的東西，要你賠我！你若不賠，我要叫洋東出場，到領事那裏告你的！」瞿耐庵聽了，頓口無言。還是跟去的管家會說話，朝姓徐的千賠不是，萬賠不是，才把老爺放手。瞿耐庵得了命，立刻一溜煙跑到夏口廳衙門，將以上情形同馬老爺說知。馬老爺無可推卻，只得趕了過來。瞿太太雖然從未見面，事到此一問，

也說不得了。

　　當下馬老爺上樓，也不說別的，但連連跺腳，說道：「要人家冒名頂替，亦得看什麼人去！他們叫耐庵頂這個名，我就說不對，如今果然鬧出事來了！如今果然鬧出事來了！打錯了中國人還不要緊，怎麼打到一個洋行買辦家去！馬上人家告訴了洋東，洋東稟了領事，立時三刻，領事打德律風〔註：電話，英語譯音。〕來，不但要賠東西，還要辦人。大家都是好朋友，叫我怎麼辦呢！」他說的話雖然是沒頭沒腦，瞿太太聽了，大致亦有點懂得，本來是坐著的，到此也只好站了起來。馬老爺裝作不認識，連問：「那一位是瞿太太？──」管家們說了。馬老爺才趕過來作揖，瞿太太也只得福了一福。

　　馬老爺又說道：「這事情只怪我們朋友不好，連累大嫂過這一趟江，生這一回氣。這女人本是在窯子裏的，因為老鴇凶不過，所以兄弟起頭，合了幾個朋友，大家湊錢拿他贖了出來。兄弟是做官人，如何討得婊子；眾朋友都仗義，你亦不要，我亦不要，原想等個對勁的朋友，送給他做姨太太。當時就有人送給我們耐庵兄的。兄弟曉得耐庵兄的脾氣，糊裏糊塗，不是可以討得小的人，所以力勸不可。當時朋友們商議，大家拿出錢來養活她，供她吃，供她用，還要門口替她寫個公館條子，省得不三不四的人鬧進來。大嫂是曉得的：我們漢口比不得省

城，遊勇會匪，所在皆是，動不動要闖禍的；有了公館條子，他們就不敢進來了。其時便有朋友說玩話：『耐庵兄怕嫂子，不敢討小，我偏要害他一害，將來這裏我就寫個瞿公館，等老嫂子曉得了，叫他吃頓苦頭也是好的。』條子如今還沒有寫，不料這話已經傳開，果然把大嫂騙到這裏，嘔這一口氣，真正豈有此理！」

瞿太太聽說，低頭一想：「幸虧沒有動手，幾幾乎又錯打了人！」又轉念想道：「如果不是這裏，何以我叫人請問你馬老爺，你馬老爺派了練勇同我到這裏來呢？為甚麼黃升亦到這裏來找老爺呢？」當把這話說了出來。馬老爺賴道：「我並沒有這個話。果然耐庵討了小，要瞞你嫂子，我豈肯再叫人同了你來。一定是我們門口亦是聽了謠言，以訛傳訛。大嫂斷斷不要相信！」瞿太太又問黃升。虧得黃升人尚伶俐，亦就趁勢回道：「小的亦是聽見外面如此說，所以會找到這裏來，不過是來碰碰看，並不敢說定老爺一定要在這裏。」

瞿太太又把瞿老爺幾天在外不回家的話說了。馬老爺道：「公事呢，原有公事。」又湊前一步，低聲對瞿太太說道：「新近我們漢口到了幾個維新黨，不曉得住在那一片棧房裏，上頭特地派了耐庵過來訪拿，恐怕聲張起來，那幾個維新黨要逃走，所以只以玩耍為名，原是叫旁人看不出的意思。大嫂，

你不曉得，這維新黨是要造反的，若捉住了就要正法的。這兩年很被做兄弟的辦掉幾百個。不料現在還有這種大膽的人來到這裏，又不曉得有什麼舉動。將來耐庵把人拿著了，還要大大的得保舉呢。」瞿太太道：「如今掛了牌，就要到任，怎麼還能來辦這個呢？」馬老爺道：「牌是藩台掛的，拿維新黨是臬台委的，大家不接頭。大約總得把這件事情辦完了才得去上任。」瞿太太道：「維新黨是要造反的，是不好惹的。有了缺還是早到任的好。等我去同制台說，把這差使委了別人罷。我們拿了人家的腦袋去換保舉，怕人勢勢的，這保舉還是不得的好。」馬老爺道：「制台跟前有大嫂自己去，自然一說就妥。」瞿太太又搶著說道：「倒是前頭打錯的那個人家，怎麼找補找補他才好？」馬老爺皺著眉頭道：「這倒是頂為難的一椿事情！現在牽涉洋商，又驚動了領事，恐怕要釀成交涉重案咧！」瞿太太亦著急道：「到底怎麼辦呢？這個總得拜託你馬老爺的了！」說著，又福了一福。馬老爺見瞿太太一面已經軟了下來，不至生變，便也趁勢收篷，立刻拿胸脯一拍，道：「為朋友，說不得包在我身上替他辦妥就是了。大嫂此地也不便久留，就請過江回省。且看事情辦的怎麼樣，兄弟再寫信給耐庵兄。」於是瞿太太千恩萬謝，偃旗息鼓，率領眾人，悄悄回省而去。

這裏馬老爺回到衙門，一看瞿耐庵還在那裏候信。馬老爺先把他署缺的話說了，催他趕緊回省謝委，又把方才同他太太

造的一派假話也告訴了他，以便彼此接洽，一面又叫人安慰徐老頭子，打壞的東西，一齊認賠，還叫人替他點一副香燭，賠禮了事。又同瞿耐庵商量：「現在看尊嫂如此舉動，尊寵只好留在漢口，同了去是不便的。等你到任一兩月之後，看看情形如何再來迎接。好在這裏有我們朋友替你照應，你只管放心前去。」瞿耐庵見各事都已辦妥，異常感激，方才辭別馬老爺渡江回省，向公館而來。

回家之後，雖說有馬老爺教他的一派胡言可以抵制，畢竟是賊人膽虛，見了太太總有點扭扭捏捏說不出話來。幸虧他太太打錯了一個人家，又走錯了一個人家，亦覺得心上沒趣，沒精打采。見了老爺，但說得一句：「還不趕緊去謝委！」又道：「拿什麼維新黨的差使可以趁空讓給別人罷，自己犯不著攬在身上。」瞿耐庵一見馬老爺之計已行，便道：「這捉人的差使，我就去回覆了臬台，叫他另外派人，我們可以馬上就去到任。」瞿太太道：「你辭得掉，頂好，倘若辭不掉，只好苦了我再到制台衙門裏替你去走一趟。」瞿耐庵道：「容易得很，一辭就掉，不消太太費心。」說著，便換了衣服，赴各憲衙門謝委。第二天瞿太太又到戴公館叩謝過乾娘。又求寶小姐把她帶到制台衙門叩謝過乾外公、乾外婆。瞿耐庵不日也就稟辭。接著便是上司薦人，同寅餞行，亦忙了好幾日。

　　臨走的頭一天，瞿耐庵又到夏口廳馬老爺那裏再三把新娶
的愛妾相託。馬老爺自然一口答應，當下又請教做官的法門。
馬老爺說：「耐庵，你雖然候補了多年，如今卻是第一回拿印
把子。我們做官人有七個字秘訣。那七個字呢？叫做『一緊，
二慢，三甘休』。各式事情到手，先給人家一個老虎勢，一來
叫人家害怕，二來叫上司瞧著我們辦事還認真：這便叫做『一
緊』。等到人家怕了我們，自然會生出後文無數文章。上司見
我們緊在前頭，決不至再疑心我們有什麼；然後把這事緩了下
來，好等人家來打點：這叫做『二慢』。『千里為官只為財』，
只要這個到手。——」馬老爺說著，把兩個指頭一比。瞿耐庵
明白，曉得他說的是錢了。馬老爺又說：「無論原告怎麼來催，
我們只是給他一個不理，百姓見我們不理，他們自然不來告狀：
這就叫做『三甘休』。耐庵，你要曉得，我們湖北民風刁悍，
最喜健訟，現在我們不理他，亦是個清訟之法。至於別的法門，
一時亦說不盡。好在你請的這位刑名老夫子王召興本是此中老
手，一切趨避之法他都懂的，隨時請教他就是了。」瞿耐庵聽
了，甚是佩服。回家收拾行李，雇船起程。

　　等到上了船，頭一夜，瞿太太等人靜之後，親自出來船前
船後看了幾十遍，生怕老爺另雇了船帶了相好同去。後來見老
爺一直睡在大船上，曉得沒有別人同來，方才放心。

興國州離省不過四五天路程。頭天派人下去下紅諭。次日趕到本州，書差接著。瞿耐庵拜過前任，便預備第二天接印。這天原看定時辰，午時接印。到了十一點半鐘，瞿老爺換了蟒袍補褂，打著全副執事，前往衙門裏上任。齊巧有個鄉下人不懂得規矩，穿了一身重孝，走上前來拉住轎杠，攔輿喊冤。轎子跟前一班聽差的衙役三班，趕忙一齊過來呼喝，無奈這鄉下人蠻力如牛，抵死不放。瞿老爺忌諱最深，這日原定了時辰接印，說是黃曆上雖然好星宿不少，底下還有個壞星宿，恐怕衝撞了不好，特地在補褂當中掛了一面小銅鏡子，鏡子上還畫了一個八卦，原取「諸邪回避」的意思。如今忽見一個穿重孝的人拉輿叫喊，早把瞿老爺嚇得面如土色，以為到底時辰不好，必定撞著什麼「披麻星」了。

好容易定了一定神，方問得一句：「這穿孝的是什麼人？」那鄉下人見老爺說了話，連忙跪下著：「小的冤枉！小的是王七。小的的父親上個月死了，有兩個本家想搶家當，爭著過繼，硬說小的不是小的的父親養的，因此要把小的母子趕出大門。」瞿老爺道：「不是你父親養的。難道是你娘拖油瓶拖來的嗎？」王七道：「我的青天大老爺！為的就是這句話！前任大老爺得了被告的錢，所以就把小的斷輸了。小的打聽得今日青天大老爺上任，所以趕來求伸冤的。」瞿老爺不等說完，拍著扶手板，大罵道：「好刁的百姓！我沒有來到這裏就曉得你們興國州的

百姓健訟！如今還沒有接印，你就來告狀！甚麼大不了的事情！
這是你們家務事，亦要老爺替你管？我署這個缺，原是上頭因
我在省裏苦夠了，所以特地委個缺給我，原是調劑我的意思，
不是叫我來替你們管家務！一個興國州，十幾萬百姓，一家家
都要我老爺管起來，我亦來不及呀！趕出去！不准！」差役們
一陣吆喝，七八個人一齊上前來拖，好容易把個王七拖走。王
七嘴裏還是一味的喊「冤枉」，見老爺不准，索性在轎子旁邊
大哭起來。瞿老爺聽著討厭，連連吐饞唾，連連說：「晦氣！
──」後來見王七痛哭不止，不由無名火動，在轎子裏大聲喊
道：「替我把那王八蛋鎖起來！等我接了印再打他！」新官號
令，衙役們無有不遵的，立刻把王七鎖起。

　　說話間瞿老爺已經到了大堂下轎。禮生告吉時已到，鼓手
吹打著。等老爺拜過了印，便是老爺升座，典吏堂參，書差叩
賀。瞿老爺急急等諸事完畢，一天怒氣便在王七身上發作，立
刻叫人把他提到案前跪下，拍著驚堂木，罵道：「你要告狀，
明天不好來，噯！後天不好來，偏偏老爺今天接印，你撞個來！
你死了老子的人不怕忌諱，老爺今天是初接印，是要圖個吉利
的！拉下去！替我打！」兩旁差役一聲吆喝，猶如鷹抓燕雀一
般，把王七拖翻在地，剝去下衣，霎時間兩條腿上早已打成兩
個大窟窿，血流滿地。瞿老爺瞧著底下一灘紅的，方才把心安
了一半。原來他的意思，以為「我今日頭一天接任，看見這個

身穿重孝的人，未免大不吉利，如今把他打的見血，也可以除除晦氣了。」他坐在堂上一直不作聲，掌刑的皂班便一直不敢停手。看看打到八百，他還不則聲。倒是值堂的簽押二爺瞧著不對，輕輕的回了老爺，方把王七放起來，然而已經不能行動了。瞿耐庵至此方命退堂。

此時前任還住在衙門裏，沒有讓出。瞿耐庵只好另外憑了公館辦事，把太太一塊兒接了上來同住。

且說他的前任姓王，表字柏臣，乃是個試用知州。委署這個缺未及一年，齊巧碰著開徵時候，天天有銀子進來，把他興頭的了不得，以為只要收過這委錢漕，就是交卸，亦可以在省裏候補幾年了。那知樂極悲生，剛才開徵之後，未及十天，家鄉來了電報，說是老太爺沒了。王柏臣係屬親子，例當呈報丁憂。報了丁憂，就要交卸，白白的望著錢糧漕米，只好讓別人去收。當下他看過電報，回心一想，連忙拿電報往身子一拽，吩咐左右不准聲張。他全不想一個外府州、縣衙門，憑空裏來了一個電報，大家總以為省裏上司來的什麼公事，後來好容易才打聽出來。然而他老人家雖然死了老太爺，因為要瞞眾人，並不舉哀。後被大家看破了，不免指指摘摘，私相議論。

王柏臣曉得遮蓋不住，只得把帳房及錢穀師爺請來，並幾

個有臉面、有權柄的大爺們亦叫齊。等到眾人到了，他一齊讓
到簽押房床後頭一間套屋裏去。兩位師爺坐著，幾個大爺站著，
別的人一概趕出。王柏臣更親手把兩扇門關好，然後回轉身來，
朝著兩位師爺一跪就下。大家雖然明曉得他是丁艱，面子上只
作不知，一齊做出詫異的樣子，問道：「這是怎麼一回事？斷
斷乎不敢當！快快請起！」說著，兩位師爺也跪下了。王柏臣
只是不起，爬在地下，哭著說道：「兄弟接到家鄉電報，先嚴
前天已經見背了！」兩位師爺又故作嗟歎，說道：「老伯大人
是什麼病？怎麼我們竟其一點沒有曉得呢？」王柏臣道：「如
今他老人家死已死了，俗語說得好：『死者不可復生。』總求
兩位照應照應我們這些活的。我一家門幾十口人吃飯，丁憂下
來，一靠就是三年，坐吃山空，如何干靠得住！如今事情，權
柄是在你們二位手裏。」又指著幾個大爺們說道：「至於他們
都是兄弟的舊人，他們也巴不得兄弟遲交卸一天好一天。只要
你二位肯把丁憂的事情替兄弟瞞起，多耽擱一個月或二十天，
不要聲張出來，上頭亦緩點報上去。趁這檔口，好叫兄弟多弄
兩文，以為將來丁憂盤纏，便是兩兄莫大之恩！就是先嚴在九
泉之下，亦是感激你二位的！」一席話說得兩人都回答不出。
還是帳房師爺有主意，一想：「東家早交卸一天印把子，我們
亦少賺一天錢。好在他匿喪與我們無干，我們樂得答應他，做
個順水人情，彼此有益。」便把這話又與錢穀師爺說明，錢穀
師爺亦應允了。幾個大爺們更是不願意老爺早交卸的。於是彼

此相戒不言。王柏臣重行爬下替兩位師爺磕了一個頭，爬了起來，送兩位師爺出去，一路說說笑笑，裝作沒事人一般。

當天帳房師爺同錢穀師爺又出來商量了一條主意，說：「現在錢糧才動頭開徵，十幾天裏如何收得齊？總得想個法子叫鄉下人願意在我們手裏來完才好。於是商量了一個跌價的法子：譬如原收四吊錢一兩的，如今改為三吊八或是三吊六，言明幾天為限。鄉下人有利可圖，自然是踴躍從事。如此辦法，一來錢糧可以早收到手，二來還落個好聲名。商妥之後，當把這話告訴了王柏臣。王柏臣一想不差，便叫照辦，立刻發出告示，四鄉八鎮統通貼遍。鄉下人見有利益可沾，果然趕著來完。看看到了半個月，這一季的錢糧已完到六七成了，王柏臣的銀子也賺得不少了。帳房、錢穀二位師爺又商量道：「錢糧已收到一大半，可以勸東家報丁憂了。等到派人下來，總得有好幾天，怕不要收到八九分。多少留點後任收收，等人家撈兩個，也堵堵人家的嘴，倘若收得太足了，後任一個撈不到，恐怕要出亂子。」當把這話又通知了王柏臣，王柏臣還捨不得。兩位師爺便說：「有了這個樣子，我們也很對得住東家了。到這時候再不把丁憂報出去，倘或出了什麼岔子，我們是不包場的。」便有人把這話又告訴了王柏臣。

王柏臣是個毛燥脾氣，一聽這話，便跳得三丈高，直著嗓

子喊道：「我死了老太爺我不報，我匿喪，有罪名我自己去擔，要他們急的那一門呢！」話雖如此說，自己轉念一想：「不對，如今我自己把丁憂的事情嚷了出去，倘若不報丁憂，這話傳了出去將來終究要擔處分的。罷罷罷，我就吃點虧罷！」當時就把這話交代了出去。又自譬自解道：「丁憂大事，總以家信為憑，電報是作不得準的。猶如大官大員升官調缺，總以部文為憑，電傳上諭亦是作不得準的。所以我前頭雖然接到電報不報丁憂，於例上亦沒有什麼說不過去。」此時合衙門上下方才一齊曉得老爺丁憂，一個個走來慰問。王柏臣也假做出聞訃的樣子，乾號了一場。一面稟報上司，一面將印信交代典史太爺看管。跟手就在衙門裏設了老太爺的靈位，發報喪條子，即日成服。從同城起以及大小紳士，一齊都來叩奠。

轉眼間上頭委的瞿耐庵也就到了。瞿耐庵未到之前，算計正是開徵時候，恨不得立時到任。等得接印之後一問，錢糧已被前任收去九成光景，登時把他氣的話都說不出來。後來訪問前任用的是個什麼法子，才曉得每兩銀子跌去大錢四百，所以鄉下人都趕著來完。常言道：「好事不出門，惡言傳千里。」王柏臣接著電報十幾天不報丁憂，這話早已沸沸揚揚，傳的同城都已知道，就有些耳報神到瞿耐庵面前送信討好。瞿耐庵拿到這個把柄，恨不得立時就要稟揭他。遂只詳求實在，又有人把帳房師爺待出主意，叫他跌價的話說了出來。於是瞿耐庵恨

這帳房師爺比恨王柏臣還要利害，總想抓他一個錯，拿練子鎖了他來，打他二千板子，方雪此恨。

此時王柏臣錢雖到手，一聽外頭風聲不好，加以後任同他更如水火，現在尚未結算交代，後任已經處處挑剔，事事為難。凡他手裏頂紅的書差，不上三天，都被後任換了個乾淨，就是斷好的案子，亦被後任翻了好幾起。此時瞿耐庵一心只顧同前任作對，一樁事到手，不問有理無理，但是前任手裏占上風的，他總得反過來叫他占下風，要是前任批駁的，到他手裏一定批准。

有天坐堂，一件案情有姓張的欠了姓孫的錢，有二十多年未還。還是前任手裏，姓孫的來告了，王柏臣斷姓張的先還若干，其餘撥付。兩造遵斷下去。這個檔口，齊巧新舊交替，等姓張的繳錢上來，已是瞿大老爺手裏了。瞿大老爺有心要拿前任斷定的案子批駁，就傳諭下來，硬叫姓孫的找出中人來方准具領。姓孫的說：「我的老爺！事情隔了二十多年，中人已經死了，那裏去找中人？橫豎有紙筆為憑，被告肯認帳就是了。」瞿耐庵道：「放屁！姓張的答應，我老爺不答應！沒有中人，沒有證見，就聽你們馬馬糊糊過去嗎？錢存案，候尋到中人再領。」一陣吆喝，把兩邊都撐下去。這是一樁。

又有一椿：是一個姓富的定了一家姓田的女兒做媳婦。後來姓田的忽然賴婚，說了姓富的兒子許多壞話，就把女兒另外許給一個姓黃的。姓富的曉得了，到州裏來打官司。前任王柏臣斷的是叫姓黃的退還禮金，拿姓田的訓飭了兩句，吩咐他不准賴婚，仍舊將女兒許配姓富的。當時三家已遵斷具結。到了瞿耐庵手裏，姓黃又來翻案。瞿耐庵一翻舊卷，便諭姓田的仍將女兒許於姓黃的兒子。姓富的不答應，上堂跪求。老爺說：「你兒子不學好，所以人家不肯拿女兒許給他。只要你兒子肯改過，還怕沒有人家給他老婆嗎？不去教訓自己的兒子，倒在這裏咆哮公堂，真正豈有此理！再不遵斷，本州就要打了！」一頓臭罵，又把姓富的罵了下去。

過了一天又問案。頭一起乃是胡老六偷割了徐大海的稻子，卻不是前任手裏的事。瞿耐庵坐到堂上看了看狀子，便把原告叫了上來問了兩句，叫他下去。又叫被告胡老六上來，便拍著桌子，罵道：「好個混帳王八蛋！人家種的稻子，要你去割他的！」便喊叫：「拉下去打他三百板子！」被告胡老六道：「小的還有下情。」瞿耐庵喝令：「打了再說！」早有皂役把他托翻了，打了三百板，放他起來跪著。瞿耐庵道：「你有什麼話，快說！快說！」胡老六道：「小的的地是同徐大海隔壁。他占了小的地，小的不依他，他不講理，所以小的才去割他的稻子的。」瞿耐庵道：「原來如此。」再把原告徐大海帶上，

194

罵道：「天下人總要自己沒有錯才可告人！你既然自己錯在前頭，怎麼能怪別人呢？也拉下去打三百！」徐大海道：「小的沒有錯。」瞿耐庵道：「天下那有自己肯說自己錯的！不必多說！快打！快打！」站堂的早把徐大海拉下去，亦打了三百。瞿耐庵便喝令到一邊去，具結完案。

隨手問第二起，乃是盧老四告錢小驢子，說他酗酒罵人。瞿耐庵也是先帶了原告問過，叫他下去，把被告帶上來，打了一百。被告說：「小的平時一鍾酒不喝的，見了酒頭裏就暈，怎麼會吃醉了酒罵人呢？是他誣賴小的的。」瞿耐庵又信以為真了，竟把原告喊上來，幫著被告硬說他是誣告，也打一百。仍舊帶在一旁具結。

於是又問第三起，是一個人家大小老婆打架兒。大老婆朱苟氏，小老婆朱呂氏，男人朱駱駝。這件事實在是小老婆撒潑行兇，把大老婆的臉都抓破，男人制伏不下，所以大老婆來告狀的。瞿耐庵把狀子略看了一看，便叫帶朱苟氏。朱苟氏上來跪下，剛說得幾句，瞿耐庵不等她說完，便氣吁吁的罵道：「統天底下，你做大老婆的就沒有好東西！常言說得好：『上樑不整下樑差。』你倘若是個好的，小老婆敢同你打架麼？這要怪你自己不好。我老爺那裏有工夫替你管這些閒事！不准！」又把男人朱駱駝叫上來吩咐道：「你家裏有這樣兇的大老婆，

為什麼要討小？既然討了小，就應該在外頭，不應該叫他們住在一塊兒。鬧出事來，你自己又降伏不住他們，今天來找我老爺。你想，我老爺又要伺候上司，又要替皇上家收錢糧，再管你們的閑帳，我老爺是三頭六臂也來不及！快快回去，拿大小老婆分開在兩下裏住，包你平安無事。」朱駱駝道：「起初本是兩下住的，後來大的打上門來，吵鬧過幾次，才並的宅。」瞿耐庵道：「這就是大的不是了！」說著，要打。大老婆急了，求了好半天，算沒有打。亦是具結完案。

　　接著又審第四起，乃是兩個鄉下人：一個叫楊狗子，一個叫徐劃子。兩個為了一隻雞，楊狗子說是他的，徐劃子又說是他的，說不明白，就打起駕來。楊狗子力氣大，把徐劃子右腿上踢傷了一塊，一齊扭到州裏來喊冤。官叫仵作驗傷。仵作上來，把徐劃子的褲子脫了下來，看了半天，跪下稟過。瞿大老爺便同徐劃子說道：「容易。他踢壞了你的右腿，我老爺現在就打他的右腿。」於是吩咐把楊狗子翻倒在地，叫皂隸只准拿板子打他的右腿，一連打了一百多下。先是發青，後為發紫，看看顏色同徐劃子腿上踢傷的差不多了，瞿耐庵便命放起來。嘴裏又不住的自讚道：「像我這樣的老爺，真正再要公平沒有！」於是徐、楊二人又爭論那隻雞。瞿耐庵道：「這雞頂不是好東西！為了牠害得你們打架！老爺替你們講和罷。」正說著，忽拿面孔一板，道：「這雞兩個人都不准要，充公！來，

替我拎到大廚房裏去，叫他倆下具結。」衙役一聲吆喝，兩個人只得一瘸一拐的走了下來，眼望著雞早拎到後頭去了。

這天瞿耐庵從早上問案，一直問到晚方才退堂。足足問了二三十起案子，其判斷與頭四起都大同小異。

第二天正想再要坐堂，只見簽案門上拿了幾十張稟帖進來，說是：「這些人因為老你爺精明不過，都不願意打官司了。這是息呈，請老爺過目。請老爺的示，還是准與不准？」瞿耐庵忙道：「自然一齊准。我正恨這興國州的百姓健訟；如今我才坐幾回堂，他們就一齊息訟，可見道政齊刑，天下不可治之百姓。現在上頭正在講究清訟，這個地方，照樣子，只要我再做一兩個月，怕不政簡刑清麼。」相罷，怡然自得。

那知這兩天來，把一個興國州的百姓早已炸了，一齊都說：「如今王官丁了艱，來了這個昏官，我們百姓還有性命吧！」又加瞿耐庵自以為是制台的親眷，腰把子是硬的，別人是抗他不動的，便不把紳士放在眼裏，到任之後，一家亦沒有去拜過。弄得一般狗頭紳士起先望他來，以為可以同他聯絡的，等到後來一現他一家不拜，便生了怨望之心，都說：「這位大老爺瞧不起，我們也不犯著幫他。」又過兩天，聽見瞿耐庵問案笑話，於是一傳十，十傳百，其中更生出無數謠言，添了無數假話，

竟把個瞿庵說得一錢不值，恨不得早叫這瘟官離任才好。於是這話傳到王柏臣耳朵裏，便把他急的了不得。要知後事如何，且聽下回分解。

第四十一回　乞保留極意媚鄉紳　算交代有心改帳簿

　　話說王柏臣正為這兩天外頭風聲不好,人家說他匿喪,心上懷著鬼胎,忐忑不定。瞿耐庵亦為錢糧收不到手,更加恨他,四處八方,打聽他的壞處。又查考他是幾時跌的價錢,幾時報的丁憂:應該是聞訃在前,跌價在後;如今一查不對,倒是沒有聞訃丁憂,他先跌起價來。他好端端的在任上,又沒有要交卸的消息。據此看來,再參以外面人的議論,明明是匿喪無疑了。瞿耐庵問案雖糊塗,弄錢的本事卻精明,既然拿到了這個把柄,一腔怨氣,便想由此發作,立刻請了刑名師爺替他擬了一個稟稿,謄清用印,稟揭出去。

　　瞿耐庵這面發稟帖,王柏臣那面也曉得了,急得搔頭抓耳,坐立不安。亦請了自己的朋友前來商議。大家亦是面面相對,一籌莫展。還虧了帳房師爺有主意,一想:「東家自到任以來,外面的口碑雖然不見得怎樣,幸虧同紳士還聯絡。無論什麼事情,只看紳士如何說,他便如何辦,有時還拿了公事走到紳士家中,同他們商量,聽他們的主意。至於他們紳士們自己的事,更不用說了。因此地方上一般紳士都同他要好,沒有一個願意

他去的。如今是丁憂，也叫做沒法。不料他有匿喪的一件事，被後任稟揭出去，果然鬧出來，大家面子不好看，不如叫他同紳士商量。」一面想，一面又問：「電報是那裏送來的？」王柏臣說是：「電報打到裕厚錢莊。由裕厚錢莊送來的。」帳房師爺道：「既然不是一直打到衙門裏來的，這話就更好辦了。」原來這裕厚錢莊是同王柏臣頂要好的一個在籍候補員外郎趙員外開的。論功名，趙員外在興國州並不算很闊，但是借著州官同他要好，有此勢力，便覺與眾不同。當下賓東二人想著了他。帳房師爺出主意，先叫廚房裏備了一席酒，叫管家拿了帖子去送給他，說：「敝上本來要請大老爺過去敍敍，因為七中不便，所以叫小的送過來的。」趙員外收了酒席，跟手王柏臣又叫人送給他四件頂好的細毛皮衣，一掛琥珀朝珠。送禮的管家說：「敝上因為就要走了，不能常常同大老爺在一塊兒，這是自己常穿的幾件衣服，一掛朝珠，留在大老爺這裏做個紀念罷。」趙員外無可推託，亦只得留下。「平時本來要好，受他的好處已經不少，如今臨走忽然又送這些貴重東西，未免令人局促不安。莫不是外面傳說他甚麼匿喪那話是真的？果然是真的，倒可趁此又敲他一個竹槓了。」

正盤算間，忽見王柏臣差人拿著片子來請，當下連忙換了衣服，坐著轎子到州裏來。此時王柏臣還沒有搬出衙門，因為在苫〔註：居喪時睡的草荐；也作居親喪時的代稱。〕，自己

不便出迎，只好叫帳房師爺接了出來，一直把他領到簽押房同王柏相見。王柏臣做出在苦的樣子，讓趙員外同帳房師爺在高椅子上坐了，自己卻坐在一個矮杌子上。先寒暄了幾句。王柏臣一看左右無人，便走近趙員外身旁同他咕唧了半天，所說無非是外面風聲不好，後任想出他的花樣，彼此交好，務必要他幫忙的意思。

趙員外考究所以，才曉得電報是他錢莊上轉來，嘴裏雖然諾諾連聲，心上卻不住的打主意。等到王柏臣說完，他主意亦已打好，連忙介面道：「是呀，老父台不說，治弟為著這件事正在這裏替老父台擔心呢！頭一個就是敝錢莊的一個夥計到治弟家裏來報信。治弟因為是老父台的事情，一來我們自己人，二來匿喪是革職處分，所以治弟當時就關照他，叫他不要響起，並且同他說：「王大老爺待人厚道，你如今替他出了力，包在我身上，將來總要補報你的。』這個夥計經過治弟囑咐，一定不會多嘴。這話是那裏來的，老父台倒要查考查考。」王柏臣道：「查也無須查得，只要老哥肯幫忙，現在兄弟已被後任稟了出去，這種公事，上頭少不得總要派人來查，上頭派人來查，自然頭一樁要搜尋這電報的底子。只說是老哥替兄弟扣了下來，兄弟始終一個不知情，總不能說兄弟的不是。」趙員外道：「不是這樣說，且等我想想來。」於是一個人抱著水煙袋，閉著眼睛，出了一會神，歇了半天，才說道：「這件事不該這樣

201

辦法。」王柏臣便問：「如何辦法？」趙員外道：「你說電報是我扣下來的，不給你曉得，總算地方上紳士大家愛戴你，不願你去任，所以才有此舉。這事情並非不好如此辦，但是光我一個人辦不到，總得還要請出幾位來，大家商量商量，約會齊了才好辦。」王柏臣一聽不錯，便求他寫信去聯絡眾位。一面說話，一面便把紙墨筆硯取了出來，請他當面寫信，又親自動手替他磨墨。趙員外又楞了一會，道：「且慢。來了電報，不給你曉得，總算是我替你扣下來的，但是你沒有得信，憑空的錢糧跌價，這話總說不過去，總是一個大漏洞。我們總得預先斟酌好了，方才妥當。」

王柏臣聽他說得有理，亦就呆在一旁出神。趙員外道：「這事情不是三言兩語可以了結的，等治弟出去商量一個主意，再進來回覆老父台就是了。」列位要曉得：趙員外既然存了主意要敲王柏臣的竹槓，人有見面之情，自然當著面有許多話說不出。王柏臣不懂得，還要起身相留。幸虧帳房師爺明白，丟個眼色約東家，叫他不必留他，又幫著東家，替東家再三拜託趙員外，說道：「你老先生有甚麼指教，敝居停不能出門，兄弟過來領教就是了。」趙員外於是起身別去。

到得晚上，王柏臣急不可耐，差了帳房師爺前去探聽回音。趙員外見了面，便道：「主意是有一條，亦是兄弟想出來的，

不過我們這當中還有幾位心上不是如此。」帳房師爺急欲請教。趙員外道：「電報是敝錢莊上通知了兄弟，由兄弟通知了各紳士，就是大家意思要留這位賢父母多做兩天，顯得我們地方上愛戴之情。這事只要兄弟領個頭，他們眾人倒也無可無不可。至於錢糧何以預先跌價？倘說是賢父母體恤百姓的苦處，雖亦說得過去，但是夾著丁憂一層，總不免為人藉口。何如由我們紳士大家頂上一個稟帖，敘說百姓如何苦，求他減價的意思，倒填年月，遞了進去？有了這個根子，便見得王老父台此舉不是為著丁憂了。還有一個逼進一層的辦法：索性由我們紳士上個公稟，就說是王老父台在這裏做官，如何清正，如何認真，百姓實在捨他不得。現在國家有事之秋，正當破格用人之際，可否先由瞿某人代理起來，等他穿孝百日過後，仍舊由他署理，以收為地擇人之效。稟帖後頭，並可把後任這幾天斷的案子敘了進去，以見眼前非王某人趕緊回任竭力整頓不可。後任既然會出王老父台的花樣，我們就給他兩拳也下為過。不過其中卻要同後任做一個大大冤家，因此有幾個人主意還拿不定。」

帳房師爺聽了他話，心上明白，曉得他無非為兩個錢，只要有了幾個錢，別人的事，他都可以作得主意。又想：「這事就要做得快，一天天蹉跎過去，等上頭查了下來，反為不妙。」於是起身把嘴附在趙員外耳朵旁邊，索性老老實實問他多少數目，又說：「這錢並不是送你老先生的，為的是諸公跟前總得

點綴點綴。況且敝居停這季錢糧已經收了九分九，無非是你們諸公所賜，這幾個錢也是情願出的。」趙員外聽他說得冠冕，也就不同他客氣，索性照實說，討了二千的價。禁不起帳房師爺再四磋磨，答應了一千。彼此定議。回來通知了王柏臣。王柏臣無可說得，只得照辦，次日一早把銀子劃了過去。

趙員外跟手送進來一張求減銀價的公呈，倒填年月，還是一個月前頭的事，又把保留他的稿稟也一塊兒請他過目。王柏臣看了自然歡喜。雖然是銀子買來的，面子上卻很拿趙員外感激。一會又說要拿女兒許給趙員外的兒子，同他做親家；一會又說：「倘若上頭能夠批准留任，將來不但你老兄有什麼事情，兄弟一力幫忙；就是老兄的親戚朋友有了什麼事情，只要囑咐了兄弟，兄弟無不照應。最好就請吾兄先把自己的親戚朋友名號開張單子給兄弟，等兄弟拿他帖在簽押房裏，遇見什麼事，兄弟一覽便知，也免得驚動老兄了。」趙員外道：「承情得很！但願如此，再好沒有！但是批准不批准，其權操之自上，亦非治弟們可能拿穩的。」王柏臣道：「諸公的公稟，並非一人之私言，上憲俯順輿情，沒有不批准的。」趙員外道：「那亦看罷了。」說完辭去。王柏臣重複千恩萬謝的拿他送到二門口，又叫帳房師爺送出了大門。自此王柏臣便一心一意靜候回批。

誰知瞿耐庵稟揭他的稟帖，不過虛張聲勢，其實並沒有出

去。後來聽說眾紳士遞公稟保留前任，他便軟了下來，又從新同前任拉攏起來。起先前任王柏臣還催他早算交代，以便回籍守制，瞿耐庵道：「忙什麼！聽說地方紳士一齊有稟帖上去保留你，將來這個缺總是你的，我不過替你看幾天印罷了。依我看起來，這交代很可以不必算的。」王柏臣道：「雖然地方上愛戴，究竟也要看上頭的憲眷。像你耐翁同制憲的交情，不要說是一個興國州，就是比興國州再好上十倍的缺也容易！」瞿耐庵道：「這句話，兄弟也不用客氣，倒是拿得穩的。」一連幾天，彼此往來甚是親熱。

過了一天，上頭的批稟下來，說：「王牧現在既已丁憂，自應開缺回籍守制。州缺業已委人署理，早經稟報接印任事在案。目下非軍務吃緊之際，何得援倒奪情〔註：官員遭父母之喪，須去職在家守喪，但朝庭對大臣要員，可不去職，以素服為公，或守喪未滿而應召復職，為之「奪情」。〕？況該牧在任並無實在政績及民，該紳等率為稟請保留原任，無非出自該牧賄囑，以為沽名鈞譽地步。紳等此舉殊屬冒昧，所請著不予准。」

一個釘子碰了下來，王柏臣無可說得，只好收拾收拾行李，預備交代起程。好在囊橐充盈，倒也無所顧戀。

　　至於瞿耐庵一邊，一到任之後，曉得錢糧已被前任收個淨盡，心上老大不自在，把前任恨如切骨，時時刻刻想出前任的手。後來聽說紳士有稟保留，一來曉得他民情愛戴，二業亦指望他真能留任，自己可以另圖別缺；所以前幾日間同前任重新和好。等到紳士稟帖被駁，前任既不得留，自己絕了指望，於是一腔怒氣，仍復勾起。自己從這日起，便與前任不再見面，逐日督率著師爺們去算交代。欠項款目自不必說，都要一一斤斤較量，至於細頭關目，下至一張板凳，一盞洋燈，也叫前任開帳點收，缺一不可。

　　瞿耐庵的帳房就是他的舅子，名喚賀推仁，本在家鄉教書度日；自從姊丈得了差使，就把他叫到武昌在公館幫閒為業，帶著叫他當當雜差，管管零用帳。一連吃了一年零兩個月閑飯。姊夫得缺，就升他作帳房，自此更把他興頭的了不得。通衙門上下都尊為舅老爺。下人有點不好，舅老爺雖不敢徑同老爺去說，卻趁便就跑到太太跟前報信，由太太傳話給老爺，將那下人或打或罵。因此舅老爺的作用更比尋常不同。這賀推仁更有一件本事，是專會見風使船，看眼色行事，頭兩天見姊夫同前任不對，他便於中興風作浪，挑剔前任的帳房。後來兩天，姊夫忽同前任又要好起來，他亦請前任帳房吃茶吃酒。近來兩天見姊夫同前任翻臉，他的架子登時亦就「水長船高」。向來州、縣衙門，凡遇過年、過節以及督、撫、藩、臬、道、府六重上

206

司或有喜慶等事，做屬員的孝敬都有一定數目，甚麼缺應該多少，一任任相沿下來，都不敢增減毫分。此外還有上司衙門裏的幕賓，以及什麼監印、文案、文武巡捕，或是年節，或是到任，應得應酬的地方，亦都有一定尺寸。至於門敬、跟敬，更是各種衙門所不能免。另外府考、院考辦差，總督大閱辦差，欽差過境辦差，還有查驛站的委員，查地丁的委員，查錢糧的委員，查監獄的委員，重重疊疊，一時也說他不盡。諸如此類，種種開銷，倘無一定而不可易章程，將來開銷起來，少則固惹人言，多則是遂成為例。所以這州、縣官帳房一席，竟非有絕大才幹不能勝任。每見新官到任，後任同前任因銀錢交代，雖不免彼此齟齬，而後任帳房同前任帳房，卻要卑禮厚幣，柔氣低聲，以為事事叨教地步。缺分無論大小，做帳房的都有歷代相傳的一本秘書，這本秘書就是他們開銷的帳簿了。後任帳房要到前任手裏買這本帳簿，缺分大的，竟是三百、五百的討價，至少也得一二百兩或數十兩不等。這筆本錢都是做帳房的自己挖腰包，與東家不相干涉。只要前後任帳房彼此聯絡要好，自然討價也會便宜，倘然有些牴牾，就是拚出價錢，那前任的帳房亦是不肯輕易出手的。

賀推仁同前任帳房忽冷忽熱，忽熱忽冷，人家同他會過幾次，早把他的底細看得穿而又穿。他不請教人，人家也不俯就他。瞿耐庵到任不多幾日，不要說別的，但是本衙門的開銷，

什麼差役工食、犯人口糧，他胸中毫無主宰，早弄得頭昏眼花，七顛八倒，又不敢去請示東家，只索同首府所薦的一個雜務門上馬二爺商量。馬二爺歷充立幕〔註：管理文案的差役。〕，這些規矩是懂得的，便問：「舅老爺同前任帳房師爺接過頭沒有？簿子可曾拿過來？」賀推仁道：「會是會過多次，卻不曉得有什麼簿子。」馬二爺一聽這話，曉得他是外行，因為員老爺是太太面上的人，不敢給他當上，便把做帳房的訣竅，一五一十，統通告訴了一遍。

賀推仁至此方才恍然大悟，便道：「據你說，怎麼樣呢？」馬二爺道：「依家人愚見：舅老爺先把這些應開銷的帳目暫時擱起，叫他們過天來領，一面自己再去拜望拜望前任的帳房師爺，然後備副帖子請他們明天吃飯，才好同他們開口這件事情。」賀推仁道：「吃飯是我已經請過的。」馬二爺道：「前頭請的不算數，現在是專為叨教來的。」賀推仁道：「倘若我請了他，他再不把簿子交給我，豈不是我又化了冤錢？」馬二爺道：「唉！我的舅老爺！吃頓飯值得什麼，這本簿子是要拿銀子買的！」賀推仁一聽，不禁大為失色，忙問：「多少銀子？」馬二爺道：「一二百兩、三四百兩，都論不定，像這個缺幾十兩是不來的。」賀推仁聽說要許多銀子，嚇得舌頭伸了出來縮不回去，歇了半天，才說道：「人家都說帳房是好事情，像我來了這幾天，一個錢都沒有見，那裏有許多銀子去買這個

呢！」馬二爺道：「這是州、縣衙門裏的通例，做了帳房是說不得的。沒有銀子好借，將來還人家就是了。」賀推仁道：「當了帳房好處沒有，先叫我去拖債，我可不能！姑且等我斟酌斟酌再說。」於是趁空便把這話告訴了他姊姊瞿太太。瞿太太道：「放屁！衙門裏買東西，無論那一項都有一個九五扣，這是帳房的呆出息。至於做官的，只有拿進兩個，那裏有拿出去給人家的。什麼工食、口糧，都是官的好處，我從小就聽見人說，這些都用不著開銷的。他們不要拿那簿子當寶貝，你看我沒有簿子也辦得來！」一頓話說得賀推仁無言可答。

過了兩天，忽然府裏聽差的有信來，說本府大人新近添了一位孫少爺各屬要送禮。瞿耐庵曉得賀推仁不董得這個規矩，索性不同他說話，叫了雜務門馬二爺上來問他。馬二爺又把前言回了一遍，又說：「這本簿子是萬萬少不得的！」瞿耐庵默然無言，回來同刑、錢老夫子提起此事。錢穀老夫子是個老在行，便道：「怎麼耐翁接印這許多天，賀推翁這件事還沒辦好？這件事向例沒有接印的前頭就要弄好的。幸虧得這帳房兄弟同他熟識，等兄弟同他去說起來看。」瞿耐庵道：「如此就拜託了。」錢穀老夫子果然替他去跑了兩天。前任帳房見了面甚是客氣，不過提到帳簿，前任帳房便同錢穀老夫子咬耳朵咬了半天，又說：「彼此都是自己人，我兄弟好瞞得你嗎。如今將下情奉告過你老先生，料想你老先生也不會責備我兄弟了。」錢

穀老夫子也曉得這事非錢不行，只得回來勸東家送他們一百銀子，又說：「這是起碼的價錢。」瞿耐庵預先聽了太太的吩咐，一個錢不肯往外拿。錢穀老夫子一看，事情不會合攏，也就搭訕著出去，不來干預這事。

　　原來前任帳房的為人也是精明不過的，曉得瞿耐庵生性吝嗇，決計不肯多拿錢的，不如趁此時簿子還在手中，樂得做他兩注買賣。主意打定，便叫值帳房的傳話出去：「凡是要常常到帳房裏領錢的主兒，叫他們或是今天，或是明天，分班來見，師爺有話交代他們。」眾人還不曉得什麼事情。到了天黑之後，先是把宅門的同了茶房進來，打了一個千，尊了一聲：「師老爺」，垂手一旁站著聽吩咐。只見那帳房師爺笑嘻嘻的對他們先說了一聲「辛苦」。把門的道：「小的當差使日子雖淺，蒙大老爺、師老爺抬舉，不要說沒有捱過一下板子，並且連罵都沒有罵一聲。如今大老爺走了，師老爺也要跟著一塊兒去，小的們心上實在捨不得師老爺走。」帳房師爺道：「只要你們曉得就好，所以你們曉得好歹，大老爺同我也有恩典給你們。」他二人一聽有恩典給他，於是又湊前一步。

　　帳房師爺拿帳翻了一翻，先指給把門的看，道：「這是你門下應該領的工食。你每月只領幾個錢，原是歷任相沿下來的，並不是我剋扣你們。如今我要走了，曉得你們都是苦人，可以

替你們想法子的地方，我總肯替你們想法子的。幸虧這簿子還沒有交代過去，等我來做樁好事，替你把簿子改了過來，總說是月月領全的。後任亦不在乎此。」把門的聽了這話，連忙跪下磕了一個頭，說了聲：「謝師老爺栽培！不但小的感念師老爺的恩典，就是小的家裏的老婆孩子也沒有一個不感念師老爺的！」

帳房師爺也不理他。又指出一條拿給茶房看，說：「這是你領的工食。歷任手裏只領多少，我如今也替你改了過來。」帳房師爺的意思，以為如此，那茶房又要磕頭的了，豈知茶房呆著，昂然不動。停了一回，說道：「回師老爺的話：『有例不興，無例不滅。』這兩句俗語料想師老爺是曉得的。師老爺肯照顧小的，小的豈有不知感激之理！但是小的這差使也不止當了一年了，歷任大老爺，一任去，一任來，當說也伺候過七八任。等到要臨走的時候，帳房師爺總是叫小的們來，說體恤小的們，那一款，這一款，都替小的們復了舊。不過師爺們改簿子，稍些要花兩個辛苦錢。小的們聽了這個說話，總以為當真的了，心上想：『果然如此，便是一輩子沾光，就是眼前化兩個也還有限。』連忙回家借錢或是當當孝敬師爺，有的寫張領紙，多借一兩個月工食以作報效。誰知前任師爺錢已到手，也不管你後頭了。到了後任帳房手裏，那知扣得更凶。譬如前任帳房只發五成的，這後任只發二三成，有的一成都不發。小

的們便上去回說：「師老爺！這個前任有帳可以查得的。』那帳房便發怒道：『混帳王八蛋！我豈不知道有帳！你可曉得那帳是假的，一齊是你們化了錢買囑前任替你們改的！』我的師老爺，你老人家想，這些後任的帳房怎麼就會曉得我們化了錢改的？真正眼睛比鏡子還亮。當時小的們已經化了一筆冤錢孝敬前任，還沒有補上空子，那裏還禁得後任分文不給呢？到了無可奈何之時，只得託了人去疏通，老實對後任說，前任實實在在是個什麼數目。好容易把話說明白，後任還怪小的們不應該預支透付，以致好處都被前任占去，一定還在後來領的數目裏一筆一筆的明扣了去，絲毫也不肯讓一點。小的們上過一回當還不死心，等到第二任又是如此的一辦，等到再戳破以後，便死心塌地不來想這些好處了。如今蒙師老爺恩典，小的心上實是感激！但求師老爺還是按照舊帳移交過去，免得後任挑剔，小的們就感恩不淺！小的說的句句真言，燈光菩薩在這裏，小的倘有一句假話，便不是人生父母養的！」

帳房師爺聽了他這番議論，氣的半天說不出話來。仔細想了想，他的話又實在不錯，無可駁得，只得微微的冷笑了兩聲，說道：「你說的很是！倒怪我瞎操心了！」說著，拿簿子往桌上一推，取了一根火煤子就燈上點著了火，兩隻手拜著了水煙袋，坐在那裏呼嚕呼嚕吃個不了。茶房碰了釘子，退縮到門外，還不敢就出去。站了好一回，帳房師爺才吩咐得一句道：「你

們還在這裏做什麼！」於是把門的又向師爺磕了一個頭，說了聲「謝師老爺恩典」。那茶房仍舊昂立動，搭訕著跟著一塊兒退出去。帳房師爺眼望著他們出去了，心上甚是覺著沒趣。

幸虧到了次日，別的主顧很有幾個相信他的話，仍舊把他鼓起興來。他見了人總推頭說自己不要錢，不過改簿子的人不能不略為點綴。一連做了兩晚上的賣買，居然也弄到大大的一筆錢。然後把簿子通通另外謄了一遍，預備後任來要。

再說後任瞿耐庵見前任不把簿子交出，便接二連三，一天好幾遍叫人來討。背後頭還說：「他再不交來，我一定稟明上頭，看他在湖北省裏還想吃飯不吃飯！」瞿太太見事不了，又從旁代出主意：「現在人心難測，就把簿子交了出來，誰能保他簿子裏不做手腳。總而言之一句話：這裏頭的弊病，前任同後任不對，一定拿數目改大。譬如孝敬上司，應該送一百的，他一定要寫二百；開發底下，向來是發一半的，他一定要寫發全分，或者七成八成。他們的心上總要我們多出錢他才高興。你在省裏候補的時候，這些事不留心，我是姊妹當中有些他們的老爺也做過現任的交卸回來，都把這弊病告訴了我，我都記在心上，所以有些開銷都瞞不過我。只要這本帳薄拿到我眼睛裏來，是真是假，我都有點數目。現在你姑且答應他一百銀子。同他言明在先：先拿簿子送來看過，果然真的，我自然照送，

一個不少，倘若一筆假帳被我查了出來，非但一個錢沒有，我還要四處八方寫信去壞他名聲的。」瞿耐庵聽了太太吩咐，自然奉命如神，仍舊出來去找錢穀老夫子託作介紹。錢穀老夫子道：「話呢，不妨如此說，但是不送銀子，人家的簿子也決計不肯拿出來的。至於不許他造假帳，這句話我可以同他講的。」無奈瞿耐庵聽了太太的話，決計不肯先送銀子。錢穀老夫子急了，便道：「這一百銀子暫且算了我的，將來看帳不對，在我的束脩上扣就是了。」在他的意思，以為如此說法，他們決計無可推卻，豈知瞿耐庵夫婦倒反認以為真，以為有他擔待，這一百兩銀子將來總收得回來的。於是滿口答應，當天就劃了一張票子送給錢穀老夫子。

等到錢穀老夫子將帳簿取了過來，太太略為翻著看了一看，以為這興國州是個大缺，送上司的壽禮、節禮至少一百金一次。豈知帳簿上開的只有八十元或是五十無，頂多的也不過百元。從前他老爺也到外府州、縣出過差，各府州、縣於例送菲敬之外，一定還有加敬；譬如菲敬送三十兩，加敬竟加至五六十兩不等。候補老爺出差全靠這些。今看帳簿，菲敬倒還不差上下，但是加敬只有四兩、六兩，至多也只有十兩。此時他夫婦二人倒不疑心這簿子是假的了。但是如此一個大缺，教敬上司只有這個數目，應酬同寅也只有這個數目，心上不免疑疑惑惑。既而一想：「州、縣缺分本有明缺、暗缺之分：明缺好處在面子

上，暗缺好處在骨子裏：在面子上的應酬大，在骨子裏的應酬小。照此看來，這個缺倒是一個暗缺，很可做得。」如此一想，也不疑心了。誰知看到後面，有些開銷，或是送同城的，或是開發本衙門書差的數目，反見加大起來。於是瞿太太遂執定說這個簿子是前任帳房所改，一百銀子一定不能照送，要扣錢穀老夫子束脩，錢穀老夫子不肯，於是又鬧出一番口舌。要知後事如何，且聽下回分解。

第四十二回　歡喜便宜暗中上當　附庸風雅忙裏偷閒

話說瞿耐庵夫婦吵著要扣錢穀老夫子一百銀子的束脩，錢穀老夫子不肯，鬧著要辭館，瞿耐庵急了，只得又託人出來挽留。裏面太太還只顧吵著扣束脩，又說什麼「一季扣不來，分作四季扣就是了，要少我一個錢可是不能！」瞿耐庵無奈，只得答應著。

帳房簿子既已到手，頂要緊的應酬，目下府太尊添了孫少爺，應送多少賀敬？翻開簿子一看，並無專條。瞿太太廣有才情，於是拿了別條來比擬。上頭有一條是：「本道添少爺，本署送賀敬一百元。」瞿太太道：「就拿這個比比罷。本府比本道差一層，一百塊應得打一個八折，送八十塊；孫少爺又比不得少爺，應再打一個八折；八八六十四，就送他六十四塊罷。」於是叫書啟師爺把賀稟寫好，專人送到府裏交納。

不料本府是個旗人，他自己官名叫喜元。他祖老太爺養他老太爺的那一年，剛正六十四歲，因此就替他老太爺起了個官名，叫做「六十四」。旗人有個通病，頂忌的是犯他的諱，不

獨湍制台一人為然。這喜太守亦正坐此病。他老太爺名叫六十四，這幾個字是萬萬不准人家觸犯的。喜太守自接府篆，同寅薦一位書啟師爺，姓的是大耳朵的陸字。喜太守見了心上不願意，便說：「大寫小寫都是一樣，以後稱呼起來不好出口，可否請師爺換一個？」師爺道：「別的好改，怎麼叫我改起姓來！」曉得館地不好處，於是棄館而去。喜太尊也無可如何，只得聽其自去。喜太尊雖然不大認得字，有些公事上的日子總得自己標寫，每逢寫到「六十四」三個字，一定要缺一筆；頭一次標「十」字也缺一筆。旁邊稿案便說：「回老爺的話：『十』字缺一筆不又成了一個「一」字嗎？」他一想不錯，連忙把筆放下，躊躇了半天沒得法想。還是稿案有主意，叫他橫過一橫之後，一豎只寫一半，不要頭透。他聞言大喜，從此以後便照辦，每逢寫到「十」字，一豎只豎一半，還誇獎這稿案，說他有才情。又說：「我們現在升官發財是那裏來的？不是老太爺養咱們，咱們那裏有這個官做呢？如今連他老人家的諱都忘了，還成個人嗎。至於我，如今也是一府之主了，這一府的人總亦不能犯我的。」於是合衙門上下摸著老爺這個脾氣，一齊留心，不敢觸犯。

偏偏這回孫少爺做滿月，興國州孝敬的賀禮，簽條上竟寫了個「喜敬六十四元」。先是本府門政大爺接到手裏一看，還沒有嫌錢少，先看了簽條上寫的字，不覺眉頭一縐，心上轉念

道：「真正湊巧！統共六個字，倒把他老人家父子兩代的諱一齊都鬧上了。我們如果不說明，照這樣子拿上去，我們就得先碰釘子，又要怪我們不教給他了。」轉了一回念頭，又看到那封門包，也寫得明明白白是「六元四角」。門政大爺到此方才覺得興國州送的賀禮不夠數；於是問來人道：「你們貴上的缺，在湖北省裏也算得上中字型大小了。怎麼也不查查帳，只送這一點點？這個是有老例的。」瞿耐庵派去的管家說道：「例倒查過，是沒有的。敝上怕上頭大人挑眼，所以特特為為查了幾條別的例，才斟酌了這麼一個數目。相煩你替咱費心，拿了上去。」門政大爺一面搖頭，一面又說道：「你們貴上大老爺這回署缺，是初任還是做過幾任了？」派去的管家回稱「是初任」。門政大爺道：「這也怪不得你們老爺不曉得這個規矩了。」派去的管家問「什麼規矩」。門政大爺道：「你不瞧見這簽條上的字嗎？又是『喜元』，又是『六十四』，把他父子兩代的諱都干上去。你們老爺既然做他的下屬，怎麼連他的諱都不打聽打聽？你可曉得他們在旗的人，犯了他的諱，比當面罵他『混帳王八蛋』還要利害？你老爺怎麼不打聽明白了就出做官？」一頓話說得派去的管家呆了，只得拜求費心，說：「求你想個法子替敝上遮瞞遮瞞，敝上總是感激，總要補報的。」

門政大爺見他孝敬的錢不在分寸上，曉得這位老爺手筆一

定不大的，便安心出出他的醜，等他以後怕了好來打點。主意打定，一聲不響，先把六元四角揣起，然後拿了六十四塊，便直徑奔上房裏來告訴主人。恰巧喜太尊正在上房同姨太太打麻雀牌哩，打的是兩塊錢一底的小麻雀。喜太尊先前輸了錢不肯拿出來，其時正和了一副九十六副，姨太太想同他扣帳，他不肯，起身上前要搶姨太太的籌碼。正鬧著，齊巧門政大爺拿著洋錢進來。姨太太道：「不要搶了，送了洋錢來了。」喜太尊一聽有洋錢送來，果然放手，忙問：「洋錢在哪裏？」門政大爺大慌不忙，登時把一個手本，一封喜敬，擺在喜太尊面前。喜太尊一看手本，知道是新任興國州知州瞿某人，忽然想起一椿事來，回頭問門政大爺道：「瞿某人到任也有好多天了，怎麼『到任規』還沒送來？興國州是好缺，他都如此疲玩起來，叫我這本府指望誰呢？」門政大爺道：「這是送的孫少爺滿月的賀禮。他有人在這裏，『到任規』卻沒有提起。」於是喜太尊方才歪過頭去瞧那一封洋錢，一瞧是「喜敬六十四元」六個小字，面色登時改變，從椅子上直站起來，嘴裏不住的連聲說：「啊！啊」啊了兩聲，仍舊回過頭去問門政大爺道：「怎麼他到任，你們也沒有寫封信去拿這個教導教導他？」門政大爺道：「這個向來是應該他們來請示的。他們既然做到屬員，這些上頭就該當心。等到他們來問奴才，奴才自然交代他，他不來問，奴才怎麼好寫信給他呢。」喜太尊道：「寫兩封信也不要緊，你既然沒有寫信通知他們，等他來了，你就該告訴他來人，叫

他拿回去重新寫過再送來。如今拿了這個來給我瞧，可是有心給我下不去不是？」

　　門政大爺道：「老爺且請息怒。請老爺先瞧瞧他送的數目可對不對？」喜太尊至此方看出他止送有六十四塊。此時也不管簽條上有他老太爺的名諱，便登的一聲，接著豁琅兩響，把封洋錢摔在地下，早把包洋錢的紙摔破，洋錢滾了滿地了。喜太尊一頭跺腳，一頭罵道：「豈有此理！豈有此理！他這明明是瞧不起我本府！我做本府也不是今天才做起，到他手裏要破我的例可是不能！怎麼他這個知州腰把子可是比別人硬繃些，就把我本府不放在眼裏！『到任規』不送，賀禮亦只送這一點點！哼哼！他不要眼睛裏沒有人！有些事情，他能逃過我本府手嗎！把這洋錢還給他，不收！」喜太尊說完這句，麻雀牌也不打了，一個人背著手自到房裏生氣去了。

　　這裏門政大爺方從地板上把洋錢一塊一塊的拾起，連著手本捧了出來。那瞿耐庵派去的管家正坐在外面候信哩。門政大大爺走進門房，也把洋錢和手本往桌上一摔，道：「夥計！碰下來了！上頭說『謝謝』，你帶回去罷！」瞿耐庵派去的管家還要說別的，門政大爺因見又有人來說話，便去同別人去聒卿，也不來理他了。瞿耐庵管家無奈，只得把洋錢、手本揣了出來，回到下處，曉得事不妙，不敢徑回本州，連夜打了一個稟帖給

主人說明原委，聽示辦理。等到稟帖寄到，瞿耐庵看過之後，不覺手裏捏著一把汗，進來請教太太。誰知太太聽了反行所無事，連說：「他不收，很好！——我的錢本來不在這裏嫌多，一定要孝敬他的。好歹咱們是署事，好便好，不好，到一年之後，他東我西，我不認得他，我也不仰攀他，要他認得我。派去的人趕緊寫信叫他回來。就說我眼睛裏沒有本府，我擔得起，看他拿我怎樣！」瞿耐庵聽了太太的話，一想不錯，於是寫了封信把管家叫了回來。後來本府喜太尊又等了半個月，不見興國州添送進來，「到任規」也始終沒送，心下奇怪，仔細一打聽，才曉得他有這們一位仗腰的太太，面子上雖說不出，只好暗地想法子。閒話少敘。且說瞿耐庵夫婦二人因見本府尚奈何他不得，以後膽子更大，除了督、撫、兩司之外，其餘連本道都不在他眼裏。三節兩壽，孝敬上司的錢，雖不敢任情減少，然而總是照著前任移交過來的簿子送的。各位司、道大人都念他同制台有點瓜葛，大家都不與他計較，不過恨在心裏。究竟多送少送，瞿耐庵並不曉得，以為「照著簿子，我總交代得過了」。只有撫台是同制台敵體的，有些節敬、門包等項送得少了，便由首縣傳出話來，說他一兩句，或是退了回來。瞿耐庵弄得不懂，告訴人說：「我是照例送的，怎麼他們還貪心不足？」無奈撫台面子，只好補些進去。有時候添過原數，有時候不及原數，總叫使他錢的人心上總不舒服，這也非止一次了。還有些過境內委員老爺，或是專門來查事件的，他也是照著簿

子開發，以致沒一位委員不同他爭論。

正是光陰似箭，日月如梭，不知不覺，瞿耐庵自從到任至今也有半年了。治下的百姓因他聽斷糊塗，一個個痛心疾首，還是平常，甚至上司，同寅也沒有一個喜歡他的。磕來碰去，只有替他說壞話的人，沒有一個說他好的人。他自以為：「我於上司面上的孝敬，同寅當中的應酬，並沒有少人一個，而且筆筆都是照著前任移交的簿子送的。就是到任之初，同本府稍有齟齬，後為首縣前來打圓場，情面難卻，一切『到任規』，孫少爺滿月賀禮，都按照簿子上孝敬本道的數目孝敬本府，也算得盡心的了。」那知本府亦恨之入骨。一處處弄得天怒人怨，在他自己始終亦莫明其所以然。

不料此時他太太所依靠的乾外公湍制台奉旨進京陛見，接著又有旨意叫他署理直隸總督，一時不得回任。這裏制台就奉旨派了撫台升署，撫台一缺就派了藩台升署，臬台、鹽道以次遞升，另外委了一位候補道署理鹽道。省中大局已定，所屬印委各員，送舊迎新，自有一番忙碌，不消細述。

且說這位署理制台的，姓賈，名世文。底子是個拔貢〔註：從秀才中選拔出來，保送入京，經過朝考合格，可充任京官、知縣等職。初六年選一次，後改為十二年。〕做過一任教官，

後來過班知縣，連升帶保，不到二十年工夫，居然做到封疆大吏，在湖北巡撫任上也足足有了三個年頭。這年實年紀六十六歲。生平保養的很好，所以到如今還是精神充足。自稱生平有兩樁絕技：一樁是畫梅花，一樁是寫字。

他的書法，自稱是王右軍一路，常常對人說：「我有一本王羲之寫的『前赤壁賦』，筆筆真楷，碧波清爽，一筆不壞，聽說還是漢朝一個有名的石匠刻的。兄弟自從得了這部帖，每天總得臨寫一遍，一年三百六十日，從沒有一天不寫的。」大家聽了他的話，幸虧官場上有學問的人也少，究竟王右軍是那一朝代的人，一百個當中，論不定只有三個兩個曉得。曉得的也不過付之一笑，不曉得的還當是真的哩。他說近來有名的大員如同彭玉麟、任道熔等，都歡喜畫梅花，他因此也學著畫梅花。他畫梅花另有一個訣竅，說是只要圈兒畫得圓，梗兒畫得粗，便是能手。每逢畫的時候，或是大堂幅，或是屏幅，自己來不及，便叫管家幫著畫圈。管家畫不圓。他便檢了幾個沙殼子小錢鋪在紙上，叫管家依著錢畫，沒有不圓的了。等到管家畫完之後，然後再經他的手鉤鬚加點。

有些下屬想要趨奉他，每於上來稟見的時候，談完了公事，有的便在袖筒管裏或是靴頁子裏，掏出一張紙或是一把扇子，雙手捧著，說一聲「卑職求大人墨寶」，或是「求大人法繪」。

那是他再要高興沒有，必定還要說一句：「你倒歡喜我的書畫麼？」那人答應一聲「是」，他更樂的了不得。送客回來，不到天黑便已寫好，畫好，叫差官送給那人了。

後來大家摸著他的脾氣，就有一位候補知縣，姓衛，名瓚，號佔先，因為在省裏空的實在沒有路子走了，曾於半個月前頭，求過賈制台賞過一幅小堂畫。賈制台的脾氣是每逢人家求他書畫，一定要詳詳細細把這人履歷細問一遍，沒差的就可得差，無缺的就可得缺。候補班子法中，有些人因走這條路子得法的很不少。衛佔先為此也趕到這條路上來。但是求書畫的人也多了，一個湖北省城那裏有這許多缺，許多差使應酬他們。弄到後來，書畫雖還是有求必應，差缺卻有點來不及了。衛佔先心上躊躇了一回，忽然想出一條主意來，故意的說：「有事面稟。」號房替他傳話進去。賈制台一看手本，記得是上次求過書畫的，吩咐叫「請」。見面之後，略為扳談了幾句。衛佔先扭扭捏捏又從袖子管裏掏出一卷紙來，說：「大人畫的梅花，卑職實在愛得很！意思想再求大人賞畫一張，預備將來傳之子孫，垂之久遠。」賈制台道：「不是我已經給你畫過一張嗎？」衛佔先故意把臉一紅，吞吞吐吐的，半天才回道：「回大人話：卑職該死！卑職該死！卑職沒出息！卑職因為候補的實在窮不過，那張畫卑職領到了兩天，就被人家買了去了。」

　　賈制台一聽這話，不禁滿臉堆下笑來，忙問道：「我的畫，人家要買嗎？」衛佔先正言屬色的答道：「不但人家要買，並且搶著買！起先人家計價，卑職要值十兩銀子。」賈制台縐著眉，搖著頭道：「不值罷！不值罷！」又忙問：「你到底幾個錢賣的？」衛佔先道：「卑職實實在在到手二十塊洋錢。」賈制台詫異道：「你只討人家十兩，怎麼倒到手二十塊洋錢？」衛佔先道：「卑職討了那人十兩，那人回家去取銀子，忽然來了一個東洋人，說是聽見朋友說起卑職這裏有大人畫的梅花，也要來買。」賈制台又驚又喜道：「怎麼東洋人也歡喜我的畫？」衛佔先道：「大人容稟。」賈制台道：「快說！」衛佔先道：「東洋人跑來要畫，卑職回他：『只有一張。』他說：『一張就是一張。』卑職拿出來給他看過之後，他便問：『多少銀子？』卑是職回他：『十兩銀子。已經被別的朋友買了去了。』東洋人道：「『你退還他的銀子，我給你十四塊洋錢。』卑職說：『人家已經買定，是不好退還的。』東洋人只道卑職不願意，立刻就十六塊、十八塊，一直添到二十塊，不由分說，把洋錢丟下，拿著畫就跑了。後來那個朋友拿了十兩銀子再來，卑職只好怪他沒有留定錢，所以被別人買了去。那個朋友還滿肚皮不願意，說卑職不是。」賈制台道：「本來是你不是。」衛佔先一聽制台派他不是，立刻站起來答應了幾聲「是」。賈制台道：「你既然十兩銀子許給了人家，怎麼還可以再賣給東洋人呢？果然東洋人要我的畫，你何妨多約他兩天，進來同我

說明，等我畫了再給他？」衛佔先連連稱「是」，又說：「卑職也是因為候補的實在苦極了，所以才斗膽拿這個賣給人的。」

賈制台道：「既然有人要，我就替你多畫兩張也使得。」說罷便吩咐衛佔先跟著自己同到簽押房裏來。賈制台進屋之後，便自己除去靴帽，脫去大衣，催管家磨墨，立刻把紙攤開，蘸飽了筆就畫、又吩咐衛佔先也脫去衣帽，坐在一旁觀看。正在畫得高興時候，巡捕上來回：「藩司有公事稟見。」賈制台道：「停一刻兒。」接著又是學台來拜。賈制台道：「剛剛有事，偏偏他們纏不清！替我擋駕！」巡捕出去回頭了。接著又是臬司稟見說是「夏口廳馬同知捉住幾個維新黨，請示怎麼辦法」夏口廳馬同知也跟來預備傳見。還有些客官來稟見的，官廳子上坐得有如許若干人，只等他老人家請見。他老人家專替衛佔先畫梅花，只是不出來。

外面學台雖然擋住未曾進來，藩、臬兩司以及各項稟見的人卻都等得不耐煩。當下藩台先探問：「到底督憲在裏面會的什麼客，這半天不出來？」探來探去，好容易探到，說是大人正在簽押房裏替候補知縣衛某人畫畫哩。藩台一向是有毛燥脾氣的，一聽這話，不覺怒氣沖天，在官廳子上，連連說道：「我們是有公事來的，拿我們丟在一邊，倒有閒情別致在裏頭替人家畫畫兒！真正豈有此理！——我做的是皇上家的官，沒

有這樣閒工夫好耐性去等他！既然不見，等我走！」說著，賭氣走出官廳，上轎去了。

且說這時候署藩台的亦是一個旗人，官名喚做噶劄騰額，年紀只有三十歲。他父親曾做過兵部尚書，去世的時候，他年紀不過二十一歲。早年捐有郎中在身，到部學習行走。父親見背，遂蒙皇上天恩，仍以本部郎中，遇缺即補，服滿補缺。幸虧此時他岳丈執掌軍機，歇了三年，齊巧碰到京察〔註：考核京官的制度，清代每三年舉行一次，憑考核結果定升降。〕年分，本部堂官就拿他保薦上去，引見下來，奉旨以道、府用。不到半年，就放湖北武昌鹽法道。是年只有二十七歲。到底年紀輕的人，一心想做好官，很替地方上辦了些事，口碑倒也很好。次年還是湍制台任上保薦賢員，把他的政績臚列上陳，奉朱批，先行傳旨嘉獎。他裏面有丈人照應，外面又有總督奏保，所以外放未及三年，便已升授本省臬司。這番湍制台調署直隸總督，本省撫台署理督篆，藩台署理撫篆，所以就請他署理藩篆。他到任之後，靠著自己內有奧援，總有點心高氣傲。有些事情，凡是藩司分所應為的，在別人一定還要請示督、撫，在他卻不免有點獨斷獨行，不把督、撫放在眼裏。

此番偶然要好，為了一件公事前來請示制台。齊巧賈制台替衛佔先畫畫，沒有立刻出來相會，叫他在官廳裏等了一會，

把他等的不耐煩，賭口氣出門上轎，徑回衙門，公事亦不回了。歇了一會，賈制台把畫畫完，題了款，用了圖章，又同衛佔先賞玩了一回，方才想起藩台來了半天了，立刻到廳上請見。那知等了一刻，外面傳進話來，說是藩司已經回去了。賈制台聽說藩台已去，便也甘休。

只因他平日為人很有點號令不常，起居無節，一時高興起來，想到那個人，無論是藩台，是臬台，馬上就傳見，等到人家來了，他或是畫畫，或是寫字，竟可以十天不出來，把這人忘記在九霄雲外。巡捕曉得他的脾氣，回過一遍兩遍，多回了怕他生氣，也只好把那人丟在官廳上老等。常有早晨傳見的人，到得晚上還不請見，晚上傳見的人，到得三更、四更還不請見。他睡覺又沒有一定的時刻，會著客，看著公事，坐在那裏都會矇矓睡去。一天到夜，一夜到天亮，少說也要睡二三十次。幸虧睡的時候不多，只要稍為矇一矇，仍舊是清清楚楚的了。他還有一個脾氣，是不歡喜剃頭的。他說剃髮匠拿刀子剃在頭上，比拿刀子割他的頭還難過，所以往往一兩個月不剃頭，亦不打辮子。人家見了，定要老大的嚇一跳，倘不說明白是制台，不拿他當作囚犯看待，一定拿他當做孤哀子看待了。除了畫梅花寫字之外，最講究的是寫四六信。常常同書啟老夫子們討論，說是一個人只要會做四六信，別的學問一定是不差的。因為這四六信對仗既要工整，聲調又要鏗鏘。譬如干支對干支，卦名

228

對卦名，鳥獸對鳥獸，草木對草木，倘若拿干支對卦名，使鳥獸對草木，便不算得好手了。至於聲調更是要緊的，一封信念到完，一直順流水瀉，從不作興有一個隔頓。一班書啟相公、文案老爺，曉得制台講究這個，便一個個在這上頭用心思。至於文理浮泛些，或是用的典故不得當，他老人家卻也不甚斤斤較量。閒話少敘。且說他有位堂母舅，敘起來卻是他母親的從堂兄弟，不過從前替他批過文章，又算是受過業的老夫子。他外祖家是江西袁州人氏。這位堂母舅一直是個老貢生，近來為著年紀大了，家裏人口眾多，處館不能養活，忽然動了做官之興。想來想去，只有這位老賢甥可以幫助幾百銀子。後來又聽見老賢甥升署總督，越發把他喜歡的了不得。意思就想自己到湖北來走一趟，一來想看看老賢甥，二來順便弄點事情做做：「倘若事情不成功，幾百銀子總得幫助我的，彼時回來弄個教官，捐足花樣，倘能補得一缺，也好做下半世的吃著。」主意打定，好容易湊足盤川，待要動身，忽地又害起病來。老年人禁不起病，不到兩三天，便把他病的骨瘦如柴，四肢無力。依他的意思，還要掙扎動身前去。他老婆同兒子再三諫阻，不容他起身，他只得罷手。於是婉婉曲曲修了一封書，差自己的大兒子趁了船一直來到湖北省城，尋個好客寓住下。他的大兒子，便是賈制台的表弟了。這位老表有點禿頂，為他姓蕭，鄉下人都叫他為「蕭禿子」，後來念順了嘴，竟其稱為「小兔子。」

　　且說小兔子一直是在家鄉住慣的，沒有見過甚麼大什面。平常在家鄉的時候，見的捕廳老爺，已經當作貴人看待，如今要叫他去見制台，又聽人家說起制台的官比捕廳老爺還要大個十七八級，就是伺候制台的以及在制台跟著當底下人的，論起官來，都要比捕廳老爺要大幾成，一路早捏一把汗。如今到得這裏，不見事情不成功，只得硬硬頭皮，穿了一身新衣服，戴了一頂古式大帽子，撿出幾樣土儀，叫棧房裏夥計替他拎到制台衙門跟前。東探西望，好容易找到一個人。小兔子卑躬屈節，自己拿了「愚表弟蕭慎」的名片，向那人低低說道：「我是大人的表弟，大人是我的表哥。我有事情要見他，相煩你替我通報一聲。」

　　那人拿眼朝他看了兩眼，因聽說是大人的表弟，方才把嘴努了一努，叫他去找號房。小兔子走到號房門口，又探望了半天，才見一個人在床上睡覺，於是從床上把那人喚醒。那號房一接名片，曉得是大人親戚不敢怠慢，立刻通報。傳出話來叫「請」。仍舊由號房替他把土儀拿著，把他領了進去叩見表哥。賈制台看了老母舅的信，自有一番寒暄，問長問短，小兔子除掉諾諾答應之外，更無別話說得。賈制台見他上不得台盤，知道沒有談頭，便吩咐叫他在客棧暫住，「等我寫好回信，連銀子就送過來。」小兔子本來是見官害怕的，因見表哥叫他住外面在候信，便也不敢再到衙門裏來。

　　賈制台的公事本忙，記性又不好，一擱擱了一個月，竟把這事忘記。後來又接到老母舅一封信，方才想起，忙請書啟老夫子替他打信稿子，寫回信，說是送老母舅五百銀子。又對書啟老夫子說：「這是我的老母舅。這封信須要說幾句家常話，用不著太客氣的。」書啟老夫子回到書房，按照家常信的樣子寫了一封，送給賈制台過目。賈制台取過來看了一遍，因為上頭說的話如同白話一樣，心中不甚愜意，吩咐把文案上委員請一位來。委員到來，賈制台仍照前話告訴他一番，又道：「雖是家常信，但是我這位舅太爺，我小的時候曾經跟他批過文章，於家常之中，仍得加點材料才好，也好叫老夫子曉得我如今的筆墨如何？」委員答應退下，自去構思，約摸有三個鐘頭，做好寫好，上來呈政。無奈當中又用了許多典故，賈制台有點不懂，看了心上氣悶得很。後來看見信裏有「渭陽」兩個字，不覺顛頭聳腦，反而稱讚這位文案有才情；又道：「我這封信本是給娘舅帶銀子去的。『詩經』上這兩句我還記得，是『我送舅氏，曰至渭陽』。如今用這個典故，可稱確切不移。好好好！但是別的句子又做得太文雅些，不像我們至親說的話了。為了這封信，倒很辛苦你們。無奈寫來寫去，總不的當。你們如今也不必費心了，還是等我自己寫罷。」文案退去之後，賈制台拿兩封信給眾人看，說：「不信一個武昌省城，連封信都沒人寫，還要我老頭子自己煩心，真正是難了！」

　　人家總以為他既如此說，這封信一定馬上自己動手的，況且舅太爺還在那裏指望他寄銀子。誰知小兔子在棧房裏，一住住了兩個月，不敢來見表哥。他老人家事情又多，幾個打岔，竟把這件事忘記在九霄雲外。忽然一天接到舅母的電報，說是娘舅已死。懇情立刻打發他兒子回去。賈制台到此方想起五百銀子未寄，信亦不曾寫，如今已來不及了。無可說得，只得叫人把表弟找來，當面怪表弟：「為什麼躲著我表哥，自從一面之後，一直不再來見我？我只當你已經動身回去了，我有銀子，我給誰帶呢？」幸虧小兔子是個鋸了嘴的葫蘆，由他埋怨，一聲不響，聽憑賈制台給了他幾個錢，次日便起身奔回原籍而去。要知後事如何，且聽下回分解。

第四十三回　八座荒唐起居無節　一班齷齪堂構相承

　　話說小兔子去了三四天，賈制台忽然接到蘄州知州一個夾單，說是「憲台表老爺蕭某人趁了輪船路過卑境，停船的時候，上下搭客混雜不分，偶不小心，包裹裏的銀子被扒兒手悉數扒去，現在住在敝署，不能前進，請示辦理」等語。原來小兔子自從上了輪船，東張西望，並不照顧自己的行李，以致遇見扒手。當時齊巧解開包裹找衣服穿，一摸銀子沒有了，立刻吵著鬧著，要船上人替他捉賊。賊捉不到，就哭著要船上茶房賠他，一會又說要上岸去告狀。船上的人落得順水推船，趁著輪船還未離岸，馬上動手把他的行李送到岸上，由他去告狀。他問了問，曉得靠船地方是蘄州該管，忙坐了一輛小車子，奔到州裏來告狀。這州官姓區，號奉仁，一聽是制台的表弟，便也不敢怠慢，立刻請他到衙門裏來住，一面稟明制台，請示辦法。夾單後面又說：「這銀子是在輪船上失去的。輪船自有洋人該管，卑職並無治外法權，還求大人詳察。」他的意思以為著此一筆，這事便不與他相干，無非欲脫自己的干係。誰知制台看了這兩句，心上不自在，便道：「不管他岸上水裏，總是他蘄州該管，少了東西就得問他要。我的親戚，他們尚且如此，別的小民更

不用說了！」罷了，便下了一個劄子，將蘄州區牧嚴行申飭，說他捕務廢弛，「限三天人贓並獲，逾限不獲，定行撤委」。區奉仁接到此信，無奈只得來同小兔子商量，私底下答應小兔子，凡是此番失去的銀子都歸他賠，額外又送了二十四兩銀子的程儀，又另外替他寫了船票，打發一個家人，兩個練勇，送他回籍。一面自己上省稟見制台，面陳此事。

這位區知州是晚上上了火就趕著過江的。到了省裏，恐怕制台記掛表弟，立刻上院稟見。幸虧賈制台是個起居無節的，三四更天一樣會客。巡捕、號房曉得他的脾氣，便也不敢回家，大家輪班在院上伺候。所以雖是三更半夜，轅門裏頭仍舊熱鬧得很。區奉仁走到官廳一看，已經有個人在那裏了。這個人歪在首縣一向坐慣的一張炕上，低著頭打盹，有人走過他的面前，他也不曾覺得。這裏官廳子共是三間廠間，只點了一支指頭細的蠟燭，照得滿屋三間仍是黑沉沉的，看得不十分清楚。區奉仁是久在外任，省城裏這些同寅素來隔膜，初時來時，見那人坐著不動，便也懶得上前招呼。此時正是十月天氣，忽然起了一陣北風，吹得門窗戶扇唏哩嘩喇的響。蠟燭火被風一閃，早已蠟油直瀉下來，一支蠟燭便已剩得無幾了。區奉仁此時也覺得陰氣凜凜，寒毛直豎。正想叫管家取件衣服來穿，尚未開口，只見炕上那個打盹的人，忽然「啊唷」一聲，從炕上下來，站著伸了一個懶腰，仍就歪下，卻不知從那裏拖到一件又破又舊

的一口鐘〔註：沒有袖子的外衣，也叫斗篷。〕圍在身上，擁抱而臥；一雙腳露在外頭，卻是穿了一雙靴子。區奉仁看了甚是疑心，既不曉得他是個甚麼人：「倘若是個官，何以並無家人伺候，卻要在這裏睡覺？」一面尋思，一面看錶。他初進來的時候是十一點三刻，此時已經是三點一刻。

正在看錶，忽然聽見窗戶外面一班差人、轎夫蹲在那裏，嘴裏不住的唬哩唬哩的響，好像吃麵條子似的。區奉仁聽得清切，便想：「此時也不早了，肚裏也有些餓了，我何不叫他們也買一碗吃了，一來可以充饑，二來可以抵當寒氣。」主意打定，便想推出門去叫人。誰知外面風大得很，尖風削面，猶如刀子割的一般。尚未開口，管家們早已瞧見，趕了進來，動問：「老爺有何使喚？」區奉仁連忙縮了回來，仍舊坐下，喘息稍定，便把買麵吃的話說了。管家道：「三更半夜，那裏有賣麵的。他們一般人是凍的在那裏唬哩嘘哩的喘氣，並不是吃麵，老爺想是聽錯了。老爺要吃麵，等小的出去，到轅門外面去買了來。」區奉仁點點頭。管家自去買麵。停了好半天，只買得一碗稀粥，說是天將四鼓，麵是沒有的了。區奉仁只得甘休。

吃過了粥，登時身上有了熱氣，就問：「上頭為什麼還不請見？」管家回道：「聽說同首府說話哩。首府從掌燈就進來，一直跑進簽押房！大人留著吃晚飯，談字，談畫，一直談到如

今還沒有談完。江漢關道從白天兩點鐘到這裏，都沒有見著哩。這位大人只有同首府說得來，有些司、道都不如他。」區奉仁道：「首府本來同制台是把兄弟。」管家道：「聽說現在又拜了門，拜制台做教師，不認把兄弟了。通武昌省城，只有他可以進得內簽押房，別人只好在外頭老等。」區奉仁道：「照這樣子，可曉得他幾時才見？」管家道：「小的進來就問過號房，馬上就見亦說不定，十天半個月亦說不定，就此忘記了不見也說不定。」區奉仁道：「我是有缺的人，見他一面，把話說過了，我就要回去的。被他如此耽誤下來也好了！」管家道：「這話難說。不是為此，怎麼這官廳子上一個個都怨聲載道呢？」

主僕二人正講得高興，忽見炕上圍著一口鍾睡覺的那個人一骨碌爬起，一手揉眼睛，一手拿一口鍾推在一邊，又拿兩手拱了一拱，說道：「老同寅，放肆了！你閣下才來了一霎工夫已經等的不耐煩，兄弟到這裏不差有一個月了！」區奉仁一聽這話，大為錯愕，忙站起來，請教「貴姓、台甫」。那人便亦起身相迎，回稱：「姓瞿，號耐庵。」區奉仁一聽這「瞿耐庵」三字很熟，想了一回，想不起來。

原來瞿耐庵自從到了興國州，前任因為同他不對，前任帳房又因需索不遂，就把歷任移交的帳簿子一齊改了給他。譬如

236

素來孝敬上司一百兩銀子的，他簿子上卻是改做一百元；應該一百元的，都改做五十元。無論瞿耐庵的太太如何精明，如何在行，見了這個簿子，總信以為真，決不疑心是假造的。誰知這可上了當了：送一處碰一處，送兩處碰兩處，連他自己還不明白所以然，已經得罪的人不少了。你道前任帳房的心思可惡不可惡！

起初湍制台的湖北，丫姑爺戴世昌腰把子挺得起，說得動話，瞿耐庵靠著他的虛火，有些上司曉得他的來歷，大眾看制台分上，都不來同他計較，所以孝敬上司的數目就是少些，還不覺得。不料湍制台一朝調離，丫姑爺尚且失勢，他這個假外孫婿更說不著了。賈制台初署督篆，就有人說他話。起先賈制台還看前任的面子，不肯拿他即時撤任。後來說他的壞話人多了，又把他在任上聽斷如何糊塗，太太如何要錢，一齊掀了出來。齊巧本府上省，賈制台問到首府，首府又替他下了一副藥、因此才拿他撤任。

撤任回省，接連上了三天轅門，制台都沒有見他。後來因為要甄別一票人，忽然想著了他，平空裏忽然傳見。瞿耐庵聞命之後，忙得什麼似的，也沒有坐轎子，就趕到制台衙門裏來。來傳的人是十二點一刻到他公館，瞿耐庵沒有吃午飯，不到十二點三刻就趕到轅門，走進官廳，一直坐了老等。誰知左等也

不見請，右等也不見請，想要回去，又不敢回去。肚裏餓得難過，只好買些點心充饑。看看天黑下來，找到一個素來認得的巡捕，託他請示。巡捕道：「他老人家的脾氣，你還不知道麼？誰敢上去替你回！他一天不見你，就得等一天；他十天不見你，就得等十天；他一個月不見你，就得等一個月。他什麼時候要見，你無論三更半夜，天明雞叫，你都得在這兒伺候著。倘若走了，不在這裏，他發起脾氣來，那可不是玩的！」原來這巡捕當初也因少拿了瞿耐庵的錢，心上亦很不舒服他，樂得拿話嚇他，叫他心上難過難過。瞿耐庵本來是個沒有志氣的，又加太太威風一倒，沒了仗腰的人，聽了巡捕的話，早嚇得魂不附體，只得諾諾連聲，退回官廳子上靜等。那知等到半夜，裏邊還沒有傳見。這一夜，竟是坐了一夜，一直未曾合眼。

等到第二天天明，就在官廳子上洗臉，吃點心。停了一刻，上衙門的人都來了，管廳子上人都擠滿。等到制台傳見了幾個，其餘統通散去，又只剩得他一個。仍舊不敢回家，只得又叫管家到公館裏搬了茶飯來吃。這日又等了一天，還沒請見。又去請教巡捕。巡捕生氣，說道：「你這人好麻煩！同你說過，大人的脾氣是不好打發的！既然來了，走不得！怎麼還是問不完？」瞿耐庵嚇的不敢出氣，仍回到官廳上。這夜不比昨夜了，因為昨夜一夜未曾合眼，身子疲倦得很，偶然往炕上躺躺，誰知一躺就躺著了。這一覺好睡，一直睡到第二天出太陽才醒。

接著又有人來上院。他碰見熟人也就招呼，好像是特地穿了衣帽專門在官廳上陪客似的。一霎時各官散去，他仍舊從公館裏搬了茶飯來吃。只因其時天氣尚不十分寒冷，所以穿了一件袍套還熬得住。

如是者又過了幾天，一直不回公館。太太生了疑心，說：「老爺不要又是到漢口被什麼女人迷住了，所以不回來？」偷偷的自己過江探問。無意之中，又打聽到前次率領家人去打的那個人家，的確是老爺討的小老婆，那女人名喚愛珠，本是漢口窰子裏的人。當時不知道怎樣被夏口廳馬老爺一個鬼串，竟被他迷住了。後來瞿耐庵到任，很寄過幾百銀子給這女人。不過瞿耐庵懼內得很，一直不敢接他上任。那愛珠又是堂子裏出身，楊花水性。幸虧馬老爺顧朋友，說道：「倘喏照此胡鬧上去，終究不是個了局。」就寫了一封信給瞿耐庵，說愛珠如何不好，「恐怕將來為盛名之累，已經替你打發了。」瞿耐庵得信之後，無可如何，只索丟開這個念頭。如今這事全盤被太太訪聞，始而不禁大怒，既而曉得人已打發，方才把氣平下。漢口找不到老爺，於是過江回省。怕家人說的話靠不住，又叫自己貼身老媽摸到制台衙門州、縣官廳上瞧了一瞧，果然老爺一個人坐在那裏，方始放心。天天派了人送飯送衣服給老爺。過了幾天，又因天氣冷了，夜裏實實熬不住，被頭褥子無處安放，只送了一件一口鍾，又一條洋毯，以為夜間禦寒之用。

　　閒話少敘。且說當時區奉仁拿他端詳了一回，方才想起從前有人提過他是前任制台的寄外孫婿。聞名不如見面，怎麼今天也會弄到這個樣子，便大略的問了一問。瞿耐庵是老實人，就一五一十的把從前如何得缺，後來如何撤任，回省上轅門，制台如何不見，如今平空的傳見，及至來了，一等等了一個月不見傳見，以及巡捕又不准他走的話，詳述一遍。區奉仁聽了，一面替他歎息，一面又自己擔心，不覺皺緊眉頭，說道：「吾兄在省候補，是個賦閑的人，有這閒工夫等他，兄弟是實缺人員，地方上有公事，怎麼夠耽擱得許久呢？」瞿耐庵道：「你要不來便罷，既然來了，少不得就要等他。我正苦沒有人作伴，如今好了，有了你老哥，我們空著無事談談，兄弟倒著實可以領教了。」區奉仁道：「不要取笑！他不見終究不是個事。兄弟這趟上省只帶了中毛衣服來，大毛的都沒帶，原想就好回任的。如今被你老哥這一說，兄弟還要派人回蘄州去拿衣服哩。」

　　瞿耐庵道：「今兒這個樣子大約是不會傳見的了。你把補褂脫去，也到這炕上來睡一回兒；就是不睡著，我們躺著談心。夜深了，天氣冷，兩個人睡在這炕上總比外面好些。我這裏還有一條洋毯，你拿去蓋蓋腳；我這裏有一口鍾，也可以無須這個了。」起先區奉仁還同他客氣，不肯上炕來睡。後來聽聽裏面杳無消息，夜靜天寒，窗戶又是破碎的，一陣陣的涼風吹了

進來，實在有些熬不住了，瞿耐庵又催了三回，方才上炕睡的。
兩個人就拿了兩個炕枕作枕頭。

　　睡下之後，瞿耐庵又同他說：「不瞞老哥說：這三間屋裏，
上面有幾根椽子，每根椽子裏有幾塊磚頭，地下有幾塊方磚，
其中有幾塊整的，幾塊破的，兄弟肚子裏有一本帳，早把他記
得清清楚楚了。」區奉仁聽他說得奇怪，忙問所以。瞿耐庵方
同他說：「兄弟要見不得見，天天在這裏替他們看守老營。別
人走了，單剩兄弟一個，空著沒有事做，又沒有人談天，我只
好在這裏數磚頭了。」區奉仁聞言，甚為歎息。瞿耐庵又說：
「我們睡一會罷。停刻天亮，又有人來上衙門，一耽誤又是半
天哩。」卻好區奉仁也有點倦意，便亦朦朧睡去。次日起來，
才穿好衣服，趕早上衙門的人已經來了。他倆是日又等了一天，
仍未傳見。這夜又在官廳上蓋著洋毯睡了一夜。

　　到了第三天，區奉仁熬不住了。幸虧他是現任，平時制台
衙門裏照例規矩並沒有錯，人緣亦還好，便找著制台的一個門
口，化上一千兩銀子，託他疏通。那人拍胸脯說，各事都在他
的身上。齊巧這天有人稟見，巡捕替他把手本一塊兒遞了上去，
賈制台叫「請」。進去的時候，惟恐大人見怪，兩手捏著一把
汗。及至見了面，制台挨排問話，問到他，只說得兩三句：第
一句是「你幾時來的？」區奉仁恭恭敬敬回了聲「卑職前天就

來了」。上頭又說：「長江一帶剪絡賊多得很啊，輪船到的時候，總得多派幾個人彈壓彈壓才好。」區奉仁答應了兩聲「是」。制台馬上端茶送客。區奉仁方才把心放下。等到站了起來，又重新請一個安，說：「大人如無什麼吩咐，卑職稟辭，今天晚上就打算回去。」賈制台點點頭道：「你趕緊回去罷。」說罷，把一干人送到宅門，一呵腰，制台進去。

然後區奉仁又去上藩、臬兩司衙門。從司、道衙門裏下來，回到寓處，收拾行李。剛要起身，忽見執帖門上拿著手本上來回稱：「新選蘄州吏目隨太爺特來稟見。」區奉仁一看，手本上寫「藍翎五品頂戴、新選蘄州吏目隋鳳占」一行小字，便道：「我馬上就要出城趕過江的，那裏還有工夫會他。」執帖門道：「自從老爺一到這裏，才去上制台衙門，不曉得他怎樣打聽著的，當天就奔了來。老爺一直沒回家，他就一連跑了好幾趟。他說老爺是他親臨上司，應得天天到這裏來伺候的。」區奉仁聽他說話還恭順，便說了聲「請」。執帖門出去。

一霎時只見隋鳳占隨太爺戴著五品翎頂，外面一樣是補褂朝珠，因為第一次見面，照例穿著蟒袍。未曾進門，先把馬蹄袖放了下來；一進門，只見他把兩隻手往後一瘸，恭恭敬敬走到當中跪下，碰了三個頭，起來請了一個安。跟手從袖筒管裏拿履歷掏了出來，雙手奉上，又請了一個安。此番區奉仁見下

屬不比見制台了，大模大樣的，回禮起來，收了履歷。隋鳳占替他請安，他只拿只右手往前一豎，把腰呵了呵，就算已經還禮了。當下分賓坐下。區奉仁大約把履歷翻了一翻，因為認得的字有限，也就不往下看了。翻完了履楞，便問：「老兄貴處是山東？」隋鳳占道：「卑職是安徽廬州府人。」區奉仁詫異道：「怎麼履歷上說是山東呢？」再翻出來一看，才知道他是山東振捐局捐的官，原來錯看到隔壁第二行去了。自覺沒趣，只得搭訕著問了幾句：「你是幾時來的？幾時去上任？」隋鳳占一一回答了。立刻端茶送客。也同制台送下屬一樣，送了一半路，一呵腰進去了，隋鳳占又趕到城外，照例稟送，區奉仁自去回任不題。單說隋鳳占稟到了十幾天，未見藩台掛牌飭赴新任，他心上發急。因為同武昌府有些淵源，便天天到府裏稟見。頭一次首府還單請他進去，談了兩句，答應他吹噓，以後就隨著大眾站班見了。有天首府見了藩台，順便替他求了一求。藩台答應。首府回來，看見站班的那些佐雜當中，隋鳳占也在其內，進了宅門，就叫號房請隨太爺進來。號房傳話出去，隋鳳占馬上滿面春風，賽如臉上裝金的一樣，一手整帽子，一手提衣服，跟了號房進去。見面之後，首府無非拿藩台應允的話述了一遍。隋鳳占請安，謝過栽培，首府見無甚說得，也只好照例送客。

等到隋鳳占出來之後，他那些同班的人接著，一齊趕上前

來拿他圍住了，問他：「太尊傳見什麼事情？」隋鳳占得意洋洋的還不肯說真話，只說：『有兩個差使，太尊叫我去，我不高興去。太尊叫我保舉幾個人，我一時肚皮裏沒有人，答應明天給他回音。」大眾一聽首府有什麼差使，於是一齊攢聚過來，足足有二三十個，竟把隋鳳占圍在垓心。好在一班都是佐雜太爺，人到窮了志氣就沒有了，什麼怪像都做得出。其時正在隆冬天氣，有的穿件單外褂，有的竟其還是紗的，一個個都釘著黃線織的補子，有些黃線都已宕了下來，腳下的靴子多是尖頭上長了一對眼睛，有兩個穿著「抓地虎」，還算是好的咧。至於頭上戴的帽子，呢的也有，絨的也有，都是破舊不堪，間或有一兩頂皮的，也是光板子，沒有毛的了。大堂底下，敞豁豁的一堆人站在那裏，都一個個凍的紅眼睛，紅鼻子，還有些一把鬍子的人，眼淚鼻涕從鬍子上直掛下來，拿著灰色布的手巾在那裏揩抹。如今聽說首府叫隋鳳占保舉人，便認定了隋鳳占一定有什麼大來頭了，一齊圍住了他，請問「貴姓、台甫」。

當中有一個稍些漂亮些的，親自走到大堂暖閣後面一看，瞥見有個萬民傘的傘架子在那裏，他就搬了出來，靠牆擺好，請他坐下談天。隋鳳占看看沒有板凳，難拂他的美意，只得同他坐下，也請教他的名姓。那人自稱姓申，號守堯，是個府經班子，二十四歲上就出來候補，今年六十八歲子。先捐了個典史，在河南等過幾年，分在衛輝府當差。有年派了個保甲差使，

晚上帶了巡勇出門查夜。有一個吃酒醉的人，攔住當路罵人，被他碰見了。彼時少年氣盛，拉下來就五十板。等到打完了，那人才說：「我是監生。」捐了監的人，不革功名是打不得屁股的。當時無法，只得拿他開釋。誰知第二天，通城的監生老爺都來不答應他，說他擅責有功名的人，聲稱要到府裏去告他。他就此一嚇，捲捲行李逃走了。後來還是那個捱打的人恐怕鬧出來於自己面子不好看，私自出來求人家，勸大眾不要鬧了，這才甘休。後來本府也曉得了，明知他是畏罪而逃，樂得把差使委派別人。地方上少掉一個試用典史是不打緊的，倒也沒有人追究。他鬧了這個亂子，河南不能再去。齊巧他兄弟一輩子當中，當初有個捐巡檢的，後為這人死了，他就頂了這巡檢名字，化幾個錢，捐免驗看，一直到湖北候補，正碰著官運享通，那年修理堤工案內，得了一個異常勞績，保舉免補本班，以府經補用。年代隔得遠了，他自己也常常拿從前的事情告訴別人，以鳴得意。還說什麼「你們不要瞧我不起，雖然是官卑職小，監生老爺都被我打過的！」人家聽慣了，都嫌他有些痰氣，沒有人去理會他。此時同隋鳳占拉攏上了，便嘻開了一張鬍子嘴，同隋鳳占一並排坐在傘架子上，扳談起來。隋鳳占難卻他這番美意，只得同他坐在一塊兒談天。

　　究竟佐雜太爺們眼眶子淺，見申守堯同隋鳳占如此親熱，以為他二人一定又有什麼淵源，看來太尊所說的什麼差使，論

不定就要被申某奪去了。於是有些不看風色的人，偏偏跟了他二人到暖閣後面，聽他二人講話。又有些醋心重的人，一旁咕嚕說道：「人家好，有門路，巴結得上紅差使。不要說起是一樁事情輪不到我們頭上，就是有十樁、八樁也早被後長的人搶了去了。我們何必在這裏礙人家的眼，還是走開，省得結一重怨。」又有些人說道：「我偏不服氣！我定要在這裏聽他們說些什麼。有什麼瞞人事情，要這樣鬼鬼祟祟的！」

一干人正在言三語四，刺刺不休，忽見斜刺裏走過一個少年，穿著一身半新的袍套，向一個老頭子深深一輯，道：「梅翁老伯，常遠不見了！小姪昨天回來就到公館裏請安，還是老伯母親自出來開門的，一定要小姪裏頭坐。小姪一問老伯不在家，看見老伯母還只穿了一件單襪子，頭也沒梳，正有那裏燒水煮飯，所以小姪也就出來了。今日湊巧老伯在這裏，正想同老伯談談。」又聽那老頭子道：「失迎得很！兄弟家裏也沒得個客坐，偶然有個客氣些的人來了，兄弟都是叫內人到門外街上頓一刻兒，好讓客人到房裏來，在床上坐坐，連吃煙，連睡覺，連會客，都是這一張床。老兄來了，兄弟不在家，褻瀆得很！」又聽那少年道：「老伯，小姪是自家人，說那裏話來！」又聽老頭子道：「老兄這趟差使，想還得意？」少年道：「小姪記著老伯的教訓，該同人家爭的地方，一點沒有放鬆。所以這趟差使雖苦，除用之外，也剩到八塊洋錢。」老頭子道：

「你已經吃了虧了！到底你們年紀輕，是沒有什麼用頭的。」少年聽了不服氣，說道：「銀錢大事，再比小侄年紀輕的人，他也會丁是丁，卯是卯的；況且我們出來為的是那一項，豈有不同人家要，白睜著眼吃人家虧的道理。」老頭子道：「你且不要不服氣。你走了幾個地方？」少年道：「我的劄子一共是五處地方，走了半個多月才走完的。」老頭子說：「你又來！五個地方只剩得八塊洋錢，好算多？不信一處地方連著兩三塊錢都不要送。如今合算起來，每處只送得一塊六角錢。我們是老邁無能了，終年是輪不到一個紅點子。像你們年輕的人，差使到了手了又如此的辜負那差使，這才真正可惜哩。」少年道：「依你老伯怎麼樣？」老頭子道：「叫我至少一處三隻大洋，三五一十五塊錢總得剩的。」少年道：「人家送出來何嘗不是三塊、四塊，但是，自家也要用幾文。人家送了這筆洋錢來，力錢總得開銷人兩個。」老頭子把嘴一披，道：「你闊！你太爺要賞他們！他們跟慣州縣大老爺的人，那個腰裏不是裝飽的，就稀罕你這幾角洋錢！叫我是老老臉皮，來的人請他坐下，倒碗茶讓他吃，同他們謙恭些，是不犯本錢的。至於力錢，抹抹臉，我亦不同他們客氣了。人家見我如此待他，就是我拿出來，他亦不好意思收了。所以這筆錢我就樂得省下，自己亦好多用兩天，至於你說什麼零用，這卻是沒有底的，倘若要闊，一天有多少都用得完，但是貪圖舒服，也很可不必再出來當這個差使了。」

　　老頭子只管絮絮叨叨不住，少年聽了甚不耐煩。齊巧隋鳳占同申守堯在暖閣後面談了一回也走了出來。申守堯是認得那兩個人的，便問少年道：「你同梅翁談些什麼？」少年正待開口，卻被老頭子搶著說了一遍，無非是怪少年不知甘苦，不會弄錢的一派話。少年聽了不服氣，又同他爭論。申守堯便從中解勸道：「這話怪不得梅翁要說。你老兄派的幾處地方總還在上中字型大小裏頭。他們現任大老爺。一年兩三萬往腰裏拿，我們面上，他就是多應酬幾文，也不過水牛身上拔一根毛。所以兄弟也是出差每到一處，等他們把照例的送了出來，我一定要客氣，同他們推上兩推。並不說嫌少不收，我興說：『彼此至好，這個斷斷乎不敢當的。不過在省城裏候補了多少年，光景實在不好，現在情願寫借票，商借幾文，』如此說法，他們總得加你幾文。有些客氣的，借的數目比送的數目還多。」少年道：「開口問人家借，借多少呢？」申守堯道：「這也沒有一定。總而言之：開出口去伸出手去，不會落空就是了。」少年道：「到底這借票還寫不寫呢？」申守堯道：「你這人又呆了，錢既到手，抹抹臉皮，還有什麼筆據給人家。倘若一處處都寫起來，要是一年出上三趟差，至少也寫得二十來張借票，這筆帳今輩子還得清嗎？不過是一句好看話罷了。況且幾塊錢的小事，就是寫票據，人家也不肯接手的，倒不如大大方方說聲『多謝』，彼此了事。」

　　三個人正說得高興，不提防隋鳳占站在旁邊一齊聽得明明白白，便插口說道：「守翁的話呢，固然不錯。然而也要鑒貌辨色，隨風駛船。這當中並沒有什麼一定的。」眾人見他一旁插口，不知道他是什麼人，不覺都楞在那裏。申守堯便替他拉扯，朝著一老一少說：「這位是新選蘄州右堂，姓隨，官印叫鳳占。宦途得意得很，不日就要到任的。而且是老成練達，真要算我們佐雜班中出色人員了！」一老一少聽了，連忙作揖，極道仰慕之忱。申守堯又替二人通報姓名，指著年老的道：「這位姓秦，號梅士，同兄弟同班，都是府經。」又指年少的道：「這位學槐兄，今年秋天才驗看。同太尊第二位少奶奶娘家沾一點親，極蒙太尊照拂，到省不到半年，已經委過好幾個差使了。」隋鳳占亦連稱「久仰」。又道：「恰恰聽見諸公高論，甚是佩服！」秦梅士道：「見笑得很！像你老兄，指日就要到任的，比起我們這些終年聽鼓的到底兩樣。」隋鳳占道：「豈敢，豈敢！不過兄弟自從出來做官，一直是捐了花樣，補的實缺，從沒有在省城裏候補過一天。不過這裏頭的經濟，從前常常聽見先君提起，所以其中奧妙也還曉得一二。」眾人忙問：「老伯大人從前一向那裏得意？」隋鳳占道：「兄弟家裏，自從先祖就在山東做官。先祖見背之後，君也就驗看到省，一直是在山左〔註：山東舊時的別稱，因在太行山之左（東）而得名。〕的，等到兄弟，卻是一直選了出來，僥倖沒有受過這

苦，雖然都是佐班，兄弟家裏也總算得三代做官了。」眾人道：「有你老哥這般大才，真要算得犁牛之子〔註：《論語‧雍也》：「子謂仲弓曰：『犛牛之子，騂且角——』」。仲弓之父賤且惡，而仲弓是個人才，孔子的話是比喻父惡子賢。〕，跨灶之兒〔註：比喻兒子勝過父親。馬前蹄之上有兩空處叫灶門。良馬的後蹄印反在前蹄印之前，叫跨灶。〕了。但是老伯從前是怎麼一個訣竅，可否見示一二？」申守堯道：「你們不要吵，且聽他說。老成人的見解一定是不同的。」

　　隋鳳占道：「先君從前在山東聽鼓的時候，有年奉首府的劄子，叫老人家到各屬去查一件什麼事情。先君到了第二縣，我還記得明明白白的，是長清縣。這長清在山東省裏也算一個上中缺，這位縣大爺又同先君稍為有些淵源。到了長清，見面之後，他就留先君到衙門裏去住。先君一想，住店總得錢，有得省樂得省，就把鋪蓋往衙門裏一搬。橫豎衙門裏空房子多得很。先君住的那間屋子就在帳房的緊隔壁。當時住了下來，本官又打發門上來招呼，說：『請太爺同帳房一塊兒吃飯。』衙門裏大廚房的菜是不能進嘴的，帳房師爺要好，又特地添了兩樣菜，先君吃著倒也很舒服。誰知住了一夜，第二天本官就下鄉相驗去了，離城一百多里路，來回總得三四天。臨走的時候還同先君說：「老兄不妨在這裏多盤桓幾天。倘若要緊動身。一切我已交代過帳房了。』先君以為他已經交代過帳房，總不

會錯的。第三天，先君覺著住在那兒白擾人家沒有味兒，就同帳房商量，說要就走的話。帳房答應了。先君先回到屋裏收拾行李。停了一會，帳房就叫人送過兩吊京錢來，說是太爺的差費。先君此來本想他多送兩個的，等到兩吊錢一送出來，氣的話都說不出！」申守堯道：「兩吊錢還比兩塊錢多些，現在一塊洋錢只換得八百有零。」隋鳳占道：「呀呀呼！我的太爺！北邊用的小錢，五百錢算一吊，一個算兩個，兩中只有一千文，合起洋錢來還不到一元三角。」申守堯道：「那亦太少了。」隋鳳占道：「就是這句話了。所以當時先君見了，著實動氣，就同送錢來的人說：『我同你家大老爺的交情並不在錢上頭，這個斷斷乎不好收的。』那人聽了先君的話，先還不肯拿回去，後來見先君執定不收才拿了的。帳房就在隔壁，是聽得見的。那人過去，把先君的話述了一遍。只聽得帳房半天不說話，歇了一回，才說道：「兩吊不肯，只好再加一吊。這錢又不是我的，我也不便拿東家的錢亂做好人。」先君一聽隔壁的話，知道不妙。等到第二趟送來，這時候頂為難：倘若是不推，明明是同他爭這一吊錢，面子上不好看，無奈，只得略為推了一推。那送來的人自然還不肯拿回去。先君也就自己轉圜，說道：『論理呢，這個錢我是不好收的。但是你們大老爺又不在家，我倘若一定不收，又叫你們師老爺為難，我只好留在這裏。師老爺前，先替我道謝罷。』諸公，你們想，這時候倘若先君再不收他的，他們索性拿了回去，老實不再送來，你奈何他？你

奈何他？所以這些地方全虧看得亮，好推便推，不好推只得留下。這就叫做見風駛船，鑒貌辨色。這些話是先君常常教導兄弟的。諸公以為何如？」大家聽了，一齊點頭稱「妙」，說：「老伯大人的議論，真是我們佐班中的玉律金科！」

正說得高興，忽見一個女老媽，身上穿的又破又爛，向申守堯說道：「老爺的事情完了沒有？衣裳脫下來交代給我，我好替你拿回去。家裏今天還沒米下鍋，太太叫我去當當，我要回去了。」申守堯不聽則已，聽了之時，怪這老媽不會說話，伸手一個巴掌，打的這老媽一個趔趄，站腳不穩，躺下了。欲知後事如何，且聽下回分解。

第四十四回　跌茶碗初次上臺盤　拉辮子兩番爭節禮

　　卻說申守堯因為跟他拿衣帽的老媽說出他的窘況，一時面上落不下去，只得嗔怪老媽不會說話，順手一個巴掌打了過去，不料用力過猛，把老媽打倒了。偏偏這個老媽又是個潑辣貨，趁勢往地下一躺，說了聲「老爺，你儘管打！你打死我，我也不起來了！」說完了這句，就在地下號咷痛哭起來。幸虧這時候，有些小老爺因為方才站班已經見著首府，他們說話的檔口，早已散去十之八九，此時所剩不過五六個人，被她這一哭，卻驚動了許多人，一齊圍住來看。申守堯只得紅著臉，彎了腰去拖她；拖不起來，只得盡著罵她。罵了又要還嘴；氣極了，舉來腿來又是兩腳。那老媽見老爺動手動腳，索性賴著不起來，只是哭著喊冤枉。府衙門裏的號房、把門的出來吆喝都不聽，後來還虧了本府的門政大爺出來罵了兩句，又說拿她送到首縣裏去，方才住了哭，站了起來，拿手在那裏揉眼睛。此時弄得個申守堯說不出的感激，意思想走到門政大爺跟著敷衍兩句，誰知等到走上前去，還未開口，那門政大爺早把他看了兩眼，回轉身就進去了。申守堯更覺羞赧無地自容，意思又想過來趁熱吆喝老媽兩句，誰知老媽早已跑掉，靴子、帽子、衣包都丟

在地下，沒有人拿。申守堯更急得沒法。隋鳳占說：「可惜兄弟還要到別處拜客，否則我叫我的跟班的替你拎了回去了。」申守堯道：「不消費心。」

幾個人當中，畢竟是老頭子秦梅士古道熱腸，便說：「守兄的衣帽脫下來沒有人拿，我們怎麼走呢？」說完，喊了一聲「小狗子」。只見一個面黃肌瘦的小廝應了一聲，跑過來叫了一聲「爸爸」，一旁侍立，卻舉起一隻袖子來擦鼻涕。老頭子道：「這位是隋老伯，這位是申老伯，見過了沒有？」小狗子說：「申老伯是認得的，只是隋老伯沒有見過。」老頭就叫他請安。小狗子果然請了一個安，叫了聲「老伯」。隋鳳占便曉得是老頭子的兒子了，於是拉住了手，問長問短，又道：「世兄品貌非凡，將來是要一定發達的。」老頭子道：「承讚，承讚。這是三小兒，今年已經十五歲了，不肯讀書，外才倒還有點。每逢兄弟上衙門，省得帶人，總是叫他跟著，或是拿拿衣帽，或是拜客投投帖。這些事情還做得來。」老頭子一面說，一面回頭吩咐兒子道：「你在這裏站著聽什麼！還不拿鞋來給我換！」小狗子聽說，立刻從懷裏掏出一個小布包，把鞋取出，等他爸爸換好。老頭子亦一面把衣裳脫下折好，同靴子包在一處，又把申守堯的包裹、靴子、帽盒，亦交代兒子拿著。申守堯先還不肯，老頭子一定要好，只得隨他。無奈小狗子兩隻手拿不了許多。幸虧他人還伶俐，便在大堂底下找了一根棍子，

兩頭挑著，又把他爸爸的大帽子合在自己頭上，然後挑了衣包，吁呀吁呀的一路喊了出去。眾人至此方曉得老頭子拿兒子是當跟班用的。

閒話少敘。單說秦梅士打發兒子把申守堯的衣帽送到他的寓處，只見那老媽正坐在堂屋裏哭罵哩，氣得申守堯要立刻趕她出去。老媽坐著不肯走，口稱：「要我走容易，把工錢算還了給我，我立刻走。還有老爺許我的，天天跟著上衙門拿衣帽，另外加錢給我的。」申守堯道：「那時說明白，有了差使再貼補你，如今我老爺並沒有得什麼差使，你怎好問我要呢？」老媽道：「這個不貼，送禮的腳錢總應該給我的了。」申守堯道：「送禮也有限得幾注。」老媽道：「不管他多少，總是我名分上應得的錢。老爺，你是做官做府的人，難道還吃我們這幾個腳錢不成？我記得清清楚楚，自從去年五月到如今，大大小小，也有三塊多錢的腳錢。從前你老爺說過，這筆錢要提給太太六成，餘下的替我們收著一塊兒分。如今多算點，太太名下算扣掉兩塊大洋，還有一塊多錢的多餘。連著十三個半月的工錢，一個月八角洋錢，八得八，三八兩塊四，再加半個月四角洋錢，一共是十元八角。加上腳錢。老爺，我就再讓些，你一共給我十二塊洋錢罷。」

申守堯一聽老媽要許多錢，急得頭裏火星直迸，恨不得伸

手就要打她，嘴裏嚷著罵：「混帳王八蛋！豈有此理！我老爺那裏欠你這許多工錢？我有數的，也不過還該你三個月沒有付，如今倒賴我說是有十三個半月沒付，真正豈有此理！就是送禮的腳錢，我也是筆筆有帳，通共不到一塊錢。除掉太太的六成，所餘不過三四角洋錢，那裏有這許多？明明訛人罷哩！本來這錢我是要立刻給你的，因為你會訛人，如今把腳錢罰掉，我不給了。」老媽道：「還有工錢呢？」申守堯道：「依我算三個月工錢就拿了去。彼此一刀兩斷，永遠不准進我的大門！」老媽道：「好便宜！你倒會打如意算盤！十三個半月工錢，只付三個月！你同我了事，我卻不同你干休！還有送禮的腳錢，也不能少我半個的！老爺，你試試！你如果少我一個錢，我同你到江夏縣打官司去！賴了人家的工錢，還要吃人家的腳錢，這樣下作，還充什麼老爺！」申守堯不聽則已，聽了她這番議論，立刻奔上前來，一手把老媽的領口拉住，要同她拼命。老媽索性發起潑來，跳罵不止，口口聲聲「老爺賴工錢！吃腳錢」！

他主僕拌嘴的時候，太太正在樓上捉蝨子，所以沒有下來，後來聽得不像樣子，只得蓬著頭下來解勸。其時小狗子還未走，亦幫著在旁邊拉申守堯的袖子。小狗子一手拉，一面說道：「申老伯，你不要去理那混帳東西。等她走了以後，老伯要送禮，等我來替你送，就是上衙門，也是我來替你拿衣帽，這些事情我都會做。不稀罕她，取她的寶！」申守堯道：「世兄，

你是我們秦大哥的少爺，我怎麼好常常的煩你送禮拿衣帽呢？」
小狗子道：「這些事我都做慣的，況且送禮是你申老伯挑我賺
錢，以後十個錢我亦只要四個錢罷了。」申守堯聽了他的話，
又是好笑，又是好氣，心想：「我們當佐班的竟不曉得是些什
麼東西，養出來的兒子都如此的下作！」

　　正想著，齊巧太太亦下來了，見是老爺同老媽嘔氣，太太
心上是明白的，曉得老爺這兩天是沒有錢，不要說是十二塊，
就是三塊亦拿不出；面子上只得勸老爺不要生氣，卻丟了個眼
色把老媽召呼到後面窩盤〔註：哄騙。〕她，叫她不要生氣，
仍舊做下去，「老爺一時氣頭上說的話是不好作準的。」起先
老媽還一口咬定不答應，禁不住太太左說好話，右說好話，面
情難卻，也只好住下來再說。

　　當時，秦小狗子把申守堯拉開之後，即便把衣帽等等一一
點交清楚。申守堯留他吃茶也不要，留他吃飯也不要，嘴裏雖
說不要，兩隻腳只是站著不肯走。申守堯摸不著頭腦，問他：
「有什麼話說？」他說：「問申老伯要八個銅錢買糖山楂吃。」
可憐申守堯的搭連袋那裏有什麼銅錢！但是小狗子開了口，又
不好回他沒有，只得仍舊進去同太太商量。太太道：「前天當
的當，只剩了二十三個大錢，在褲子底下，買半升米還不夠。
今日又沒有米下鍋，橫豎總要再當的了。你就數八個給他。餘

257

下的替我收好，我還要用兩天呢！」一霎時申守堯把錢拿了出來。小狗子爬在地下給申老伯磕了一個頭，方才接過銅錢，一頭走，一頭數了出去。

小狗子去了，申守堯聽了聽後面沒有聲息，曉得太太已經把老媽窩盤好了，不至於問他要錢，於是一塊石頭放下。這天仍是太太叫老媽出去當了當買了米來，才有飯吃。等到做好，太太一頭吃飯，一頭數說道：「當初我嫁你的時候，並不想什麼大富大貴，只圖有碗飽飯吃也夠了。後來你出來做官，我們老人家還說：『如今好了，某人出去做了官，你可以不愁的了。』人家做官是升官發財，誰曉得我們做官是越做越窮，眼前當都沒得當了！照此一天一天的下去，叫我怎麼樣呢！」申守堯聽了太太的話，滿面羞慚，說道：「我自從出來做官，也總算巴結的了，衙門牌期沒有一回不到。時運不濟，叫我也沒法想！」說罷，連連歎氣。太太更是撲簌簌的淚如雨下，索性飯亦不吃了。申守堯看了這個樣子，亦只吃了半碗飯，湊巧有朋友來找他，也就出去了。

向來申守堯吃了中飯出門，一定是要半夜裏才回來，這天出去了不到兩個鐘頭就回來了。一進門，拍手跳腳，竟把他興頭的了不得！太太見了反覺稀奇，問他：「為什麼大早的回來？」他說：「好了！好了！我們做佐班的向來是被人家壓住

了頭做的，沒有人拿我們當作人的。如今好了，有了出頭之日了！」太太問他：「怎麼有了出頭之日？」申守堯道：「我剛才同朋友出門，走到素來我同他商量借錢的胡太爺家。齊巧胡太爺出差回來，稟見藩台。藩台同他說：『剛剛從院上下來，制台今天已有過話：自從明天起，凡是佐雜一班，一概有個坐位，不像從前只是站著見了。』制台還說：『大小都是皇上家的官，我瞧他不起，便是褻瀆朝廷的命官。坐了下來，他們有什麼話，都可以同他談談。』太太，你想這位制台也總算好的了。想我候補了十幾年，真正氣也受夠了。到底如此，彼此坐下談兩句，他也好曉得曉得我。你不記得今年八月裏，算命的還說我今年流年臘月大利？看來就此得法，也未可知。而且還有一樣，藩台見制台也不過有個坐位，如今我們佐班竟同藩台一樣，你想這一跳跳的多高！」

太太聽了，尋思了半天，說道：「慢著！你從前不是對我說，你們做官的並不分什麼大小，同制台就同哥兒兄弟一樣？怎麼你今兒又說從前都是站著見他呢？站著見他，不就合他的二爺一樣嗎？」申守堯臉上一紅，一時回答不出，歇了好一會，才說道：「如今好了，是用不著站著見他了。」一面支吾，一面心上尋思：「難怪他們婦道之家，不懂得我們當佐雜的，連制台衙門裏的一條狗還不如，能夠比上他的二爺倒好了！」正想著，又聽得太太說道：「你不要騙我了。你站著見也好，坐

著見他也好，就是跪著見也好，我只要有錢用，有飯吃，不要當當就好了。」申守堯道：「你不要愁，如今興了這個規矩，以後就有了指望了，你等著罷。」太太也不理他。

本來次日申守堯是不上衙門的，因為制台有了這句話，又說檢班次老的，一天先傳見二三十員。自己算了算：「論起資格來，雖然還算不得十二分老，論不定制台高興，或者多見幾個，也未可知。與其臨傳不到，還是早去伺候的為是。」主意打定，次日一早，仍舊是老媽拿了衣帽跟著到了制台衙門。頭天制台的話早已傳遍的了，所以到了這天，那些佐貳老爺都興頭的了不得，上衙門的格外來得多。申守堯到了制台大堂底下，換好衣帽，會見秦梅士、隋鳳占一干人。隋鳳占說是昨晚已蒙藩憲掛牌，今天稟見，帶著稟辭。又說蘄州吏目一缺，打聽得近兩年來，全被前任弄壞了，見了制軍，有些話要得當面請示。秦梅士亦預備下多少話，見了制軍要面稟。

一干人正在那裏簇簇私議，只見藩台、臬台、糧道、鹽道，以及各著名局所總辦、道班、府班、首府、首縣，同、通、州、縣班實缺、候補，一起一起的進去出來。從藩、臬起，首府止，出來上轎的時候，一班佐雜老爺都趕著走出來站班。那些大人們，有兩位客氣的，還同他們點點頭；有幾個架子大的，便亦昂頭不顧的走出去了。

　　各官自清早七點鐘上院，一等等到十二點，制台方才統通見完。然後巡捕拿手本下來，說是傳見三十位佐班。某人某人，叫著名字，叫了上去，依著齒序，魚貫而入，不得攙前落後。各位太爺雖然高興，畢竟是第一次上臺盤。由不得戰戰兢兢，上下三十六個牙打對。還有幾個名字在後的，恐怕不能露臉，便越過幾個人跳上前去，前頭的人又不答應，便上前去拉他們，後頭的不服，又同前頭的吵鬧起來。巡捕官等得不耐煩，連連催道：「快些罷！——有話下來說！我瞧你這些太爺，怎麼好啊！」那些太爺被巡捕吆喝了兩句。不敢則聲，一齊放放馬蹄袖，跟了進來。走到會客廳上，制台已經站在居中，傳諭不要磕頭。大眾團團請了一個安。制台攤了一攤手，說了一聲「坐」，便團團的坐了下來。有些人兩隻眼睛只管望著大帥，沒有照顧後面，也有坐在茶几上的，也有一張椅子上已經有人坐了，這人又坐了下去，以致坐無可坐，又趕到對面，在廳上兜了一個大圈子的。亂了半天，方才坐定。

　　大家畢恭畢敬，聲息俱無，靜聽大帥吩咐，只聽得賈制台說道：「現在各處官場體制，佐雜見首府多半都是站班見的，不要說是督、撫了。我如今破除成例，望你們大家都知道自愛才好。這兩天事情忙，過幾天我還要挨班傳見，當面考考你們。聽清爽了沒有？」起先眾人聽制台說要考試，早已彼此面面相

覷，一聲回答不出。等到臨了問「大家聽見了沒有」，方才有兩個答應了一聲。制台見話已說完，無可再說，只得端起茶碗送客。隋鳳占進來的時候，原預備有許多說話面稟的，及至見了制台，不知不覺，就像被制台把他的氣逼住了，半個字也說不出。眾人答應「是」，也只得答應「是」，眾人端茶碗，也只得端茶碗。剛把茶碗端起，忽聽得拍撻一聲，不知是誰的茶碗跌碎了。定睛看時，原來是右手末二位那位太爺，不知怎樣會把茶碗跌在地下，砸得粉碎，把茶潑了一地，連制台的開氣袍子上都濺潮了。制台一面站起抖擻衣裳上的水，一面嘴裏說道：「這是怎麼說！這是怎麼說！」急的那位太爺蹲在地上，拿兩隻馬蹄袖攄那打碎瓷片子，弄得袖子盡濕，嘴裏自言自語的說：「卑職該死！卑職該死！打碎茶碗，卑職來賠！」制台也不理他。那人攄了一會，無法可想，也只得站了起來。眾人至此方看明白，打碎茶碗的不是別人，正是申守堯。原來他此番得蒙制台賞坐，竟自以為莫大之榮寵，一時樂得手舞足蹈，心花都開。一見端茶送客，正想趕著出來，以便誇示同僚。豈知那茶碗托子是沒有底的，湊巧他那碗茶又是才泡的開水滾燙，連錫托子都燙熱了，他見制臺端茶，忙將兩手把碗連托子舉起，不覺燙了一下，一時要放不敢放，一個不當心，誤將指頭伸在托子底下，往上一頂，那茶碗拍拉托一聲，翻到在地下來了。此時眾人既看清是申守堯，直把他羞得滿面緋紅，無地自容。制台拿他望了兩眼，想要說他兩句，又實在無可說得，只站起

身來，回頭對巡捕說道：「以後還得照舊罷。這些人是上不得台盤，抬舉不來的。」說完了這句，也不送客，一直徑往裏頭去了。

這裏眾人先還不敢走，只見制台的一個跟班進來說道：「諸位太爺不走等甚麼？還想大人再出來送你們嗎？倒合了一句俗話，『鼻子上掛鯗魚，叫做休想！』眾人聽說，只得相將出來。申守堯思思索索的跟在眾人後頭，走的很慢。那爺們又說道：「剛才大人的話可聽見了沒有？這廳上的椅子，除了今天，明天又沒得坐了。如果捨不得，不妨再進來多坐一會去。」眾人雖明曉得他是奚落的話，但奈何他不得，只好低著頭退了出去，仍走到大堂底下。秦梅士年老嘴快，首先走來把申守堯埋怨一頓，說：「我們熬了幾十年，才熬到這們一個際遇，如今又被你鬧回去了。你一人的成敗有限，這是關係我們佐班大局的，怎麼能夠不來怪你呢！」申守堯自知理屈，不敢置辯。還是隋鳳占為人圓通，忙過來解勸道：「惟其只有今天坐得一次，越顯得難得之機會。將來我們這輩人千秋之後，這件事行述上都刻得的。老前輩以為何如？」眾人議論了一回，各自散去。隋鳳占隨又分赴別位大憲衙門，叩謝稟辭，預備上任。且說他這個吏目〔註：官名，清代的州吏目掌佐理刑及官署事務。〕，在湖北省佐貳實缺當中，雖然算不得好缺，比較起來，還算中中。隋鳳占自己又抱定了一個宗旨，叫做「事在人為」。

他的意思，以為各種樣缺總要想法自己去做，決沒有賠累的。他捐了花樣，新選到省，手中本來略有幾文。因為吏目自從九品，上任之後，轎子跟著只能打把藍傘，鄉下人不懂得，還說這轎子裏的老爺是穿「服」〔註：指喪服。〕的。心想藍傘實在不好看，要捐個五品翎銜又夠不上。齊巧有人用他十二塊錢，抵押給他一張空白五品翎頂獎劄。他得了這個，非凡之喜，立刻穿戴起來，手本上居然加了「藍翎五品頂戴」六個小字。又想在省裏做好四副銜牌帶去：一副是「蘄州右堂」，一副是「五品頂戴」，一副是「賞戴藍翎」。那一副湊不出，想了半天，忽然想起「我的五品翎頂是軍功上來的」，便湊了一副「軍功加三級」。把四副官銜牌湊齊，找了個漆匠加工製造，五天包好，帶去上任。

到了蘄州，照例先去稟見堂翁區奉仁。知州大老爺沒有官廳，右堂太爺至此，只得先下門房，見了門政大爺，送過門包，自然以好顏相向，彼此如兄若弟的鬼混了半天。門政大爺隨口編了幾句恭維的話，隋鳳占亦說了些「諸事拜求關照」的話。等到裏頭堂翁請見，跟著手本進去，一般花衣補服，燦爛奪目。同堂翁區奉仁雖然在省城裏已經見過，不能算數，重新磕頭行禮。區奉仁讓他坐下，彼此敷衍了幾句，端茶送客。隋鳳占辭了出來，預先託過執帖門上，凡是堂翁衙裏官親、老夫子，打帳房起，錢穀、刑名、書啟、徵收、教讀、大少爺、二少爺、

姑爺、表少爺，由執帖門上領著，一處處都去拜過。每處一張小字官銜名片。也有見著的，也有擋駕的。連堂翁的一個十二歲的小兒子，他還給他作了一個揖。又託執帖門上拿手本替他到上房裏給太太請安，太太說不敢當，然後退了出去。其時一個州衙門已經大半個走遍了。下來之後，仍在門房裏歇腳。門口幾位拿權的大爺，是早已溜的熟而又熟，就是堂翁的跟班，隋鳳占亦都一一招呼過。三小子倒上茶來，還站起來同他呵一呵腰，說一聲「勞駕」。跟手下來拜同寅，拜紳士，所有大小鋪戶，轎過之處，一概飛片。整整拜了一天客，未曾拜完。

　　預選吉日是第二天臘月十九，接鈴任事。到了這天，地保辦差，招了無數若干的化子，替太爺打著傘，抗著牌；又弄了兩個鼓手，一個打鼓，一個吹嗩吶，一路噼哩叭喇冬，一直吹進了衙門。隋鳳占身穿朝服，下了轎，一樣三跪九叩首，贊禮生吆喝著，接過了木頭戳子，因為上有堂翁，放不得炮，只放了兩掛一千頭的鞭炮。下來便是改換公服，升堂受賀。啟用木戳。自有他那手下的一班人向他行禮。退堂之後，接著又到堂翁跟前稟知任事，照例三天衙門，不用細述。

　　隋鳳占雖係初任，幸虧是世代佐班，一切經絡都還牢記在心，並不隔膜。他曉得做捕廳的好處全在三節，所以急急趕來上任，生恐怕節禮被前任預支了。到地頭的頭一天，稟見堂翁

下來，就到鹽公堂以及各當鋪等處拜會管事人。見面之後，無
非先拿人家一泡臭恭維，慢慢的談及缺分清苦，以後全仗諸位
幫忙，然後再談到年下節敬一層。蘄州城廂裏外一共有七家當
鋪，內中有兩家當鋪是新換擋手，只知道年下送捕廳有此一分
禮，那署事的預先託人來預借，擋手的不曉得新選實缺就要來
的，以為早晚都是一樣，他既來借，樂得送個人情。有兩家老
硬的，卻板定一定要到年下再送，預先來借，竟其一毛不拔。
那署事的卻也拿他無可如何。還有兩家通融辦理，等他來借，
只借給他一半。譬如一向是送兩塊洋錢的，先叫他帶一塊去，
說明白那一塊須留送正任，那署事的亦只好罷手。內中只有鹽
公堂的管事人，因同這位署事的是同鄉，見他來借，另外送了
他兩塊，說是彼此鄉情，格外送的程儀。至於正項，須得到年
下方好支送。那署事的為鹽公堂的節禮向比別處多些，不肯輕
輕放過，便道：「從中秋到年下一共是一百三十五天，我做了
一百二十來天，這筆錢應該我得。」但雖如此說，無奈人家只
是不肯送，便也無可如何，只得罷手。

單說隋鳳占自到蘄州之後，東也拜客，西也拜客，東也探
聽，西也探聽，不上三天，居然把前任署事的一本帳簿都打聽
得清清楚楚，放在肚裏。自己又去同人家講：「兄弟本來今年
是不打算到任的了，只因憲恩高厚，曉得年底下總有點出息，
所以上頭才叫兄弟趕了來的。兄弟倘若隨隨便便，不去頂真，

不特自己對不住自己，並且辜負上頭的一番美意。至於一切照例規矩，料想諸位都是按照舊章。」說到這裏，禁不住強作歡顏，哈哈一笑，接著又道：「兄弟是實缺，彼此以後相聚的日子正長，將來叨教的地方甚多，諸位一定是照應兄弟的，還要兄弟多慮嗎。」說罷，又哈哈大笑。他一連走了多處，都是如此說法。有幾家年禮未被前任收去的，聽了他話，樂得送個順水人情，有兩家不懂得這裏頭訣竅，已經預先在前任面上做過好人，聽此說話，卻不免有點後悔。

閒話少敘。卻說隋鳳占接印下來，忙叫自己的內弟同了一個心腹跟班，追著前任清算交代，一草一木，不能短少，別的更不消說了。前任移交下來，一些是五隻吃茶的蓋碗，內中有一隻沒有蓋子。這邊點收的時候，那個跟班的一個不當心，又跌碎了一隻蓋子。無奈這跟班的又想自己討好，不肯說是跌破了，見了老爺，只推頭說是前任只交過來三隻有蓋子的，以為一隻茶碗蓋子為價有限，推頭在前任身上，老爺或者不好意思再去問他討，這事就過去了。誰知這位太爺一根針也不肯放鬆，定規不答應，逼著跟班的找前任去討蓋子：「倘若沒有，就剝下他的王八蓋來給我！」那跟班心上是明白的，自己打破了，怎麼好向人家去討呢。於是賴著不肯去。隋鳳占罵他說：「跟了我這許多年，如今越發好了，幫著別人，不幫著我老爺，一點忠心都沒有了！」跟班的被他催得無可如何，只得出去打了

一個轉身，仍舊空著手回來，說：「沒有。」隋鳳占不免又拿他埋怨了頓，怪他無用，一定要自己去討，後來還是被舅老爺勸下的。交代算清，聽說前任明天就要回省。他一聽不妙，忙忙的連夜出門，找齊了城廂內外地保，叫他們去吩咐各煙館，各賭場，以及私門頭窯子：「凡是右堂太爺衙門有規矩的，都通知他們一概不准付。倘若私自傳授，我太爺一定不算，從新要第二份的。況且他是署事，我是實缺，將來他們這些人都是要在我手下過日子的。如果不聽吩咐，叫他們以後小心！」著地保分頭傳命去後，他一想：「煙館、賭場、窯子等處是我吃得住的。唯獨當鋪都是些有勢力的紳衿開的，有兩家已被前任收了去，年下未必肯再送我，豈不白白的吃虧。這事須得趁早向前任算了回來，倘若被他走了，這錢問誰去找呢。」主意打定，立刻親自去拜望前任。

前任聽說他來，只得出來相見。只見他進門之後，勉勉強強作了一個揖。歸坐之後，把臉紅了幾陣，要說又不爽爽快快的說，吞吞吐吐了半天，才說道：「兄弟今日過來，有一樁事情要請教──」說到這裏，又嚥住了。歇了一會，又說道：「論理呢，兄弟世代為官，這幾個錢也見過的。但是既然犯了本錢出來做官，所為何事？倘若一處不計較，兩處不在乎，這也可以不必出來現世了。這事論不定還是他們因我們新舊交替，趁空蒙蔽，也未可知。所以兄弟不得不過來言語一聲，大家明

明心跡，這就不為小人所欺了。」

　　前任署事的見他說了半天只是繞圈子裏，還沒有說到本題；雖然心上也有點數，究為何事，不得而知，楞在那裏，不則一聲。隋鳳占見他不答，只得又說道：「所為的並非別事，就是年下節禮一層。這筆錢雖然有限，也是名份所關，所謂『有其舉之，莫敢廢之』，我們也犯不著做什麼好人不要。但是這筆錢，兄弟一向是曉得的，總得拖到年下，他們方肯送來。有幾處脾氣不好的，弄到大年三十還不送來，總要派了人到他們店裏去等，等到三更半夜，方才封了出來。我說他們這些人是犯賤的，一定要弄得人家上門，不知是何打算！」前任署事的聽他如此講，方才順著他的嘴說道：「這班人真是可惡得很！不到年下，早一天決計不肯通融的。」隋鳳占忽然把臉一板道：「兄弟說的是別省外府州、縣，都是這個樣子，誰知此地這些人家竟其大謬不然！」前任聽了他的說話，曉得他指的是自己，面子上只得做出詫愕的神氣，裝作不懂。

　　隋鳳占又笑嘻嘻說道：「做官的苦處，你老哥是曉得的。我們這個缺，一年之計在於三節；所以兄弟一接印之後，就忙忙的先去打聽這個。這也瞞不過吾兄，這是我們養命之源，豈有不上勁之理。誰知連走幾家，他們都說這份年禮已被老兄支來用了。兄弟想，兄弟是實缺，老兄不過署事。倘若兄弟是大

年初一接印，這筆錢自然是歸老兄所得；倘若是二十九接印，年裏還有一天，這錢就應兄弟得了。兄弟聽他們說話奇怪，心想吾兄是個要面子的人，決不至於如此無恥。而且他們這筆錢一向非到年下不付，何以此番忽然慷慨肯借？所以很疑心他們趁我們新舊交替，兩面影射。兄弟一向是事事留心，所以今天特地過來請教一聲，以免為所蒙蔽。」前任署事的聽他此話，一句回答不出。隋鳳占又道：「我曉得老哥決不做對不住朋友的事情，咱倆一同到兩家當鋪裏去，把話說說明白，也明明你老哥的心跡。」說罷，起身要走。前任署事的只是推頭明天要動身，收拾行李，實在沒有工夫出門。隋鳳占道：「老哥不去，豈不被人家瞧著真果的同他們串通，已經支用了嗎？」

前任一想：「這事遮遮掩掩，終不是個了局，不如說穿了，看他如何。」想定主意，便哼哼冷笑了兩聲，說道：「你老哥也太精明了！固然你是實缺，兄弟是署事。你說你是憲恩高厚，叫你來收節禮的，難道兄弟不是上憲栽培，就會到這裏來嗎？辛苦了一節，好容易熬到年下，才收人家這分節禮。我們算算日子看：你到任不過十幾天，我兄弟在任一百多天，論理年下的這分禮統通都應該我收才是。你是實缺，做得日子長著哩，自然該我們署事的占點便宜。」

隋鳳占見他直認不辭，不覺氣憤填膺，狠狠的說道：「那

可不能！通天底下沒有這個道理！照此說來，一定這個錢已經被你支了用了！我趕了來做什麼的！我同你老實說：彼此顧交情，留下臉，小小不言的事情，我也不追究了。你把這預支的年禮乖乖的替我吐了出來，大家客客氣氣；如果要賴著不肯往外拿，哼哼，我不同你講理，我們同去見堂翁，等堂翁替我評評這個理去！」前任署事的聽他說話強橫，便也不肯相讓，連連說道：「見堂翁就見堂翁，我亦不怕他什麼！——」隋鳳占見他不怕，立刻走上前去一把胸脯，說了聲「我們同去」！削任署事的見他動手，也乘勢一把辮子，兩個人從右堂扭了出來，一扭扭到正堂的宅門裏頭。

把門的是認得的，連忙上前相勸。誰知兩個人都用死力揪住不放，再三的拉亦拉不開。兩家的管家都跟著。一揪揪到門房裏，只見執帖門上同了幾位門政大爺正在那裏打麻雀牌哩。見了這個樣子，一齊上前喝阻。隋鳳占說：「他眼睛裏太沒有我實缺了！我要見堂翁，請堂翁替我評評這個理！」前任亦說：「一共總我只收到人家四塊錢的節禮，這錢也是我名分應得的。他要見堂翁，我就陪他來見堂翁。我沒有短處，不怕什麼！」幾位門政大爺聽了他二人說話，無可袒護，只得上來勸的勸，拉的拉，好容易才把他兩位拉開。州裏執帖門跥著腳說道：「你二位這是怎麼說呢？說起來，大小是個官，怎麼連著一點官禮都不要了？快別這個樣子，叫上頭聽見了生氣，就是旁人

瞧著也要笑話的。有什麼話，我們當面講講開。俗話說的好，叫做是『君子動口，小人動手』，怎麼你二位連這兩句話都不曉得嗎？」他倆扭進來的時候，各人都覺著自己理長，恨不得見了堂翁，各人把各人苦處訴說一頓。及至被執帖大爺訓斥一番，登時啞口無言，不知不覺，氣焰矮了大半截，坐在那裏，一聲不響。執帖門上又叫三小子絞手巾給他倆擦臉，又叫泡蓋碗茶，著實殷勤。

那班打麻雀牌的人也不打了，一齊拿眼睛釘住他倆，聽他說些什麼，始終隋鳳占熬了半天，熬不住了，把前任預支年禮的話，原原本本述了一遍。前任見他開口。也搶著把他的苦況陳說一番。又說：「可憐我到了臨要交卸的幾天，是一點勢力也沒有了。那些人真正勢利，向他們開口，說到舌敝唇焦，只有兩家一家拿出來兩塊大洋，一共總只有四塊大洋。你看，他就鬧得這個樣子！」隋鳳占道：「怎麼四塊還嫌少？依你要多少？」前任還未開口，只聽一個打牌的人說道：「真是你們這些太爺眼眶子淺！四塊錢也值得鬧到這個樣子！我們打麻雀，只要和上一百副就有了。旁家和一百副，做莊還不要。四塊洋錢什麼稀奇！我昨天還輸了四十多塊哩！」執帖門道：「老哥，誰能比得上你？你們錢漕大爺，一年好幾千的掙，人家當小老爺，做上十年官，還不曉得能夠賺到這個數目不能！」錢漕道：「我有錢賺，我可惜做不著老爺，他們大小總是皇上家的官。」

又一個同賭的道：「罷罷罷！你們沒瞧見他們剛才一路扭進來的時候，為了四塊洋錢，這個官簡直也不在他二位心上，倘若有幾千銀子給他賺，只怕叫他不做官都情願的。你老哥眼饞他倆做官，我來做下中人，你倆就換一換，可好不好？」錢漕門道：「我有了錢，我不會自己捐官，我為什麼要人家的？」那個同賭的道：「我只要有錢賺，就是給我官做我亦不要。」眾人你一句，我一句，直把個隋鳳占同前任羞得無地自容，也深悔自己孟浪，如今坍台坍在他們這一班奴才手裏。當下隋鳳占也沒有再說別的，淡淡的談了兩句，自行回去。至於那前任，另有同他說得來的人，早拉他到別的屋裏去了。一天大事，瓦解冰消。

一直等到年下，隋鳳占還差人到那兩家當鋪去討年禮。人家回稱早就送過了。隋鳳占道：「我沒有收到，不能算數。」後首說來說去，大家總念他大小是個朝廷的官，將來論不定或者有仰仗他的地方，也就不肯過於同他計較，又每家送了他一隻大洋，方才過去。

正是光陰似箭，日月如梭，轉瞬間三春易過，已到四月。向例各屬犯人，到了這個時定須解往省城，由大憲訂期會訊詳察有無冤枉，這日巡撫、司、道統統朝服升座，提犯勘驗，其名謂之「秋審大典」。其實不過點名過堂。大員之中有好名的，

還捐幾文錢買些蒲扇、莎藥之類，賞給那些犯人，實則為數亦
甚有限。名字說是「秋審」，及至犯人上堂之後，就是有冤枉，
那坐在頭上的幾位大人實在也沒閒工夫同犯人說話，所以這番
俱是虛應故事。

閒話休題。且說蘄州是黃州府該管，到了這個時候，府太
尊便把合屬的捕廳開了單子，酌派兩位解犯進省。這趟到省，
不定有一月、半月耽擱，本缺未便久懸，例在本府候補佐貳當
中輪派兩人前往代理，亦是調劑屬員的意思。這年府太尊所委
兩人，偏偏有隋鳳占在內。到得四月初十邊，本府公事跟著府
委代理的一同下來。隋鳳占照例交卸，解犯上省。倘若到省沒
有耽擱，約計四月底、五月初就可回來，趕收節禮，尚不為晚；
設遇有事，遲至節後亦未可知。隋鳳占奉到此差，心上甚是懊
悶。但是太尊所委，便也無可如何，只得將鈐記交與代理的人
看管，自己跟手整頓行裝，急急進省。

不料到省之後，各屬犯人剛剛這天到齊。臬台正要請撫台
幾時秋審，偏偏這天撫台得了病症，請了幾個大夫都醫不好。
又有人說：「撫台犯的是外症，面目浮腫，很不好看，嘴裏還
有一股氣味，叫人聞了噁心。後首來請到一位外國大夫，方才
有了把握，配了幾瓶藥水，送給撫台吃過。據外國大夫說：吃
了他這個藥水，有什麼病症，一齊從小便裏出去，決不會上頭

面的了。但是一時總得避風，不能出外見客。」因此就把這「秋審」一事耽誤下來。一班實缺捕廳太爺眼巴巴望著，恨不得早把此事辦過，也可以早些回任。無奈撫台病著，一時不能舉行，公事不完，又不敢擅離省城一步。各位太爺異常焦躁。

　　書中單表隋鳳占隨太爺只因端節就在目前，一時不能回任，眼看著一分節禮要被人家奪去，更是茶飯無心，坐立不安。等到四月二十六這一天，聽得同寅說起撫台的病雖有轉機，但一時總難出外，必須節後方能舉行秋審。他一聽此信，猶如渾身澆了一盆冷水一般。回寓後，一言不發，躊躇了半夜，方想出一條主意來。他想：「照此樣子下去，不過閒居在省，一無事事，我何如趁此檔口，趕回蘄州，就騙人家說是公事已完。人家見我回來，自然這節禮決計不會再送到別人手中去了。等到節禮收齊，安安穩穩，過完了節，我再回省。神不知，鬼不覺，豈不大妙！」主意打定，立刻叫家人收拾行李，出城過江，趁了下水輪船，徑向蘄州進發。臨走的時候，有同他住在一起一位同差的，問他那裏去。他說：「接到家信，太太在蘄州生產，家裏沒人照應，不得不親自回去。這裏的事，千萬拜託老兄不要說破。」人家見他說得如此懇切，這種順水人情自然樂得送的，便亦無話，聽其自去。誰知他老人家回到蘄州，既不稟見堂翁，亦不拜客，並不與代理的見面，天天鑽在那幾家當舖裏，或是鹽公堂裏走走，同人家說：「我已經回來了，幾時幾日接

的印。」人家都信以為真。到了五月初三，所有的禮物都被他收了去了。

那代理的人起先聽說撫台有病，把「秋審」一事擱起，曉得實缺一時不得回來，滿心歡喜，以為這分節禮逃不出我的掌握之中。那知等到初五早上，依然杳無消息。趕緊著人出去打聽，才知道早被隨太爺半路上截了去了。這一氣非同小可！立刻出門查訪，後在一個小客棧裏把隨太爺找著。見面之後，不由分說，拿隨太爺一把辮子，說他擅離職守，捏稱回任，定要扭他到堂翁跟前，請堂翁稟明太尊，請示定奪。隨太爺亦不肯相讓。因此彼此又衝突起來。要知後事如何，且聽下回分解。

第四十五回　擅受民詞聲名掃地　渥承憲眷氣焰熏天

卻說正任蘄州吏目隋鳳占被代理的找著扭罵了一頓，隋鳳占不服，就同他衝突起來。代理的要拉了他去見堂翁，說他擅離差次，私自回任，問他當個什麼處分。隋鳳占說：「我來了，又沒有要你交印，怎麼好說我私自回任？」代理的說：「你沒接印，怎麼私底下好受人家的節禮？」隋鳳占說：「我是正任，自然這個應歸我收。」代理的不服，一定要上稟帖告他。畢竟是隋鳳占理短，敵不過人家，只得連夜到州裏叩見堂翁，託堂翁代為斡旋。

這日州官區奉仁正辦了兩席酒，請一班幕友、官親，慶賞端陽。正待入座，人報：「前任捕廳隨太爺坐在帳房裏，請帳房師爺說話。」帳房師爺不及入席，趕過來同他相見，只見他穿著行裝，一見面先磕頭拜節。帳房師爺還禮不迭。磕頭起來，分賓歸坐。帳房師爺未及開談，隨鳳佔先說道：「兄弟有件事，總得老夫子幫忙。」帳房師爺到此方問他差使是幾時交卸的，幾時回來的。隋鳳占見問，只得把生怕節禮被人受去，私自趕回來的苦衷，細說了一遍；又說：「代理的為了此事要稟揭兄

弟，所以兄弟特地先來求求老夫子，堂翁跟前務求好言一聲，感激不盡！」說完，又一連請了兩個安。帳房師爺因為他時常進來拍馬屁，彼此極熟，不好意思駁他。讓他一人帳房裏坐，自己到廳上，一五一十告訴了東家區奉仁。區奉仁亦念他素來格守下屬體制，聽了帳房的話，有心替他幫忙。便讓眾位吃完了酒，等到席散，也有十點多鐘了，然後再把隋鳳占傳上去。面子上說話，少不得派他幾句不是。隋鳳占亦再三自己引錯，只求堂翁栽培。區奉仁答應他，等把代理的請了來，替他把話說開。

正待送客，齊巧代理的拿著手本也來了。區奉仁連忙讓隋鳳占仍到帳房裏坐，然後把代理的請了進來。代理的見了堂翁，跪在地下，不肯起來。區奉仁道：「有話起來好說，為什麼要這個樣子呢？」代理的道：「堂翁替卑職作主，卑職才起來。」區奉仁道：「到底什麼事情呢？」代理的道：「卑職的飯，都被隋某人一個人吃完了。卑職這個缺，情願不做了。」區奉仁道：「你起來，我們商量。」一面說，一面又拉了他一把。於是起立歸坐。區奉仁又問：「到底什麼事情？」代理的道：「卑職分府當差，整整二十七個年頭。前頭洪太尊、陸太尊，卑職統通伺候過。這是代理，大小也有五六次，也有一月的，也有半月的。」區奉仁道：「這些我都曉得，你不用說了。你但說現在隋某人同你怎樣。」代理的道：「分府當差的人，不

論差使、署缺，都是輪流得的。卑職好容易熬到代理這個缺，偏偏碰著隋某人一時不能回任，節下有些卑職應得的規矩──」不想說到這裏，區奉仁故意的把臉一板道：「什麼規矩？怎麼我不曉得？你倒說說看！」

代理的一見堂翁頂起真來，不由得戰戰兢兢，陪著笑臉，回道：「堂翁明鑒：就是外邊有些人家送的節禮。」區奉仁聽了，哼哼冷笑兩聲道：「汰！原來是節禮啊！」又正言屬色問道：「多少呢？」代理的道：「也有四塊的，也有兩塊的，頂多的不過六塊，一古腦兒也有三十多塊錢。」區奉仁道：「怎麼樣呢？」代理的撇著哭聲回道：「都被隋某人收了去了，卑職一個沒有撈著！卑職這一趟代理，不是白白的代理，一點好處都沒有了麼。所以卑職要求堂翁作主！」說罷，從袖筒管裏抽出一個稟帖，雙手捧上，又請了一個安。看那樣子，兩個眼泡裏含著眼淚，恨不得馬上就哭出來了。

區奉仁接在手中，先看紅稟由頭，只見上面寫的是「代理蘄州吏目、試用從九品錢瓊光稟：為前任吏目偷離省城，私是回任，冒收節敬，懇恩作主由。」區奉仁一頭看，一頭說道：「他是正任，你是代理，只好稱他做正任。」又念到「私是回任」，想了一回，道：「汰！私自的自字寫錯了。但是他沒有要你交卸，說不到回任兩個字。」又念過末了一句，說道：

279

「亦沒有自稱節敬的道理。虧你做了二十七年官，還沒有曉的節敬是個私的！」順手又看白稟，只見「敬稟者」底下頭一句就是「竊卑職前任右堂隋某人」。區奉仁也不往下再看，就往桌子上一撂，說道：「這稟帖可是老哥的手筆？」錢瓊光答應一聲「是」。又說：「卑職寫得不好。」區奉仁道：「高明之極！但是這件事兄弟也不好辦。隋某人呢，私自回來，原是不應該的，但是你老哥告他冒收節敬，這節敬可是上得稟帖的？我倘若把你這稟帖通詳上去，隋某人固不必說，於你老哥恐怕亦不大便當罷？」

錢瓊光一聽堂翁如此一番教訓，不禁恍然大悟，生怕堂翁作起真來，於自己前程有礙，立刻站了起來，意思想上前收回那個稟帖。區奉仁懂得他的來意，連忙拿手一撳，說道：「慢著！公事公辦。既然動了公事，那有收回之理？你老哥且請回去聽信，兄弟自有辦法。」說罷，端茶送客。錢瓊光只得出來。

這裏區奉仁便把帳房請了來，叫他出去替他們二人調處此事。隋鳳占私離差次，本是就應該的，現在罰他把已收到的節禮，退出一半，津帖後任。隋鳳占聽了本不願意，後見堂翁動了氣，要上稟帖給本府，方才服了軟，拿出十六塊大洋交到帳房手裏。稟辭過堂翁，仍自回省，等候秋審不題。

　　這裏錢瓊光自從見了堂翁下來，一個錢沒有撈著，反留個把柄在堂翁手裏，心上害怕，在門房裏坐了半天，不得主意，只得回去。次日大早，仍舊渡了過來。門口的人一齊勸他上去見帳房師爺。他一想沒法，只得照辦。其時隋鳳占吐出來的十六塊洋錢已到帳房手裏。只因他的人緣不及隋鳳占來的圓通，及至見面之後，吱吱喳喳，又把臭唾沫吐了帳房師爺一臉，還沒有把話講明白。帳房師爺看他可憐，意思想把十六塊洋錢拿出來給他，回頭一想：「倘若就此付給他，他一定不承情的。」只得先把東家要通稟上頭的話，加上些枝葉，說給他聽。直把他嚇得跪在地下磕頭。然後帳房師爺又裝著出去見東家，替他求情。鬼鬼祟祟了半天，回來同他說，東家已答應不提這事了。錢瓊光不勝感激。至此方慢慢的講到：「我兄弟念你老兄是個苦惱子，特地再三替你同隋某人商量，把節禮分給你一半，你倆也就不用再鬧了。」

　　錢瓊光見了起初的情形，但求堂翁不要拿他的稟帖通詳上去，已經是非常之幸，斷想不到後來帳房師爺又拿出十六塊洋錢給他。把他感激的那副情形，真是畫也畫不出，立刻爬在地下，磕了八個頭。磕起來少說作了十來個揖，千「費心」，萬「費心」，說個不了。又託帳房師爺帶他到堂翁跟前叩謝憲恩。帳房師爺說：「他現在有公事，我替你說到一樣的了。」於是錢瓊光又作了一個揖，然後拿了洋錢，告辭出去。

281

回到自己捕廳裏，把十六塊洋錢拿出來，翻來覆去的看了半天，又一塊一塊的在桌上釘了好幾回，一聽響聲不錯，格外感激州裏帳房照應他，連一塊啞板的都沒有。總想如何酬謝酬謝他才好。一面想，一面取塊小毛巾，把洋錢包好，放在枕頭旁邊，跟手出去解手。解手回來，一個人低著頭走，忽然想到：「四月底城外河裏新到了一隻檔子班的船，一共有七八個江西女人，有兩個長的很標致。南街上氈帽鋪裏掌櫃王二瞎子請過我一趟，臨行的時候，還再三的託我照應他們。我不如明天到那裏，叫他們替我弄幾樣菜，化上一兩塊錢請這位老夫子，補補他的情才好。」主意打定，回到屋裏，不知不覺，把剛才十六塊洋錢陡然忘記放在那裏去了。桌子抽屜，書箱裏面，統通找到，無奈只是無影無蹤。直把他急的出了一身大汗，找了半天，仍舊找不著，恍恍惚惚，自己也不辨是真是夢。於是和衣往床上躺下，慢慢的想：「到底我剛才放在那裏的？」一會又怪自己記性不好，恨的像什麼似的！不料偶一轉側，忽聽得噹的一聲，原來一包洋錢，小手巾未曾包好，被個小枕頭碰了一個，所以響的。

錢瓊光翻過身來一看，洋錢有了，立刻打開來數了數，不錯，還是十六塊。這一喜更非同小可！仍舊拿手巾包好，塞在身上袋裏，便起身叫管家到南街上招呼王二瞎子，託他去到檔

子班船上，叫他們明天晚上到館子裏叫幾樣菜，說是要請州裏帳房師老爺吃飯，交代館子裏，菜要弄好些，再叫船上收拾收拾乾淨。底下人奉命去後，他自己又盤算道：「明天請的客自然是帳房老夫子首座。」忽又想起：「我今兒在帳房裏，看見本官的二老爺，見了我，還問我這趟代理弄得好有幾個錢，看來著實關切，也不好不請請他。我們在外頭，那裏不拉個朋友呢。」屈指一算：「帳房老夫子一位，本官二老爺兩位，王二瞎子三位，連自己一共才有四個人。人頭太少，索性多請兩位，把南關裏鹹肉鋪老闆孫老葷，東門外豐大藥材行跑街周小驢子，一齊請了來，大家熱鬧。料想他們聽見我請的是州裏二老爺、帳房師爺，他們一齊都要趕得來的。況且如此一請，人家曉得我同州裏要好，目下於我的事情也不為無益。」主意打定，正在洋洋自得，那差出去的管家也回來了，回稱：「王二爺聽說老爺請州裏師爺吃飯，忙的他立刻自己出城到船上去交代，連館子裏也是自己去的。」錢瓊光點點頭，又道：「我請的不但帳房師爺，還有區大老爺的二老爺哩。」

管家出去，錢瓊光也就安寢。畢竟有事在心，睡不大著。次日一早起身，洗臉之後，就趕過來自己請客。先落門房，取出一張官街名片，先上去稟見二老爺。執帖門上進去了一回，回來說道：「二老爺昨兒在房裏叉了半夜麻雀，到了後半夜忽然發起疹來，鬧到天亮才好的，如今睡著了，只好擋你老的駕

罷。」錢瓊光一聽這話，不覺心中一個失望，嘴裏還說：「我今天備了酒席，專誠要請他老人家賞光的，怎麼病起來了？真真不湊巧了！」於是又親身到帳房裏，想當面去約帳房師爺。

不料走到帳房裏，只見裏間外間桌子上面以及床上，堆著無數若干的簿子，帳房師爺手裏撚著一管筆，一頭查，一頭念，旁邊兩個書辦在那裏幫著寫。帳房一見他來，也不及招呼，只說得一句「請坐！兄弟忙著哩。」錢瓊光見插不下嘴，一人悶坐了半天。值帳房的送上水煙袋，一吃吃了五根火煤子。無奈帳房還沒有忙完，只得站起身來告辭，意思想帳房出來送客的時候，可以把請他吃飯的話通知於他。誰知錢瓊光這裏說「失陪」，帳房把身子欠了一欠，說了聲「對不住，我這裏忙著，不能送了，過天再會罷。」說完，仍舊查他的簿子。

錢瓊光無法，只得出來，心想：「今天特為請他們吃飯，一個也不來。化了冤錢事小，被王二瞎子一班人瞧著，我這個臉擺在那裏去呢！」一回又怪帳房師爺道：「我專誠來請你吃飯，你不該只顧做你的事情，拿我擱在旁邊，一理不理。諒你不過靠著東家騙碗飯吃，也不是什麼大好老，就這樣的大模大樣，瞧人不起！至於那位二老爺，昨天不病，明天不病，偏偏今兒我定了茶，他今兒病了，得知是真是假。他們既然不來，我也不稀罕他們來！」

　　一面想，一面又走到門房裏。執帖門上見他無精打采的，便問：「錢太爺，心上轉什麼念頭？很像滿肚皮心事似的。」誰知一句話倒把錢瓊光提醒，一想：「二老爺、帳房既然不來，我不如拿這桌菜請請底下的朋友，人家看起來，一樣是州裏的人。只怕這幾位拿權的大爺，到堂翁跟前說起話來，還比什麼帳房、二老爺格外香些。況且我自從到任至今，也沒有請過他們，今兒這局，豈不一當兩便。」於是就把這話告訴了執帖門上，託他把錢漕、稿案、雜務、簽押、書稟、用印，幾位尚有名目的大爺統通請到。跟班人多，不能遍約，只約得跟班頭一位。說明今天是夜局。執帖門上明曉得他是請上頭請不到，所以改請他們的，便推頭「沒有空，謝謝罷」。錢瓊光也沒聽見，忙著又託這屋裏的三小子替他去請客。一霎時三小子回來說：「稿案毛大爺、簽押盧大爺恐怕晚上有堂事，不敢走開；雜務上朱大爺，用印的馬大爺，為了這兩天上頭常常有呼喚，亦抽不得身；錢漕上陸大爺，為他二奶奶養孩子，請了假，已經兩天不來了；只有跟班上蕭二爺說是等到老爺睡了覺，一定過來奉擾的。」三小子未說完，執帖門上又道：「他們統通不來，你為我一個人，何必要費事呢？」錢瓊光道：「還有蕭二爺同你倆呢。他們掃我的面子，難道咱們老兄弟，你還好說不來嗎。」於是又千叮萬囑，直到執帖門上點頭應允，方才告別。回到自己衙內，心想：「他們竟如此瞧我不起，竟其一個不來；

肯來的又是拿不到權的人。真正越想越氣！」

好容易熬到下午，王二瞎子親自跑來，說：「一切都預備
好了。館子裏聽說請的是州裏師老爺，貼本都情願。但不知這
位師爺甚麼時候才過來？」只見錢瓊光臉上紅了一陣，說道：
「他們一齊體諒我，不肯叫我化錢，一定還要拉我在衙門裏吃
飯，說著就吩咐大廚房裏添菜。我想我今天的菜已經託了你了，
他們既然不來，我不好叫你為難，只得又請了兩位別的客。」
王二瞎子道：「你早告訴了我，這菜可以退得掉的。但不知請
的又是那兩位？」錢瓊光不好說請的是跟班上的，只含糊說了
聲「還是衙門裏的」。王二瞎子一聽仍是衙門裏的人，就是聲
光比帳房差些，尚屬慰情聊勝於無。

依王二瞎子意思，還想等著衙門裏的人到齊，一塊陪出城，
似乎面上有光彩些。錢瓊光是曉得的，跟班上蕭二爺，非得老
爺睡了覺是不得出來的，便說：「不必罷，我們先出去吃著煙
等他們罷。」於是兩人步行出城。到了船上，一班女戲子迎了
出來，一個個擦著粉，戴著花，妖妖嬈嬈的，「錢太爺」、
「王二爺」，叫的應天響。錢太爺走進艙裏，只見居中擺了一
張煙鋪。王二瞎子是大癮，見了煙鋪就躺下了。船上女老班也
進艙招呼，問衙門裏的老爺幾時好來。王二瞎子不等印太爺開
口，拿指頭算著時候，說道：「現在是五點鐘，州裏大老爺吃

點心，六點鐘看公事，七點鐘坐堂。大約這幾位老爺八點鐘可以出城。」

錢瓊光道：「那可來不及。我們這位堂翁也是個大癮頭，每日吃三頓煙，一頓總得吃上一個時辰。這個時辰單是抽煙，專門替他裝煙的，一共有五六個，還來不及。此刻五點鐘，不過才升帳先過癮。到六點鐘吃點心，七點鐘看公事；八點鐘吃中飯，九點鐘坐堂；碰著堂事少，十點鐘也可以完了，回到上房吃晚飯過癮。十二點半鐘，再到簽押房看公事。打過兩點，再到上房抽煙，這頓煙一直要抽到大天亮。不過以後有上房裏的人伺候，跟班上的爺們都可以沒事了。」王二瞎子道：「他老這們大的癮，設若有起事來，怎麼樣呢？」錢瓊光道：「有起事來，或是進省上衙門，總是來吞生煙。」

正說著，孫老葷先來了，曉得要陪州裏的老夫子吃飯，特地換了一簇新衣服。王二瞎子道：「老葷，今兒錢太爺是請你來做陪客的，不是請你來招女婿的，為什麼穿的衣服同新女婿一樣呢？」孫老葷道：「難得錢老父台賞飯吃，請的又是州裏的老夫子，自然應該穿件新衣服，恭敬些。」

三個人閒談了好一回，船上又搬出些點心來吃過。王二瞎子掏出錶來一看，九點鐘只差得五分了，不但州裏的客沒來，

連著周小驢子也沒音信，大家甚是奇怪。又等了半個鐘頭，忽聽見船頭上有人叫喚，大家總以為是請的特客來了，一齊起身相迎。及至進艙一看，原來就是周小驢子，跑的滿身是汗，一件官紗大衫已濕透了立場截了，一隻手只拿扇子扇個不了。王二瞎子勸他脫去長衫，又叫船上打盆水給他洗臉。錢瓊光便問他：「為何來得如此之晚？」周小驢子道：「不要說起，今兒替一個朋友忙了一天。」錢瓊光問：「是什麼事情？」周小驢子道：「也是治弟的一個鄉親，他有個姑表妹妹，從前他姑媽在世的時候有過話，允許把這個女兒給我們這個鄉親做媳婦的。後來姑媽死了，姑夫變了卦，嫌這內侄不學好，把女兒又許給別人了。」錢瓊光道：「當初媒人是誰？」周小驢子道：「有了媒人倒好了，為的是至親，姑媽親口許的，用不著媒人。」錢瓊光道：「婚書總有？」周小驢子道：「這個不曉得有沒有。治弟為了這件事，今天替他們跑了一天，無奈說不合攏，看來恐怕要成訟的了。」錢瓊光道：「一無媒證，二無婚書，這官司是走到天邊亦打不贏的。」周小驢子道：「現在我們這鄉親情願——」說到這裏又不說了。王二瞎子會意，拿嘴朝著錢瓊光一努，對周小驢子道：「擺著我們錢老父台在這裏你不託。該應怎麼辦法，大家商量好了。只要替你鄉親爭口氣；再不然，錢老父台同州裏上頭下頭都說得來，還怕有辦不到的事嗎。」

一句話提醒了周小驢子，忙說道：「他姑夫那邊只要出張

票，不怕他不遵。」錢瓊光道：「單是出張票容易。兄弟自從到任之後，承諸位鄉親照顧，一共出過十多張票。不瞞諸位說，這票都是諸位照顧兄弟的。這件事兄弟衙門裏很可辦得，用不著驚動州裏的。」周小驢子道：「你老父台肯辦這件事，那還有什麼說的，包管一張票出去，不怕他姑夫不把女兒送過來。捕衙的規矩治弟是懂得的。如今我們這鄉親，他是有錢的主兒，我一定叫他多出幾文。俗語說得好，叫做『爭氣不爭財』。只要這件扳過來，不但治弟面子上有光彩，將業敝鄉親還要送老父台的萬民傘咧。」錢瓊光道：「全仗費心！你老哥今兒回去，叫他明天一早就把呈子送過來。兄弟這邊簽稿並行，當天就出票的。」

　　幾個人又閒談了一回。王二瞎子躺在煙鋪上，一連打了幾個呵欠，都說：「天不早了，怎麼請的客還不來？不要是忘記了罷？」錢瓊光道：「我有數的，他們早不得來。這時候敢快了。」又停了一會，只聽得岸上咭咭呱呱的，一片說笑之聲，走到岸灘上，又哼兒哈兒的，叫船上打扶手。霎時上得船來。錢瓊光急忙迎出去一看，原來來的只有一個蕭二爺，還有一個小爺們，是常常替堂翁裝水煙的，雖然面善得很，卻不曉得他姓甚名誰。當下不便動問，只問得一聲：「為什麼某人不來？」小爺們搶著說道：「老爺派他進省，他不得來，所以叫我來代理的。蕭大爺，今天咱代理執帖門，你說咱闊不闊！」一面說，

289

一面走進艙中。眾人一齊起身相迎，見面之後，都恭恭敬敬的
作揖。不料這小爺們是打千打慣的，見了人，一伸腿就彎下去
了。眾人之中亦只有錢瓊光還安還得快。那三個卻都不在行，
王二瞎子幸虧被錢瓊光扶了一把，否則幾乎跌倒。當下都勸他
倆寬衣。只見這小爺們身胚很小，卻穿了一件又長又大的紗大
褂，錢瓊光認得這件大褂是堂翁天天穿著會客的；再看手裏的
潮州扇子，指頭上搬指，腰裏的表帕、荷包，沒有一件不是堂
翁的。當面不便說破，心上卻也好笑。

　　一會，歸坐奉茶。錢瓊光先問：「二位為什麼來的這麼
晚？」蕭大爺先回答道：「九點半鐘本來就可以來的，齊巧我
們東家接到省裏一封信。外頭還沒有人知道，先送個信給你，
你明天一早好穿了衣裳過來道喜。」錢瓊光忙問道：「堂翁有
什麼喜事？」小爺們搶著說道：「我們老爺升了官了。」蕭大
爺進來的時候，當著王二瞎子一班人，自己還想充做師爺，所
以一口一聲的「我們東家」。今見小爺們說了聲「我們老爺」，
他便把小爺們瞅了一眼。幸虧在場的人都沒留意。

　　錢瓊光又接著問道：「堂翁高升到那裏？」小爺們又搶著
說道：「或者武昌府，或者黃州府，都論不定。」蕭大爺道：
「你別聽他胡說。我們東家，他身上本有個補缺後的同知直隸
州，如今又保了個──保了個什麼？──你看，我的記性真正

不好，偏偏又忘記了。」一面說，一面又低著頭，皺著眉，閉著眼睛，想了半天，還是想不出。又拿自己的拳頭打著自己的頭，說道：「保得個什麼？——怎麼我說不上來？」小爺們又搶著說道：「蕭大爺，這封信是雜務上拿進來的，那時候我正在椅子後頭替他老人家裝煙。他老指著信上一句，對雜務上說：『你看。』我在他背後，亦就踮著腳望了一望，原來這信上有我的名字，有『應升』兩個字。我自己的名字，我是認得的。」錢瓊光是在官場上閱歷久的了，曉得保案上有「應升」兩個字，一定是應升之缺升用，便道：「他老人家已有了同知直隸州，再升什麼，自然一定是知府了。明天應得過去道喜，費心二位關照。」蕭大爺道：「自家人，說那裏話來！」此時錢瓊光正因不曉得小爺們的尊姓大名，心上悶悶，因此一番酬答，倒曉得了。

當因時候不早，忙命擺席。自然是蕭大爺首座，小爺們二座。在席面上，蕭大爺還留身分，提到州官，口口聲聲「我們東家」，在座人始終瞧不破他的底細。只有小爺們吃無吃相，坐無坐相。夜裏天熱，打赤了膊，把條辮子盤在頭上，拿兩條腿蹲在椅子上，盡性的喝酒吃菜。檔子班的女人，叫名頭是賣技不賣身的，他偏要同她們動手動腳。有兩個女人，在人面前一定要撇清，被他這一鬧，一個個都咕都著嘴，說什麼「你們老爺，手要放尊重些」！說罷，把手一摔走開。小爺們生氣，

罵聲「混帳王八蛋！你瞧不起我大爺，明兒回去一定告訴本官，出票拿你們，看你怕不怕！」船上女人也不理他，主人錢瓊光只好起身相勸。

好容易一席酒吃完，看看已將天亮。小爺們是帶著跑上房的，怕誤了差使，老爺要罵，立刻披衣要走。主人還再三相留，吃了稀飯再去。蕭大爺亦勸他慢些，「我同錢太爺還有句話說。」小爺們等不及，只是跺腳，說：「誤了差使，釘子是我碰！你飽人不知餓人饑！我勸你快走罷！」蕭大爺被他催得無奈，只得穿衣告辭。等到主人送到船頭上，小爺們早披了又長又大的那件長褂，站在岸上了。當時他二人自回衙門不題。

且說錢瓊光回到艙中，王二瞎子便埋怨他道：「怎麼請到這位寶貝？」錢瓊光把臉一紅，想了想，說道：「你不要看輕了他，他在本州大老爺跟前，倒是頭一分的紅人呢。一天到晚，除掉睡覺，那有一刻工夫離得掉他。總而言之：我們做官，總要隨機應變，能屈能伸，才不會吃虧。即如他們所說的州裏大老爺得了保舉，他們就肯送信給我；我既然先得信，今天我就頭一個去道喜，上司瞧著自然歡喜。倘若不請他們吃飯，誰有這閒工夫來通知我。可見同人拉攏是沒有吃虧的。這叫做做官的訣竅。」王二瞎子被他說得頓口無言。周小驢子起身先行，說：「要辦那件事去。治弟馬上就去同前途接頭，盡兩個鐘頭

趕來回覆老父台。」錢瓊光道：「兄弟就回去，一面先把票子寫好，空著名字等填。等老兄來過，兄弟再到州裏賀喜。專候，專候。」說罷，拱手而別。錢瓊光也同王、孫兩個各自回去，不在話下。

單說錢瓊光雖然熬了一夜，只因有利可圖，便也不覺勞乏。回到捕衙，業已紅日高升，急忙翻出舊卷，查照舊票的底子，把票寫好，只空著案由及原被告的名字未填。寫好之後，看了兩遍，索性又取出木頭戳子用好，又拿朱筆把日子填好。其時已有八點鐘了，算算時候已不止兩個鐘頭，無奈不見周小驢子前來，心上異常著急。看看時候不早，又須趕到州衙門裏道喜，急得他什麼似的。無奈，只得穿好衣帽靜坐，專等周小驢子一到，交割清楚，便好度了過來。

事有湊巧，剛剛衣服穿的一半，周小驢子來了。二人相見大喜。周小驢子在袖子裏取出那張稟帖，錢瓊光大略一看，只見上面很有些不懂得的句子，忙把原被告名字記清，又再三斟酌一番，把案由摘敘了三四句，從抽屜裏取出來票來填好，立刻派了一個人，叫他跟著周小驢子一同去。然後周小驢子從大襟袋裏取出一個紅封袋，雙手奉上。錢瓊光接在手裏一掂，似乎覺得甚輕，忙問：「這裏頭是若干？」周小驢子道：「這裏頭是四塊折席，不成意思，不過送老父台吃杯酒的。」錢瓊光

躊躇了一回，說道：「不瞞老哥說，兄弟是代理，就要交卸的人。同老哥相好，承老哥照顧這件事，兄弟多也不敢望，只望他一個全數。不在說別的，單是這張票，兄弟從城外一回來就連忙弄好了，專等你老哥來。這票上的字都是兄弟自己寫的。倘若照衙門裏的規矩辦起來，至少也得十天起碼，那裏有這樣快。此事落在別人身上，哼哼，至少也得要他三十隻洋！如今只要你十塊，真是格外克己的了。」

周小驢子聽了他這一番話，又見他不肯收那四塊，知道事情不得過場，於是從袋裏又挖出兩塊洋錢，還說：「這兩塊是治弟代墊的。替朋友辦事，少不得也要替他作三分主。」錢瓊光道：「兄弟是個爽快人，你老哥替朋友辦事也是義氣，你索性爽快些再替他添兩塊。一共兄弟受他八塊，你回去開銷他十塊，我們弄個二八扣。你費了心，我也不另外替你道乏了。」周小驢子又思思索索的半天，好容易才添了一塊，說了無數的叨情話，說什麼「這總是老父台照應治弟的，多賞治弟一塊買鞋穿罷。」錢瓊光無奈。

周小驢子去後，方急忙趕到州裏去。雖然曉得堂翁是起得遲的，但是為了道喜，不得不早些過來。此時，合衙門的人因為老爺得了保案，都是喜氣沖沖的。錢瓊光蟒袍補褂，照例先下門房。常見的那位執帖大爺，已經奉派進省，這天是雜務門

兼執帖，錢瓊光也是認得的，急忙取出手本交給，託他上去代回，說是稟賀、稟見。雜務門進去了一回，忽然滿頭是汗，怒沖沖的走回門房，把大帽子摘下往桌子上一撩，說道：「媽的晦氣！他升官，人家就該死了！幸虧他得的保舉，不過是個虛好看，倘若真正做了知府，那架子更要大呢！倘若做了道台，天都可以撐破！再大更不用說了！總而言之：我們當奴才的不是人！錢太爺，大小像你這樣，總得是個官才好！」

錢瓊光聽了他半天說話，也摸不著頭腦，只得搭訕著站起來，說道：「堂翁可曾升帳沒有？我還是就進去，還是等一會兒？」雜務門道：「得了保舉，早把他喜的睡不著了。今天一早就起來了，忙著做官銜牌，糊對子。因為做牌的來的晚了些，開口就罵人。誰不是人生父母養的？擱得住被他『混帳王八蛋』，罵了去，喝了來！大爺越想越氣，不吃這碗飯了！」錢瓊光一聽堂翁已經起來多時，心上著急，恨不得馬上進去才好，後來直等得雜務門氣平了，然後領了他進去見的。

這時候區奉仁正在大廳上，就昨夜接的那封喜信擱在面前，旁邊坐著幾位朋友、官親，如帳房、書啟、二老爺之類，都在那裏湊趣。錢瓊光進了大廳，恭恭敬敬跪下磕了三個頭，替堂翁叩喜，又與各位師爺及二老爺相見。堂翁讓他坐，然後坐下。區奉仁一面孔得意之色，先開口道：「你是幾時曉得的？」錢

瓊光一想不好說是昨夜裏得信，只得回稱：「剛剛得信。」區
奉仁道：「還是你一個人曉得，還是同城統通曉得？」錢瓊光
道：「只有卑職一個人得信，所以趕過來先替堂翁叩喜。」區
奉仁道：「是啊，我料想他們是不會曉得的。我得的是密保，
上頭只有撫台自己曉得，連藩台都還不明白哩。還是那年獲盜
案內，撫台親口許我的，到如今果然保了出來。可見做上憲的
人，又要賞罰分明，又要記性好，夫然後叫人心服。這位撫台，
兄弟同他也算投緣的了，將來倒要送副門生帖子去才是。」說
著，便同帳房說：「我的話可是不是？」帳房說：「是極！」

區奉仁又道：「我已經有了同知直隸州了，再升用，升個
什麼？自然一定是知府了。你看這些混帳王八蛋！我從早上叫
他們趕做一付『升用府正堂』的官銜牌，到如今木匠還不來，
真正可惡！此時同城雖然還不曉得，馬上他們得了信都要來道
喜的。今天他們來討，明天我去謝步，這副牌是執事裏一定要
用的。況且這是恩出自上，比捐的總體面些。」師爺們一齊應
了一聲「是」。區奉仁又望著錢瓊光說道：「我們湖北的體制，
佐貳見知府是沒得坐位的。兄弟雖然不講究這個，但是體制所
關，將來過了班，就是要隨隨便便也就不能了。」錢瓊光明曉
得這句話說的是他，想了半天，無可回答，只應了一聲「是」。

正說著，書辦上來請示，說是裏裏外外，或是柱子上，或

是門上，有些對聯都要另換新的，要請師爺擬好了句子，好交代書辦去寫。區奉仁忙回臉過有去對啟書老夫子說道：「這個要請你老夫子費心了。」書啟師爺忙又應一聲「是」，隨手請教是怎麼做法。區奉仁道：「前頭的對子都是按著州、縣官做的，如今兄弟得了升用知府，有些什麼『五馬黃堂』等類的字眼都可以用得著了。兄弟如今一來公事忙，二來上了年紀，也不肯用這個心思了。至於暖閣當中，我倒想好了一句成句，就是帖『一品當朝』四個字的地方，你們拿紅紙比好尺寸，替我寫『憲眷優隆』四個字，照樣帖在屏門當中。」回頭又問書啟：「老夫子以為何如？」

書啟尚未答言，二老爺接著說道：「這四個字似乎太俗。」區奉仁聽了似不願意，道：「這四個字，人家四六信裏常常用的，又是成句，總比『一品當朝』四個字來得文雅。」二老爺道：「暖閣當中，不是『當朝一品』，就是『指日高升』，從沒有用過別的字眼。」區奉仁更發怒道：「你們這些人真正不通！不靠著憲眷，怎麼能夠升官呢？我這四個字，把你所說的兩句，統通包括在內。所以一等人有一等人的材料。老弟，不是我瞧你不起，像你這樣執迷不化，將來能夠趕到愚兄這個分兒還是早咧！」二老爺見哥哥動了氣，也就噘起了嘴，不言語了。

區奉仁正待再說下去，忽聽外面一片人聲，大家不覺嚇了一跳，忙叫人出去查問。只見稿案門飛跑似的進來，回道：「有些人來告錢太爺受了人家的狀子，又出票子拿人，逼得人家吃了鴉片煙，現在趕來求老爺替他伸冤。那個吃大煙的也抬了來了，還不知有氣沒氣。」區奉仁道：「混帳！我的衙門裏准他們把屍首抬來的嗎？你跟官跟了這許多年，這一點點規矩還不曉得？今天老爺有喜事，連點忌諱都沒有了！混帳王八蛋！還不替我轟出去！」稿案門道：「這是錢太爺不該受人家的狀子，人家無路伸冤，所以才來上控的。」區奉仁聽得「上控」二字，忽然明白，方才回過臉去，對準錢太爺發作道：「你做的好官啊！這是你鬧的亂子，弄得人家到我這裏來上控。我自己公事累不了，你還要弄點事情出來叫我忙忙。現在怎麼說？」

錢瓊光起先聽了稿案門的話，早已嚇得瑟瑟的抖，後來又聽了堂翁的教訓，便拍托一聲，身不由己的跪下了。區奉仁並不讓他起來，又拉著長腔，說什麼「擅受民詞，有干例禁，你既出來做官，連這個還不曉得嗎？我也顧不得你，我是照例要揭參的。」錢瓊光一聽要參官，更嚇的魂不附體，只是跪在地下磕響頭不起來，求堂翁開恩。區奉仁拿他訓斥的半天，還不曉得外面究竟鬧的是什麼事情，便道：「你就在這裏朝我跪到天黑也不中用。你自己鬧的亂子，快自己出去了結過再來見我。」錢瓊光跪在地下還是不動。區奉仁問他為什麼不出去。

錢瓊光道：「不瞞堂翁說，卑職這一出去，可沒有命了！」區奉仁道：「到底為著什麼事情，你自己總該有點數的。」錢瓊光又磕頭道：「卑職該死！卑職同他們來往，共有好兩件事情，實在不曉得是那一件。」區奉仁道：「好個不安本分的人！」錢瓊光道：「都是他們來找卑職的，卑職也只盼能夠替他們把事情了掉，也免得堂翁操心。」

　　區奉仁道：「承情。」至此方回頭問稿案門：「到底外面為了什麼事情？」稿案門回稱：「為的是一個人家有個女兒，有個光棍想要娶她。那家不肯，這光棍就託人化了錢給錢太爺，託錢太爺出票子抓那個該女兒的人，說是抓了來要打板子。那人急了，就吃了生大煙。鄉鄰不服，所以鬧到這裏來的。」錢瓊光至此，方才明白就是早上的那椿事，深恨周小驢子事情辦得不妥當。

　　裏面說了半天話，外面的人聲已往。稿案門再出去問了問，才知已被雜務門吆喝住，只等老爺坐堂審問，不敢囉噪了。區奉仁一聽外頭人聲已息，才說：「那個吞煙的，趕緊拿點藥水給他吃，或者有救。」人回：「已經灌過了，聽說吃的不多，大約可以救得的。」區奉仁於是把心放下，又朝著錢瓊光發作了幾句，方才自往簽押房裏而去。錢瓊光不免跟了帳房師爺同到帳房裏，就左一個安，右一個安，一面請安，一面軟求道：

「晚生一時荒謬，總得求你老夫子成全！」師爺道：「你老哥就要交卸的人了，何必再去多事。這事你自己鬧的亂子，還不快去想了法子壓伏壓伏他們，等到堂翁坐了堂，那事就不好辦了。」

一句話提醒了錢瓊光，立刻退出帳房，走到雜務門的門房裏。雜務門正在外面幫著灌那吞煙的人，一霎回來，見了面，少不得又是一番埋怨，說：「我的太爺！幾乎玩成功一條人命！虧你，我亦不曉得你是怎樣鬧的！」停了一回，又說道：「現在你放心罷，人命是沒有的了。你今天算好運氣，偏偏碰著我們這位老爺有喜事不坐堂。你有這半天一夜的工夫，能夠完結，趕快去完結了再來；完結不了，明天再審。」

錢瓊光於是再三感謝，方才辭別出來。回到捕衙，蟒袍補褂，統通汗透的了。馬上叫人去找周小驢子，周小驢子逃走了，不在家。錢瓊光無奈，只得去找王二瞎子，因他地面上人頭還熟，託他找個人出來勸和勸和。王二瞎子昨夜擾過他的酒，少不得出來幫忙。當時就找到了兩個人：一個是善堂董事，一個是從前做過圖正〔註：代南方各省鄉以下設圖，圖書館一圖事務，圖正管本圖魚鱗圖冊，從買賣田地、產權轉移過戶中，索取佣金。〕的，後來因為上了歲數，就把圖正一應事務，統通交代兒子承受，自己不管。他倆都是

年高望重的人，又是捕廳老父台見委之事，一想彼此都有仰仗的地方，樂得借此交結交結。王二瞎子見他倆已允，便先尋了本圖地保，同著原差又找到原告，在小茶館裏會齊，開議此事。幸虧原告那邊吞煙吞的不多，一經施治，便無妨礙。又經王二瞎子、善堂董事一干人，連騙帶嚇，原告一面，只求太爺不逼他把女兒嫁給那個光棍，他亦情願息訟。錢瓊光就答應他：「前頭那張票不算數，立刻吊銷。所有你們婚嫁之事，我太爺一概不管。」於是一天大事，瓦解冰銷。

　　錢瓊光又進去求了帳房師爺、錢穀師爺，替他到堂翁面前講情。湊巧堂翁這兩天正因升官一事，滿心快活，只圖省事，便也不來問信。過了兩日，正任吏目隋鳳占回任，錢瓊光照例交卸，自行回府銷差，這事也就完了。要知後事如何，且聽下回分解。

李寶嘉

書名：官場現形記 第三卷

ＩＳＢＮ： 978-1548936549

作者：李寶嘉

封面設計： C.S. Creative Design

出版日期： 2017 / 04 / 01

建議售價： US$ 17.99 / CDN$ 19.71

出版： C.S. Publish